博物馆文物保护管理研究

梁冬梅　郑博阳　李明波◎著

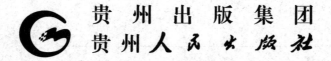

贵州出版集团

贵州人民出版社

图书在版编目（CIP）数据

博物馆文物保护管理研究 / 梁冬梅 , 郑博阳 , 李明
波著 . -- 贵阳 : 贵州人民出版社 , 2023.9
ISBN 978-7-221-17821-3

Ⅰ . ①博… Ⅱ . ①梁… ②郑… ③李… Ⅲ . ①博物馆
—文物保护—研究 Ⅳ . ① G264

中国国家版本馆 CIP 数据核字 (2023) 第 155638 号

BOWUGUAN WENWU BAOHU GUANLI YANJIU

博物馆文物保护管理研究

梁冬梅　郑博阳　李明波　著

出 版 人　朱文迅
策划编辑　苏　轼
责任编辑　刘旭芳
装帧设计　博健文化
责任印制　陈　楠

出版发行　贵州出版集团 贵州人民出版社
地　　址　贵阳市观山湖区中天会展城会展东路 SOHO 公寓 A 座
印　　刷　天津旭丰源印刷有限公司
版　　次　2024 年 7 月第 1 版
印　　次　2024 年 7 月第 1 次
开　　本　787mm×1092mm　1/16
印　　张　11
字　　数　240 千字
书　　号　ISBN 978-7-221-17821-3
定　　价　68.00 元

前　言

　　文物是人类在历史活动中遗留下的宝贵遗产，是文明与智慧的结晶，可以反映一个国家各个历史阶段的社会发展轨迹，是历史、文化的重要载体和媒介。博物馆作为宣传历史和文化的一个特殊场所，在对文物进行收藏、保存、展示和研究的过程中起到了重要作用。博物馆对文物进行高效、持续的管理和保护，不断提高管理的效率和对文化的宣传效果；同时，它回应社会和公众的需求，塑造年轻人对民族文化的自豪感，为传承和传播中国历史和民族文化做出贡献。

　　本书是一部关于博物馆文物保护管理研究的学术专著，在内容安排上共设置六章：第一章是对博物馆与文物的全面认识，内容包括博物馆的基础知识、博物馆的发展演进、文物的定义及其类型、文物的价值与作用；第二章解读博物馆文物保护原理与技术，内容涉及博物馆文物保护的目的与关系、博物馆文物保护的理念与原则、博物馆文物保护的科学性表现、博物馆文物保护的先进技术；第三章分析影响博物馆文物保护的环境因素，主要包括文物保护的材料因素、文物自身的表面环境、文物保护的外部环境、文物所处的博物馆环境；第四章探讨博物馆文物保护人员与组织机构；第五章研究博物馆不同文物的保护，主要包括纸质和纺织品文物、金属文物与石质文物、陶瓷文物与青铜器文物、角骨牙器和琥珀文物、竹木漆器与琉璃珐琅；第六章围绕博物馆文物管理现状及改进、博物馆数字化建设与文物管理、互联网时代博物馆文物管理创新展开研究。

　　全书注重理论联系实际，对推动博物馆文化事业的发展起到了重要作用。

　　笔者在撰写本书的过程中，得到了许多专家、学者的帮助和指导，在此表示诚挚的谢意。由于笔者水平有限，加之时间仓促，书中所涉及的内容难免有疏漏之处，希望各位读者多提宝贵意见，以便笔者进一步修改，使之更加完善。

目　录

第一章　博物馆与文物的全面认识

第一节　博物馆的基础知识

一、博物馆的定义理解

博物馆的定义，是指对于博物馆这一事物的本质特征的确切而简要的说明，它应准确地揭示出博物馆的性质、功能和目的，揭示出博物馆在现代文化生活中的地位及其与社会的关系。无论是国际社会还是中国，关于博物馆的定义，都有着跟随社会进步、博物馆事业发展而不断变化的特点。

（一）国际学界所做的定义

"博物馆"（museum）一词从词源学上讲，其词根来自希腊语的 mouseion，原意是指供奉缪斯（Muse）（古希腊神话中掌管文艺与科学等的九位女神）的神庙。于公元前 3 世纪建立的缪斯神庙被看作博物馆的源起。而直到 17 世纪英国牛津大学阿什莫尔博物馆建立，"museum"一词才成为博物馆的通用名称。

20 世纪开始，博物馆进入了一个全新的发展时期。国际学界对博物馆的认识不断深入，对博物馆的定义也在不断地改变着。尤其是国际博物馆协会，为了能有一个各国都普遍接受的博物馆定义，做了很多工作，曾经对博物馆的定义做过多次讨论和修改。

1946 年 11 月，国际博物馆协会在法国巴黎成立。国际博物馆协会成立之际，在其章程中指出："博物馆是指向公众开放的美术、工艺、科学、历史以及考古学藏品的机构，也包括动物园、植物园，但图书馆如无常设陈列室者则除外。"这个定义主要强调博物馆常设陈列的重要性。

1951 年，国际博物馆协会代表大会对博物馆定义进行了修订："博物馆是运用各种方法保管和研究艺术、历史、科学和技术的藏品以及动物园、植物园、水族馆的具有文化价值的资料和标本，供观众欣赏、教育而公开开放为目的的，为公共利益而进行管理的一切常设机构。"这一定义首次把博物馆供观众欣赏和教育明确列进来。

1962 年，国际博物馆协会章程提出："以研究、教育和欣赏为目的，收藏、保管具有文化或科学价值的藏品并进行展出的一切常设机构，均应视为博物馆。"这个定义则把博物馆的收藏范围进一步扩大了。

1974 年 6 月，国际博物馆协会在哥本哈根召开第 11 届代表大会，会议通过的章程明确规定："博物馆是一个不追求营利的、为社会和社会发展服务的公开的永久性机构。它把收集、保存、研究有关人类及其环境见证物当作自己的基本职责，以便展出，公之于众，提供学习、教育、欣赏的机会。"这个定义第一次把"为社会和社会发展服务"列为博物馆的主要目标，明确了博物馆为"不追求营利的"机构的性质，并且加入了"人类"和"环境"词语，开始关注全人类及其环境问题。

很多人认为，这是一个较为适当的定义，但也有人认为这只是国际的一般性定义，各国仍按自己的认识和理解去定义博物馆。

美国《简明不列颠百科全书》指出：现代的博物馆是征集、保藏、陈列和研究代表自然和人类的实物，并为公众提供知识、教育和欣赏的文化教育机构。美国博物馆协会认为：博物馆是收集、保存最能有效地说明自然现象及人类生活的资料，并使之用于增进人们的知识和启蒙教育的机关。①

苏联的《苏联大百科全书》提出：博物馆是征集、保藏、研究和普及自然历史标本、物质及精神文化珍品的科学研究机构、科学教育机构。

日本的《博物馆法》规定：博物馆是收集、保管（含培育）、展示有关历史、艺术、民俗、产业、自然科学等资料，在考虑到教育性的情况下，向一般公众开放，为提高国民修养、调查、研究、娱乐等开展必要的事业，同时对所收集、保存的资料进行调查研究的机构。

1989 年 9 月，国际博物馆协会在荷兰海牙举行第 16 届代表大会，通过的《国际博物馆协会章程》第 2 条，将博物馆定义再次修改为："博物馆是为社会及其发展服务的非营利的永久性机构，并向大众开放。它为研究、教育、欣赏之目的征集、保护、研究、传播并展示人类及人类环境的见证物。"这个定义引入了"传播"概念，博物馆有责任承担此任务。

1989 年的这个定义是 20 世纪自国际博物馆协会成立以来，国际上比较通行也相对稳

---

① 中国大百科全书出版社《简明不列颠百科全书》编辑部：《简明不列颠百科全书》（第 2 卷），中国大百科全书出版社，1985，第 65—66 页。

定的博物馆定义。一些博物馆学论著都引用这一定义，许多国家在确定本国博物馆定义时也以此为依据或参照。

博物馆在适应社会发展的漫长历程中，形成多职能的文化复合体。进入 21 世纪，随着社会的进步与发展，博物馆的职能也在不断发展变化之中。博物馆的新形态、新职能、新方法、新的收藏对象也不断涌现。因此，国际公认的博物馆定义仍在不断的修改之中。

2001 年国际博物馆协会修订的《国际博物馆协会章程》中提出的博物馆定义为："博物馆是一个为社会及其发展服务的、向公众开放的非营利性常设机构，为研究、教育、欣赏的目的征集、保护、研究、传播并展出人类及人类环境的物证。"这一定义将博物馆收藏的范围扩展为"人类及人类环境的物证"。

2004 年，在韩国召开的国际博物馆协会代表大会上又对博物馆的定义进行了修改：博物馆是为社会和社会发展服务的非营利的常设机构，对公众开放，为研究、教育和欣赏的目的，收藏、保护、研究、传播和陈列关于人类及人类环境的物质或非物质证据。

2007 年，国际博物馆协会在维也纳召开全体代表大会，再次通过了对博物馆定义的修订，修订后的博物馆定义是："博物馆是一个为社会及其发展服务的、向公众开放的非营利性常设机构，为教育、研究、欣赏的目的征集、保护、研究、传播并展出人类及人类环境的物质及非物质遗产。"这一定义首次把"教育"提到博物馆社会功能的首位，并将博物馆工作对象的外延延伸到"非物质遗产"领域。

（二）中国学界所做的定义

中国学界对于博物馆的了解与认识，也有一个逐步深入的过程，对其定义也有过多次的修改。早在 20 世纪 30 年代中期，中国博物馆协会认为：博物馆是一种文化机构，不是专为保管宝物的仓库，是以实物的验证而作教育工作的组织及探讨学问的场所。

中华人民共和国成立后，对博物馆的定义进行了讨论和修改。1956 年文化和旅游部在北京召开的全国博物馆工作会议上提出：博物馆具有科学研究机关、文化教育机关、物质文化与精神文化遗存和自然标本的主要收藏所的三重性质和博物馆应为科学研究服务、为广大人民服务的两项基本任务，即"三性二务"。

1961 年，文化和旅游部文化学院举办的文物博物馆干部学习班印发的《博物馆工作概论》（内部铅印稿）提出：博物馆是文物和标本的主要收藏机构、宣传教育机构和科学研究机构，是我国社会主义科学文化事业的重要组成部分。

1979 年，全国博物馆工作座谈会研究、国家文物局颁布的《省、市、自治区博物馆工作条例》则明确规定：博物馆是文物和标本的主要收藏机构、宣传教育机构和科学研究机构，是我国社会主义科学文化事业的重要组成部分。博物馆通过征集收藏文物、标本，进行科学研究，举办陈列展览，传播历史和科学文化知识，对人民群众进行爱国主义教育和社会主义教育，为提高全民族的科学文化水平，为我国社会主义现代化建设做出贡献。对这一定义，1985 年出版的《中国博物馆学概论》给予了高度肯定，认为"它不仅对我国博物馆及其含义做出了精辟的科学论述，而且也指明了我国博物馆事业的前进方向"①。1993 年出版的《中国大百科全书·文物博物馆》卷也持有相同的观点，它指出"中国博物馆界对这一定义基本上是肯定的"②。

2005 年文化和旅游部颁布的《博物馆管理办法》对博物馆所下的定义是：博物馆，是指收藏、保护、研究、展示人类活动和自然环境的见证物，经过文物行政部门审核、相关行政部门批准许可取得法人资格，向公众开放的非营利性社会服务机构。这是从行政管理角度给出的博物馆定义，其中博物馆藏品的范围划定为"人类活动和自然环境的见证物"，适应了当时国际社会对博物馆的认识。

2015 年中华人民共和国国务院颁布施行的《博物馆条例》对博物馆所下的定义是：博物馆，是指以教育、研究和欣赏为目的，收藏、保护并向公众展示人类活动和自然环境的见证物，经登记管理机关依法登记的非营利组织。这一定义，适应了当下国际社会对博物馆定义的新认识和新修订，同样把"教育"列为博物馆的首要职能。

（三）博物馆定义的新变化

关于博物馆定义的变化，在 2001 年出版的《中国博物馆学基础》修订本中就曾提出过博物馆定义变化的三个趋向：第一，"博物馆是个非营利机构"的观念开始变化，理由是欧洲将博物馆定义修改为"不是一个为了营利的机构"，美国则把"博物馆是个非营利机构"解释为"不以营利为目的的机构"。第二，强调博物馆是"人与物之间的结合"。这种"物"，是指全部博物馆资料，包括直接资料（实物）、间接资料（模型、复制品、记录）以及图书文献；"人"是指博物馆的利用者。第三，主张博物馆新定义应反映博物馆的社会参与性，强调博物馆是为社会服务的。③

进入 21 世纪，博物馆定义的不断修订，也带给我们以下一些新的变化和新信息：

第一，"教育"被列为博物馆目的与业务的首位。长期以来博物馆定义都是把研究和收藏作为博物馆的第一目的和要务，"为研究、教育、欣赏的目的"。新世纪，博物馆强调为社会服务的同时，认识到只有重视教育才是最好地为社会服务的表现。为此，2007 年国际博物馆协会的博物馆定义中，"教育"首次被调整到博物馆业务目的的第一位，从而取

① 文化部文物局：《中国博物馆学概论》，文物出版社，1985，第 29 页。
② 中国大百科全书总编辑委员会《文物·博物馆》编辑委员会、中国大百科全书出版社编辑部：《中国大百科全书·文物·博物馆》，中国大百科全书出版社，1993，第 19 页。
③ 王宏钧：《中国博物馆学基础》（修订本），上海古籍出版社，2001，第 41—42 页。

代了长期以来"研究"处于首位的认识，无疑更加提高了"教育"在博物馆业务工作中的地位。可以说，博物馆定义发展的过程是教育的重要性在博物馆为社会服务的工作中逐渐被认识和强化的过程。

第二，博物馆藏品扩展为"物质及非物质遗产"。博物馆收藏的物品，由原来的见证物、物证，变成了"物质及非物质遗产"，首次把"非物质遗产"列入博物馆定义中，纳入博物馆收藏品范畴。博物馆定义正式申明"非物质遗产"是博物馆工作对象，有助于消除长时间以来围绕博物馆能否进行非物质遗产保护工作的争议，明确了博物馆不仅要继续保护管理好物质遗产，也要调整工作方向、业务流程和工作规范，成为保护、传承、管理非物质遗产的积极力量。

第三，2007 年，国际博物馆协会修订后的博物馆定义，去除了"列举部分"。尽管没有涉及定义的原则性陈述内容，但去除列举部分也传递了一个信号，即当代公共博物馆的发展进入一个百花齐放的时代，也处在变革发展的重要时期。这一调整一方面反映了国际博物馆协会开放、包容的心态，另一方面也为博物馆组织的创新和革新亮了绿灯，人们不再纠缠于组织名称和构成要素，而是更重视博物馆的组织特性、社会责任和社会效益。

总之，由上述博物馆的相关定义的修订，我们可以看出博物馆定义变化的新趋势是：博物馆藏品的范围变得越来越广博；博物馆以"教育"为首位的社会职能越来越得以强化，博物馆的组织特性、社会责任和社会效益更加受到重视。

上述我国政府主管部门颁布的《博物馆管理办法》和《博物馆条例》中涉及博物馆的定性叙述，不是学术性的定义，而是从管理角度出发给出的。我们认为博物馆的定义是：博物馆是一个为社会及其发展服务的、面向公众开放的非营利性常设机构，以教育、研究、欣赏为目的，收藏、保护、研究并展出人类活动和自然环境的见证物。

二、博物馆的特征与功能

（一）博物馆的特征

所谓特征是指一个事物区别于其他事物的特别显著的标志，博物馆是以文物或标本为基础，组成形象化的科学的陈列体系，对群众进行直观宣传教育的公共文化机构，其特征可表述为实物性、直观性、广博性与开放性。

1. 实物性

虽然博物馆也收藏非物质文化遗产，但实物仍然是博物馆一切活动的基础和出发点，"实物"既包含"自然物"，也包含各种"人工制品"，收藏和利用实物是博物馆的最基本特征。

值得注意的是，虽然"实物"在陈列过程中可以被各种各样的技术性实现的物质转换形式替代，但是，"物像"本身就是"物质"的一种形式，而且非物质文化遗产的收藏与展示也要借助物质的介质与手段。因此，随着科技的进步、信息化的发展，博物馆物质属性并不会发生动摇，数字博物馆、虚拟博物馆与智慧博物馆等博物馆的出现也不能改变博物馆的物质特征，博物馆的物仍然是区别于一切其他文化形式的根本界限，未来的博物馆非但不可能离开物质，相反有必要更好地发掘物质的意义和价值。

2. 直观性

博物馆中的实物并不能直接发挥作用：必须在科学而完整的陈列体系中，才能与观众进行交流，通过内容表现与视觉表达手段，向观众的各种感官输送知识、艺术、历史、情感等多元化信息。以文物、标本为主，辅以模型、图表等实物性辅助展品的陈列，比其他文字资料和图片资料更直观生动和有吸引力，更有助于加强观众的记忆。所以直观性是博物馆的又一特征。随着现代科技在展陈中的应用，观众不仅能多角度观察藏品，而且可以通过亲自操作实验，获得身临其境的情感体验，使博物馆的直观性特征更为明显。

3. 广博性

随着社会的发展，博物馆呈现多元化的局面，博物馆的收藏内涵不断丰富，涉及文物、艺术、科技、自然等多个方面，从文物到日常用品，从物质文化到非物质文化，从标本到活物等资料都是博物馆收藏和研究的对象。博物馆类型不断增多，专门性博物馆大量涌现，并且出现了许多新形态的博物馆。可见广博性是博物馆区别于其他文化机构的显著特征，而且随着社会的前进与博物馆的发展，这个特征日益显著。

4. 开放性

博物馆的开放性不仅体现在对公众开放，更体现在对社会的广泛关注以及与观众的交流互动。陈列在设计之前要进行观众调研，明确目标观众群，确立陈列定位；设计过程中，要接受观众代表的优化建议，考虑观众的特点，选择适宜的知识背景和语言表达方式；展陈阶段，欢迎观众进入陈列场所，允许观众基于自身的知识解读陈列内容，鼓励观众将参观成果转化为有利于个人发展的资源和动力，并收集整理观众反馈意见，对陈列效果做出科学评价。

（二）博物馆的功能

当前博物馆的功能可表述为收藏、保管，科学研究，教育，娱乐。

1. 收藏、保管

博物馆现象起源于收藏珍品，中国古代收藏书画、彝器、古玉、玺印的现象起源很早，在商周时期即已出现。古希腊、罗马等文明古国贵族对奇珍异宝的收藏是现代博物馆产生的基础。藏品是人类文明的重要见证，是博物馆工作的核心与基础，收藏、保管也是博物馆的首要功能与最基本功能。

随着社会的发展，目前博物馆收藏、保管的对象已不限于珍贵文物与艺术品，而是涉及人类与人类生存环境的各种见证物，既包括物质遗产，又包括非物质遗产。只有博物馆最广泛、最全面地保藏着人类活动和自然发展的真实物证，并把它永久地传给后人，这是博物馆特有的功能。

博物馆获得收藏的途径主要有文物征集、获得馈赠和遗赠、从私人收藏家或拍卖会上购买藏品、田野考古发掘和调查等。

2. 科学研究

博物馆最初的研究主要是对藏品本身的基础研究以及应用性研究，大量藏品只有进行深入的研究，其所具有的历史价值、艺术价值与科学价值才能被揭示，明确主题、挑选藏品、设计展览与撰写解说词等过程都需要进行科学研究，可以说研究工作贯穿博物馆工作的全过程。随着时代的前进与社会的发展，博物馆作为全民共享的文化机构，其研究对象已不再局限于藏品本身，而是扩展到博物馆实践以及博物馆公众研究等方面。

博物馆研究的目的是社会利用、展览和教育普及服务，只有达到较高的研究水准，才能保证博物馆各项工作的水平与服务的质量，许多著名的博物馆不只藏品丰富，同时也是重要的学术研究重镇，如美国史密森博物学院、大英博物馆、芝加哥艺术博物馆等。一些博物馆为了加强研究，还专门设有研究部门并主办学术刊物，如中国国家博物馆设有学术研究中心、故宫博物院设有故宫研究院、河南博物院设有研究部等。

3. 教育

教育作为博物馆的基本功能之一，是收藏与研究功能的延伸与扩展。博物馆对外开放后，观众走进博物馆，通过观看展览受到教育与启发。博物馆教育的对象为整个社会的全部成员，从儿童到老人，从一般群众到残疾人，从国内观众到外国旅游者，从个人到团体，博物馆都对他们开放。因此，博物馆不只是学校的第二课堂，也是家庭教育与社会教育的第 N 个课堂，人们可以自由地出入各个陈列室，通过参观展览、参与博物馆的各项活动，汲取科学文化知识。

博物馆的教育方式生动形象，通过大量运用文物标本、模型等实物资料，作用于观众的感官。这无论从人的生理机制还是认知过程来说，都会使观众感到亲切，易于接受和理解。此外，博物馆还通过讲解服务、公众讲座、出版物以及举办丰富多彩的文化活动等方式来加深观众对博物馆陈列的理解。

2007 年国际博协对博物馆的定义将"教育"调整至功能首位。2015 年，我国《博物馆条例》正式颁布，借鉴了国际博协对博物馆的定义，亦将教育功能提升，虽然只是顺序的调整，但表明了博物馆学界对博物馆认知的提升与社会责任的强调。国家文物局近年在对博物馆的评审工作中，也已经将教育以及相关的比重提升，博物馆观众研究越来越得到重视，从以藏品为中心到以观众为中心，是博物馆发展的趋势和潮流。

4. 娱乐

无论是对儿童还是成年人，教育与乐趣都是紧密联系在一起的。随着博物馆的发展，国内的博物馆学者也越来越认识到博物馆娱乐功能的重要性，苏东海在《博物馆演变史纲》中指出，"在文化生活高档化趋势下，一个值得重视的现象就是文化娱乐的需求。在工业社会紧张喧嚣的生活中闲暇时间是很宝贵的。高尚的文化娱乐活动是休息和积蓄精神再生产能力的积极方式。博物馆是提供高尚文化娱乐、培养生活情趣、满足美感要求的场所，博物馆应该强化这方面的职能"。

随着博物馆的免费开放，博物馆已成为公众休闲娱乐的必选，博物馆与文化创意、旅游等产业相结合，参观博物馆也已成为人们旅游的重要日程安排，许多博物馆成为旅游热点。这是博物馆面临的机遇与挑战：一方面博物馆的陈列设计要融入休闲娱乐的文化元素，使专业知识通俗化，向观众提供趣味性强的展览；另一方面要增加扩大这方面的项目设施，积极开办具有吸引力的多种多样的欣赏娱乐活动。

而且，博物馆教育功能的实现，在很大程度上取决于观众自觉自愿的自发行为（自觉地走进博物馆）。众多调查和研究结果表明，出于娱乐性动机和目的参观博物馆的观众在数量上远远多于以接受教育为动机和目的的观众，因此现代博物馆既要重视教育，也应关注观众的娱乐性需求，吸引观众，使观众在接受教育的同时又能获得愉悦、新奇、惬意等娱乐性的享受。值得注意的是，博物馆并不是纯粹的娱乐机构，博物馆娱乐功能的发挥必须以博物馆的藏品为基础，以教育为最终目的。

三、博物馆的类型划分

博物馆的类型，就是指一定数量的博物馆依据某种共同的标准相互联系所形成的类别。

对博物馆进行类型划分，其实是博物馆事业发展到一定阶段才提出的问题。起初，由于博物馆的数量较少且形态也相对单一，再加上早期博物馆的藏品以奇珍异宝和纪念性物品为主，因此，并不需要对博物馆进行分类。随着近代博物馆事业的兴盛，不仅博物馆的数量大幅增加，而且其藏品也日渐丰富、形态日益多样，传统的方法已经不能适应新兴博物馆的经营和管理。于是，在 18 世纪末，出现了最初的博物馆分类。当时，主要是按照藏品的不同学科性质，将博物馆分为美术、考古、历史、人种学和自然科学等各种专业博物馆。此后，博物馆事业又经过两个多世纪的发展，如今已经形成了一个涉及多种知识门类和社会生活领域、藏品丰富多彩、建筑形态和管理层次也多种多样的庞杂群体。与此同时，在全世界博物馆工作者的共同努力下，作为博物馆学和博物馆基本理论研究重要内容的博物馆类型研究也得以不断进步，并且取得了丰硕的成果。

（一）博物馆类型划分的意义

首先，对博物馆进行科学的类型划分，不仅在理论上有利于我们更好地认识和总结不同类型博物馆的特点和规律，明确各类博物馆的发展方向，而且在实践中也有利于不同类型博物馆的工作人员最大限度地发挥特长，更好地实现自身价值。博物馆的不同类型决定了它们在人才构成、组织管理、社会职能和经费来源等方面都不尽相同。因此，只有在对博物馆的类型及其特点有了正确清醒的认识之后，不同类型的博物馆才有可能切实有效地制定适合本馆的经营管理方针，其工作人员才有可能更加深刻地理解和把握自身工作的特点，明确自己的工作方向和目标，进而在各项业务活动中尽可能地扬长避短，最终为博物馆创造更大的社会和经济效益。

其次，通过对博物馆类型的划分，不但能够看出一个国家或地区博物馆建设的基本格局，而且可以针对其薄弱环节，对现有博物馆进行调整，对未来发展进行规划，从而使该国家或地区博物馆的布局渐趋合理，进而推动该国家或地区博物馆事业的健康持续发展。

最后，准确地划分博物馆类型，有利于国内外博物馆学术交流活动的开展。目前，伴随着博物馆事业在世界各地的蓬勃发展和博物馆学研究的日益兴盛，各国之间的博物馆学术交流活动也日渐频繁。其间，无论是对于国内外相同类型博物馆间深入、细致的对口交流，还是对于不同类型博物馆间的相互学习和借鉴而言，准确划分博物馆类型都显得十分重要。

由此可见，科学准确地划分博物馆的类型，认识和掌握各类博物馆的特点，对于博物馆的理论建设和实际工作具有非常重要的意义。

（二）博物馆类型划分的依据

博物馆类型的划分，是博物馆学研究的新课题。依据不同，划分出来的类型也会有所不同。

关于划分类型的依据，20世纪80年代出版的《中国博物馆学概论》提出了划分类型的两个依据：

第一，以藏品性质和博物馆所反映的内容来划分。可以将博物馆划分为社会历史类、自然科学类和综合类三大类。其中，社会历史类博物馆，依其所反映的内容的不同，还可以进一步划分出不同的类别，如历史类、革命史类、民族类、民俗类博物馆，以历史人物和历史事件为专题的纪念馆，以及属于社会科学范畴的文化艺术博物馆等。自然科学类博物馆，依其具体内容的不同，又可划分为自然性质博物馆和科学技术性质博物馆。其中，自然性质的博物馆还可分为一般性的、专门性的和园囿性的三种。科学技术类博物馆还可以分为科学技术博物馆和科学技术史博物馆两种。综合性博物馆，是指包括社会历史类和自然科学类两大类内容，同时兼具社会科学和自然科学双重属性的博物馆。它的主要内容包括自然部分、历史部分（包括革命史）等，少数民族地区的博物馆还包含民族内容。

第二，以兴办博物馆的目的并结合藏品的性质来划分。可以把博物馆划分为专门性博物馆、纪念性博物馆和综合性博物馆等类型。其中，专门性博物馆大致可以分为历史、革命史、民族民俗、文化艺术、自然科学和科学技术等类型。纪念性博物馆可以划分为历史纪念馆（纪念古代历史事件或历史人物）和革命纪念馆（纪念近代、现代历史事件或杰出人物）等类别。综合性博物馆是指全面反映自然历史和社会历史发展规律的博物馆。它既包括社会科学方面的内容，又包括自然科学方面的内容。部分省级、市级和县级博物馆，如黑龙江省博物馆、南通博物苑等，就是这类综合性博物馆。

20世纪90年代出版的《中国大百科全书·文物博物馆》卷提出博物馆类型的划分依据主要是博物馆藏品、展出、教育活动的性质和特点，其次是经费来源和服务对象，并认为，中国的博物馆类型可划分为历史类、艺术类、科学与技术类、综合类四种类型。

2001年出版的《中国博物馆学基础》修订本谈到博物馆的划分有了新的发展，表现为：①划分为综合性、纪念性和专门性（也称专题性）三类。②从隶属关系按照主管部门和领导管理系统来划分。一般划分为文化（文物）系统博物馆，即国家和各省市县博物馆；国家科技系统博物馆，即中国科学院和各地方科技厅（局）主管的自然博物馆和其他专门博物馆；园林管理系统的博物馆，如沈阳北陵博物馆等；民政系统管理的博物馆，如杨靖宇烈士陵园博物馆、淮海战役纪念馆等；高校系统博物馆，即大学、专科院校的博物馆，如北京大学赛格勒考古艺术博物馆、中山大学生物博物馆等；军事系统的博物馆和纪念馆，如中国人民革命军事博物馆。此外，还有其他政府部门主管或筹建的博物馆，如邮票博物馆、煤炭博物馆、石油博物馆、桥梁博物馆、铁道博物馆、交通博物馆、茶叶博物馆等。③按照博物馆的性质和陈列教育活动内容划分。

新时期，我国博物馆事业快速发展，博物馆数量不断增加，同时也带来了博物馆类型的丰富以及博物馆类型划分依据的新变化：①依据兴办主体来划分，可以将博物馆划分为国立博物馆、私立博物馆、民营博物馆、企业博物馆、行业博物馆等。②依据形态来划分，可以将博物馆划分为传统博物馆、生态博物馆和社区博物馆等。③依据观众来划分，如中国儿童中心老牛儿童探索馆。④依据展示方式来划分，可分为室内博物馆、露天博物馆、遗址博物馆等。

（三）我国博物馆的一般类型

传统的博物馆类型，一般划分为社会历史类、自然科学类和综合类。随着博物馆事业的不断发展，博物馆的类型越来越丰富，传统的类型划分已经不能充分反映博物馆的实际情况，也无法满足博物馆事业发展和高度发达的信息时代的需要，应该重新划分。

根据我国博物馆事业发展的实际情况，并结合长期类型划分实践过程中已经形成的习惯和约定俗成的认识，博物馆类型大致可划分为以下各类：

历史类：以收藏、研究历史文物藏品，并以展示和反映古代历史的发展过程、发展规律等为主要内容的博物馆，如陕西历史博物馆、河南博物院等。

革命史类：以收藏、研究近现代历史文物藏品，并以展示和反映近现代历史发展与进程等为主要内容的博物馆，如中国人民革命军事博物馆、井冈山革命博物馆等。

纪念类：以收藏、研究、展示和反映历史事件、历史人物等方面的文物藏品为主要内容的博物馆，包括纪念馆和名人故居，如中国人民抗日战争纪念馆、"九·一八"历史博物馆等。

遗址类：在考古发掘遗址原址上和古建筑旧址上建立的博物馆，前者以收藏、保护、研究和展示该遗址发掘出土的文物和各种遗迹等为主要内容，后者以收藏、保护、研究、展示古建筑旧址及其内部原有物品为主要内容，以原状复原陈列和模拟复原陈列等为主要手段加以展示的博物馆。包括考古遗址博物馆、古建筑旧址博物馆，如西安半坡遗址博物馆、沈阳新乐遗址博物馆、北京恭王府博物馆等。

文化、文体艺术类：以收藏、研究文体艺术类藏品，并以展示和反映文体艺术发展与演变过程和规律等为主要内容的博物馆，如徐悲鸿纪念馆、舞蹈艺术馆、中国体育博物馆、南京奥林匹克体育博物馆等。

民族类：以收藏、研究民族文物藏品，并以展示和反映各少数民族的历史发展过程及其规律等为主要内容的博物馆，如北京民族文化宫博物馆、广西壮族自治区民族博物馆等。

民俗类：以收藏、研究民俗文化类藏品，并以展示和反映各民族民俗文化、特色民俗等为主要内容的博物馆，如年画博物馆、农民画博物馆等。

自然类：以收藏、研究自然地质类藏品，并以展示和反映各地区自然史、天文、地质、生物资源，以及人类的发展过程及发展规律等为主要内容的博物馆，如北京自然博物馆、中国地质博物馆等。

科技类：以收藏、研究科学技术类藏品，并以展示和反映科学技术的发展过程和发展规律等为主要内容的博物馆，包括科学技术和科学技术史博物馆，如中国科技馆、北京航空航天大学博物馆、自贡市盐业历史博物馆等。

专门类：以收藏、研究某一专题类藏品，并以展示和反映某一专题类藏品的发展过程和变化规律等为主要内容的博物馆。包括各种专题博物馆（如西安碑林博物馆）、行业博物馆（如长春电影博物馆）、高校博物馆（如四川大学博物馆）、非物质文化遗产博物馆（如各地的酒文化博物馆、昆曲艺术博物馆、中国朝鲜族非物质文化遗产展览馆）等。

地志综合类：以收藏、研究地方社会历史和自然类藏品，并以展示和反映地方自然和社会历史文化艺术综合发展与不断进步等为主要内容的博物馆。包括省级地志博物馆和地市级地志博物馆，如黑龙江省博物馆、山东博物馆、新疆维吾尔自治区博物馆、西藏自治区博物馆等。

随着博物馆事业的不断发展，博物馆的类型也会不断增加。博物馆类型的扩展，主要体现在博物馆类型的增加与丰富和博物馆类型划分依据的增多上。传统的博物馆类型只有根据博物馆藏品性质划分的自然、历史、综合等类型。现在，博物馆类型划分的依据已越来越多，所划分的类型也越来越丰富。博物馆类型的扩展，反映出博物馆事业的发展。

总而言之，随着博物馆事业的不断发展，博物馆的定义也在不断完善之中。博物馆已经成为社会服务机构和公共文化服务机构，把为社会发展服务作为自己的宗旨。博物馆所具有的直观性、公共性、科学性、非营利性等特征，使得博物馆的功能不断加强。博物馆数量的增加，带来了博物馆类型的丰富，划分类型可参考的依据也越来越多，这些都充分表明博物馆是具有生命力的可持续发展的社会机构。

第二节　博物馆的发展演进

作为一种社会文化现象，博物馆经历了从萌芽、产生，到逐步发展壮大的历史进程。在不同社会文化中，博物馆呈现出不同的历时性面貌变化。

一、外国博物馆的发展历程

（一）古代世界普遍的收藏现象

博物馆起源于人类对遗产的收藏、保护与利用实践，这种实践可上溯到遥远的古代。在古代，世界各地不同文化的人基于宗教、经济、审美等动机和目的，收集、保存他们认为重要的物品，并建立了具有与后来博物馆类似功能的收藏、展示和保存设施。

1. 亚洲地区

古代亚洲就有过多种博物馆性质的收藏与保存设施。古代日本就曾出现实物收藏与展示设施，如图书寮，寺院的佛殿，传统神社附设的珍宝阁、"绘马殿"或"绘马堂"，镰仓时代以来武士的私人展览设施等。在公元前3世纪之前，在印度的神庙、皇宫中就出现了用于保存绘画、雕塑和陶器的房间，它们被认为是类博物馆机构。在西亚，也有一些类博物馆性质的收藏，年代最早者如新巴比伦王国国王尼布甲尼撒二世的收藏等。

2. 非洲地区

在非洲，实物收藏也有悠久的历史。公元前3世纪，在埃及亚历山大建立的古典世界中最负盛名的亚历山大里亚博学园中，就附设有缪斯神庙，里面保存有不少实物收藏品。该机构通常被认为是博物馆的源头。在古罗马时期，非洲一些神庙中也保存有实物。此外，一些圣所和宫殿里面有相当规模的文化方面的实物收藏品。它们是具有非洲自身文化特色的传统保存机构。

3. 欧洲地区

在欧洲，在古希腊、古罗马时期的神庙、学园、私人宅第中，就出现了艺术品、自然珍奇和外域之物等收藏。其中，神庙类收藏向旅行者等开放，蕴含了最初的公共精神。进入中世纪之后，古老的收藏传统主要通过世俗王室和教会的收藏得以延续。世俗王室的收藏除圣物、来自远方的珍奇之外，更多是与王权有关的实物或珍宝，经济重要性突出。而教会收藏占据主导地位，内容多是与宗教有关的，如圣母、基督、教皇、圣徒和传道者的遗物、圣像、法器（包括传说中的宗教遗物）、图解手稿、宗教服冠、写本等，另有珍奇之物以及不少年代久远的带装饰的手稿和艺术品。从一定意义上讲，教会收藏使得古典时代的公共收藏传统得以延续，同时，也保存了一大批有价值的实物，其中不少收藏品进入欧洲后来的公共博物馆。

4. 美洲地区

在欧洲人到达美洲之前，美洲原住民就开始了他们在遗产保护和利用方面的实践，并出现了与其生存环境相适应的多种文化组织和不同类型的收藏系统。在那里，收藏对象不仅有非实用品，还包括有用的活体生物收藏。

可以说，在古代世界不同文化中，均存在着遗产收藏与保护实践，尽管其中也存在着不少差异。收集和展示有价值的物品或是一种普遍性的人类活动，不限于任何阶层或文化群体，更不专属于某个特定的社会，或某个特定的地区，而是一种跨文化的普遍现象。

（二）欧洲文艺复兴时期的收藏实践

文艺复兴时期，受多种因素的影响，欧洲收藏呈现出不同于以往的新的面貌。当时，收藏活动极为活跃。在欧洲各地，均出现了极具价值的收藏。其中，既有机构性收藏，也有私家收藏，尤其以私家收藏最为发达，著名者如意大利的美第奇家族、尼科利、乔瓦、阿尔德罗万迪、凯塞拉雷、伊普雷塔、塞塔拉、科斯皮等的收藏，西班牙的国王腓力四世、著名学者拉斯塔努萨的收藏，英国国王查理一世、特拉德斯坎特父子的收藏，法国国王弗兰西斯一世、路易十四、著名学者佩雷斯克的收藏，荷兰的拉斯奇、塞巴、帕卢达那斯的收藏，丹麦国王腓特烈三世、著名学者沃姆的收藏，中欧地区的阿尔布雷奇五世公爵、神圣罗马帝国皇帝鲁道夫二世和斐迪南二世的收藏以及瑞士的阿莫贝奇家族的收藏等。在东欧，沙皇伊凡四世也有自己的收藏。这些收藏大多是世俗收藏，内容从最初的古物逐步扩展到自然物品与人工制品兼而有之，以珍奇之物最为惹眼。因内容多样，常有"百科性质"收藏之称。当时，也有一些收藏呈现出较高的专门化程度。因收藏主体与目的的不同，这些收藏呈现出夸耀、象征、身份提升、研究、教学等多样化的功用。不少收藏是允许人们观赏和利用的。利用者多是旅行者、外交人员、王公贵族、学者和学生等。观赏和利用大多是偶然现象，而非常态化。保存这些收藏的地方通常被称为"珍奇室""美术馆"等。

中世纪延续下来的教堂、修道院的收藏也是文艺复兴时期收藏的重要组成部分。这类收藏过去常常因为世俗私家收藏的突出地位而被人们忽略了。实际上，它们是文艺复兴时期收藏实践的完整图景不可缺少的一部分。

文艺复兴时期的收藏实践孕育和生成了诸多博物馆因素，如开放、展示等，而且，部分收藏后来进入一些早期公共博物馆，为其奠定了一定的藏品基础。欧洲文艺复兴时期因此而成为现代博物馆酝酿和生成的重要时期。

（三）早期公共博物馆

得益于文艺复兴时期的欧洲收藏实践丰富的历史遗产，同时也受到宗教改革、启蒙运动、资产阶级革命以及资本主义经济发展的影响，从 17 世纪后期开始，在欧洲、美洲等地先后出现了早期的公共博物馆。

1. 欧洲地区

在欧洲，早期公共博物馆当中年代较早、影响较大的机构是 1683 年正式对外开放的牛津大学阿什莫尔博物馆。其后出现的大英博物馆、早期的卢浮宫博物馆、乌菲兹博物馆和庇护-克雷芒博物馆、贝尔维迪尔宫博物馆、马德里的普拉多博物馆、德国的腓特烈博物馆和慕尼黑雕塑博物馆等也都是比较有代表性的博物馆。这些早期公共博物馆的出现大多与已有的收藏紧密联系在一起。阿什莫尔博物馆是以英国收藏家特拉德斯坎特父子的收藏为基础，融合了英国贵族阿什莫尔的部分收藏而建立的。不过，在开放之后的很长一段时间里，该馆主要是作为一个研究机构存在。卢浮宫博物馆是以法国皇家收藏为核心建立起来的。该馆将先前作为部分人把玩的收藏变成了公民共有的财产，博物馆成为展现和传播国家威仪的一种政治工具，标志着博物馆历史上的一个重大转变。

在东欧地区，俄罗斯在18世纪出现了公共博物馆。1719年建立了第一座开放性博物馆。18世纪下半叶到19世纪，在伊尔库茨克等地出现了首批地方博物馆及一些专门博物馆。其间，最有影响的是在1764年建立的艾尔米塔什博物馆。

2. 北美地区

18世纪后期的北美洲地区，在民间力量推动下，也开始出现了一些公共博物馆。1773年，北美南卡罗来纳州查尔斯顿图书馆学会在查尔斯顿城创建了查尔斯顿博物馆，美国独立后，它被公认为美国第一座博物馆。它在一定程度上揭示了美国博物馆创设的基本模式。1786年，由美国博物馆大师皮尔在费城创建的皮尔博物馆则是以私人力量创建的最具有影响力的博物馆，曾一度成为费城甚至是美国东部最有吸引力的设施之一，被认为是美国民主博物馆的原型，是第一座受到普遍欢迎的自然科学和艺术博物馆。

3. 其他地区

伴随着18世纪后期殖民势力的扩张，公共博物馆在欧洲和北美之外的地区也落地生根，而且，大多是与一些民间团体联系在一起。在亚洲等地，陆续出现一些公共博物馆。1814年，英国皇家亚洲学会在印度加尔各答建立了印度博物馆。这是一座完全模仿西方模式的博物馆，被看作印度的第一座公共博物馆。在印度尼西亚的雅加达，1778年，由皇家巴达维亚艺术与科学学会建立了今天还能看到的印度尼西亚国家博物馆，该馆被认为是亚洲最古老的博物馆之一。18世纪后期，在拉美地区，也出现少数几座博物馆。

总之，早期公共博物馆最先出现于17世纪的欧洲，到18世纪后期形成了群体性存在，并波及更广大区域。这些早期公共博物馆以收藏物常态开放为特征，博物馆也因此而开始了自身的社会化进程。伴随着这种制度性的开放，博物馆获得了一定的公共性，成为一个公共机构。不过，在开放实践中，仍存在着目标定位与实际运营之间的背离。开放承诺很多时候会因实际运行中的种种参观限制而被搁置；同时，开放也给博物馆的藏品管理、建筑设计和展示等带来巨大变化。这些公共博物馆收藏内容的专门化程度得到提升，出现了古物馆、绘画馆等设施。博物馆的研究、教育、表征等功能呈现出来。

美洲及其他地区早期公共博物馆的兴起是西欧型博物馆观念和机构形式的第一次大规模的输出，由此，拉开了西欧型博物馆在世界范围传播的序幕，世界博物馆版图因此在很大程度上被改变。

（四）现代博物馆的兴起与发展

1. 现代博物馆的兴起

进入 19 世纪，受到科学发展、工业革命、国际博览会等诸多因素的影响，现代博物馆在世界范围内普遍兴起。

（1）欧洲地区

在西欧、北欧等地区，出现了以哥本哈根的丹麦国立博物馆、伦敦的南肯辛顿博物馆（今天的维多利亚和阿尔伯特博物馆）、巴黎的民族志博物馆、斯德哥尔摩的斯堪森露天博物馆等为代表的一批现代博物馆。这些博物馆通常以现代科学知识为基础，在观念、方法、技术等方面，较此前的博物馆发生了很大的变化。斯堪森露天博物馆通过移建的方式将文化遗产与其生成环境部分地结合在一起，实现了博物馆理念和技术方面的一次革命性突破，同时也给第二次世界大战后生态博物馆的诞生带来了灵感，提供了发展的空间。

在东欧地区，到 19 世纪中期，现代博物馆也形成一定规模，并呈现出网状特征，农业博物馆、科技馆等陆续建立起来。专门博物馆得到进一步发展。在 1860 年开始的俄国教育改革推动之下，一种新型的博物馆——教学博物馆出现了。1864 年，在圣彼得堡，一座面向军事学校的教学博物馆开放，这是俄国第一座教学博物馆。到十月革命前，俄国已经有百余座博物馆，但分布极不平衡。在莫斯科、圣彼得堡、基辅、符拉迪沃斯托克（海参崴）等大城市之外，一般都市都没有博物馆。因不少博物馆藏品归属私人，开放程度受限，博物馆的社会影响比较小。在匈牙利，与资本主义发展较晚相适应，博物馆起步较晚，1867—1895 年，建立了 15 座新博物馆；1896—1905 年，又建立 13 座新博物馆。1890年前后，在当时还隶属于奥匈帝国一部分的捷克土地上，博物馆的创建作为捷克民族主义和捷克自立的一种表达，出现了第一次高潮。

（2）北美地区

进入 19 世纪中期，美国博物馆迎来了一个重要的发展与变革时期。当时，新馆数量迅速增加。与更早时期博物馆偏重自然方面的内容不同，这一时期，美国的历史与艺术类博物馆快速发展起来。其中，哈斯布鲁克故居博物馆（1850）的建立，开创了故居类博物馆的先河。一些重要的艺术博物馆如波士顿美术馆、纽约大都会艺术博物馆等也在这一时期纷纷成立。博物馆向公众敞开了它的大门，博物馆教育的性质和责任更显重要。也是在这一时期，博物馆推出的教育展览和与学校的合作标志着其公共服务的出现，终结了其以往的俱乐部性质的活动，导引员等新的职位和制度也建立起来。美国博物馆日益成为博物馆新思想、新观念的重要发源地。19 世纪中后期是美国博物馆发展的黄金时期，美国博物馆的国际地位在这一时期快速提升。美国博物馆的崛起使先前以欧洲为主导的世界博物馆格局开始发生变化。

在加拿大，1836年，魁北克政府在收购私人收藏的基础上建立了加拿大的第一座公共博物馆；1843年，在蒙特利尔又建立了国家博物馆。

（3）其他地区

随着殖民势力的扩张，现代博物馆观念逐步传播到欧洲、北美以外的地区。19世纪中后期到20世纪初，现代博物馆也开始在这些地区兴起。在亚洲的印度、日本、印度尼西亚等国家，陆续出现了一些现代博物馆。在印度，除了1814年建立的印度博物馆之外，又建立了其他一些自然、经济方面的专门性博物馆。它们反映了英国的博物馆建设理念。日本现代博物馆观念的传播和实践是在19世纪中后期日本的近代化过程中开始的，当时被派往欧洲和北美的使团将博物馆理念引入日本，并付诸实践，博物馆建设得到重视并发展。早期比较重要的博物馆包括汤岛圣堂古物陈列所（后来国立中央博物馆的前身）等，且多为综合性博物馆。稍晚时期，专门性博物馆如教育博物馆等得到较快发展。博物馆建设逐步由中央扩及地方，到1911年日本建立了85个博物馆。同一时期，在印度尼西亚、巴基斯坦、泰国、斯里兰卡、马来西亚等亚洲国家，也出现了一些现代博物馆。

在非洲，现代博物馆的兴起是英、法等殖民势力入侵的结果。在这一地区，现代博物馆是从南、北两端首先发展起来的。在非洲大陆的南部，1825年由南非动物学之父史密斯（Andrew Smith）以自己的动物学收藏为基础在开普敦建立了非洲第一座现代博物馆。1858年埃及博物馆在开罗成立。19世纪80年代以后，北非的阿尔及利亚、突尼斯也建立了博物馆。到19世纪末20世纪初，非洲东南部地区的马达加斯加的塔那那利佛（1897）、津巴布韦的布拉宽约（1901）和哈拉雷（1902）、肯尼亚的内罗毕（1909）等地，也有了各自的博物馆。中非等地博物馆的建立则是20世纪早期的事情，如乌干达博物馆（1901）、肯尼亚的国家博物馆（1909）等，而莫桑比克第一座博物馆的建立则已晚至1913年。

在南美地区，现代博物馆是随着葡萄牙等国殖民势力的扩张而发展起来的。19世纪早期，西欧型博物馆就被引入巴西。1815年，一个以私人绘画精品收藏为基础建立起来的博物馆（现在已经成为一个国家博物馆）在里约热内卢对公众开放。该馆也是巴西第一个有记载的博物馆。此后，哥伦比亚的国家博物馆（1824）、智利圣地亚哥的国家自然史博物馆（1830）、乌拉圭蒙得维的亚的国家自然史博物馆（1837）、巴西国家博物馆（1918）等也相继建立。19世纪后半期，地方博物馆、专门性博物馆得到较快发展，像秘鲁利马的地质学博物馆（1891）、巴西圣保罗的地理学和地质学博物馆（1895）、阿根廷的航海博物馆（1892）、解放者西蒙·玻利瓦尔的纪念馆等也建立起来。

总之，进入19世纪特别是中后期，世界各地现代博物馆普遍兴起。在欧美地区，博物馆呈现出群体性特征（也包括博物馆的集群化发展，如德国的博物馆之岛和美国的史密森学会博物馆群等），且博物馆专门化趋势凸显。现代博物馆成为现代国家的重要教育机构，同时也成为聚敛大量来自全球各殖民地遗产的藏宝库。其他地区现代博物馆的出现通常是西方殖民势力扩张的产物。这些博物馆被殖民者用作阐释殖民地文化的中心，作为他们宣传殖民统治正当性的手段，带有鲜明的宗主国博物馆的色彩。

2. 现代博物馆的发展

进入 20 世纪特别是第一次世界大战之后，现代博物馆开始步入了一个发展时期。1926 年国际博物馆事务局的成立使这种发展超越地域而具有国际意义。

（1）欧洲地区

第一次世界大战结束后，爱国主义情绪在欧洲各国蔓延，博物馆因其在教育中的特殊地位而受到各国政府的高度重视，各主要国家博物馆都获得了不同程度的发展，出现了一系列新的变化。

受战争和工业化的影响，一些新的博物馆类型得到较快的发展。在 20 世纪 20 年代以后，欧洲各国普遍成立军事博物馆。在荷兰的阿拉海姆、英国的卡迪夫出现了露天博物馆。博物馆的理念与方法出现重大变化。法国的发现宫和大众艺术与传统风俗博物馆在方法上获得了较大的突破。比如，巴黎的发现宫回避了作为相关学科研究基础的"文物"或标本，而将纯科学如物理、化学等引入博物馆，引发了博物馆观念和方法上的一次巨大的变革，并因此而成为博物馆史上有影响力的博物馆之一。在德国，第一次世界大战后，大量的地方博物馆建立起来，宣传当地的历史和重要人物。1925 年对外开放的德意志博物馆以与科学和技术有关的实物为主要藏品，因鼓励参与性体验引领了当时博物馆展示和对外服务的潮流，获得国际声誉。不幸的是，纳粹上台后，特别是 20 世纪三四十年代，政治力量介入艺术收藏和博物馆，德国境内的艺术品均面临筛检，博物馆展览成为纳粹政治宣传的一部分。纳粹也利用博物馆特别是地方历史和文化博物馆服务于他们的意识形态。在北欧的瑞典，一种试图将国家与地方博物馆相结合的新博物馆管理模式被开发出来，其理念就是分散国家对史前纪念物和历史建筑的责任，将其与适当建筑中的地方收藏的专业保管联系起来，即鼓励地方将建筑与收藏一并负责，减轻国家压力，国家将提供资金支持。这种将国家利益与地方创新结合在一起的管理模式，在当时格外引人注目。

在东欧地区，最具有影响力的进展是苏联社会主义博物馆的崛起。1917 年，俄国十月革命后建立了苏维埃政权，1922 年建立了苏联。新兴政权采取了一系列措施（如建立相应的管理机构、召开相关会及颁布相关法令等）推动博物馆事业的发展。苏联在建设"全民享用的博物馆，使之成为教育源泉的博物馆"的方针下，在改善旧有博物馆的同时，陆续建立了革命历史类博物馆等一批新型博物馆。地方博物馆也得到了比较快的发展，到

1941 年，苏联博物馆数量已增长到 991 座。

在苏联，博物馆被认为是文化机构之一，人民共享的场所。它突出了为人民所有、为千百万劳动群众服务的宗旨。马克思列宁主义成为博物馆活动（陈列、教育等）的思想基础，使博物馆有了一个全新的前进方向。博物馆的意识形态功能变得更重要，博物馆的工具性特征得到强化。正是这些特征使得苏联博物馆显示出与以往博物馆的极大不同，创造出一个新的博物馆系统，也使得苏联成为全世界建立新型博物馆的第一个国家。苏联社会主义博物馆的崛起所带来的博物馆定位和方法的变革，不仅影响包括中国在内的社会主义国家博物馆事业的发展，而且在很大程度上改变了欧洲乃至世界博物馆格局。

在苏联之外的其他东欧国家，像匈牙利、捷克斯洛伐克等国，博物馆也有一定的发展。如在匈牙利，到 1935 年，博物馆总数一度达到 46 座。

（2）北美地区

进入 20 世纪，美国政府税收等相关政策的调整，第一次世界大战后经济实力的增强，职业化进程的推进，为博物馆发展提供了一个相对宽松的环境。第一次世界大战之后，美国博物馆获得了快速发展，博物馆数量和参观人数都有了较大的增长。据统计，到 1939 年，全美博物馆数已经从 1914 年的 600 座增长到 2500 座。观众数量也在增长，到 1944 年博物馆观众已经达到 5000 万人次。这一时期建立的纽约的现代艺术博物馆（1929）、惠特尼美国艺术博物馆（1930）和古根海姆博物馆（1939）奠定了纽约成为世界重要艺术中心的地位。芝加哥科学与工业博物馆（1933）则成为当时科学技术领域的领跑者。也是在这一时期，美国启动了大型保护项目，其中最有影响的就是殖民时期的威廉斯堡恢复与重建保护项目。该项目的成功实施标志着美国历史故居博物馆建设热潮达到一个阶段性的顶点。1925 年，美国博物馆协会颁布了职业道德条例，这是博物馆行业自我规范管理的一个重要标志。对美国的博物馆事业来说，两次世界大战之间是博物馆一个快速扩张的时期，现代博物馆的框架得以建立。

（3）其他地区

在亚洲的日本，20 世纪二三十年代，在朝野上下合作努力之下，博物馆事业得到较快发展。到 1938 年，日本出现了一个博物馆建设高潮，仅这一年日本就建成了 320 座博物馆。从 30 年代后半期开始，日本博物馆发展还出现一个重要的变化，就是建设方向从以欧美博物馆活动为样板、以大城市中型单科博物馆为中心，转变成基于日本精神、以乡土博物馆为中心。随之，兴起了乡土博物馆建设风潮。乡土博物馆的兴起是博物馆学寻求本土化的一种尝试，也是对欧洲博物馆模式的一种变革。进入 20 世纪之后，印度博物馆数量增长很快。到 1936 年，印度已有 105 座博物馆，它们绝大多数是由政府建立的。在新建馆中，考古遗址类博物馆发展迅速。在萨尔纳特等一些重要的考古遗址，纷纷建立了博物馆。在印度尼西亚，地方博物馆建设在 20 世纪 30 年代迎来一个突进，位于万隆的地质学博物馆是这一时期重要的博物馆之一。到第二次世界大战结束，印度尼西亚拥有约 24 座博物馆。

在非洲，更多的博物馆是在进入 20 世纪之后建立起来的，且依然处在殖民势力的控制之下。1936 年，由法国政府支持创建的法国黑非洲研究所在非洲西部的象牙海岸（今科特迪瓦）建立了阿比让国家博物馆（1944）等一批博物馆。但是，与英国殖民者在非洲创建的博物馆相比，法国黑非洲研究所创建的博物馆数量要少得多。到 1940 年，英国殖民者仅在南非就建有 31 座博物馆。这些殖民势力对博物馆的控制一直持续到非洲独立之前。与 19 世纪不同，这一时期的博物馆内容有所变化。在摩洛哥，以古建筑为依托的一些民族和考古方面的博物馆（像非斯的巴塔宫和拉巴特的乌达亚斯宫的博物馆等）陆续建立起来，使博物馆的建立与文化遗产、古迹保护紧密地联系在一起。

在南美地区，巴西的社会政治结构在 20 世纪 20 年代以后发生了深刻而巨大的变化，国家文化概念发展起来。国立科学博物馆（1922）、国立历史博物馆（1922）等随之建立。到了 30 年代，受益于政府文化财产的保护政策，又建立了国立美术馆（1937）、帝国博物馆（1940）等一系列国家博物馆，其中多数被安置在具有历史价值的建筑中。这些博物馆连同先前的博物馆一起，服务于遗产保护。

总之，在经过了兴起和初步发展之后，现代博物馆基本成形，博物馆作为一个面向普通公众的实物机构的形象确立起来。博物馆反映的主题内容是艺术、历史和自然科学等，它们发挥着收藏、科研、教育等多种功用。不同区域博物馆的特点逐步形成：以苏联博物馆为代表的社会主义特征、以欧洲博物馆为代表的强调保护传统特征和以美洲博物馆为代表的突出教育的特征逐步显现出来。它们在目标设定、运作方式等方面也显示出各自的一些特点。这一时期欧美地区的博物馆出现诸多创新性的发展，而其他地区现代博物馆的发展使博物馆逐步成为一种世界性文化现象。

二、当代外国博物馆

第二次世界大战后至今，尽管局部地区依然战争不断，但世界的总体格局是和平与发展。经济发展和文化需求的增长推动博物馆前进，博物馆服务社会由自在走向自觉。在经济一体化和文化多元化的背景下，博物馆涉足生态与环境保护、社区发展、旅游业以及非物质遗产保护等领域，在服务社会的变革与发展中，发挥日益重要的作用。

战后世界进入一个和平发展环境，为博物馆的发展提供了条件。20 世纪六七十年代，欧美发达国家出现文化建设高潮，带动了博物馆事业的兴盛，全世界 60% 以上的科技馆都建立于那时。战后，从殖民统治下独立的新兴国家高度重视博物馆作为民族独立和国家统一的象征意义，尽管博物馆数量与规模都有限，但打破了以往世界博物馆由欧美发达国家博物馆一统天下的格局。

（一）发达国家的博物馆

以欧美为代表的西方发达国家一直引领着世界博物馆发展的潮流。20 世纪八九十年代，全世界博物馆的四分之三都在发达国家，当今世界著名的博物馆绝大多数也都在发达国家，这些博物馆拥有最大的博物馆观众群。今天，发达国家依然掌控着世界博物馆的话语权。

1. 美国

第二次世界大战前，美国的博物馆已经历了一次大发展，成为能与欧洲强国比肩的新兴博物馆大国。第二次世界大战中，一些欧洲强国的博物馆遭受战火重创，而美国博物馆却丝毫未损，在战后登上了世界博物馆龙头的位置。1965 年美国有博物馆 5000 余座，1974 年达到 7000 座。尽管此后美国博物馆数量的增长放缓，有时甚至还下降，但美国博物馆总数仍为全球第一。

美国博物馆在理念和实践上走在世界前列，很大程度上代表了当今博物馆发展的趋势。20 世纪 80 年代以来，英、法、德、日、俄等国均曾派人前往美国取经。美国博物馆在社会服务方面的表现最为突出。1966 年，时任美国史密森研究机构执行秘书的博物馆学家、鸟类学家狄隆·利普里提出了"社区博物馆"概念，并在华盛顿城郊的一个黑人居住区——阿那考斯特社区建立了博物馆，由此开创了世界上首座社区博物馆。

在博物馆服务的理念和方法上不断创新，是战后美国博物馆发展的重要特点。1969 年建立的旧金山探索馆采用全方位互动体验的方法创建了博物馆知识传播的新模式，开创了科技馆"科学中心"的时代。这种"请你动手"的互动体验模式，改变了知识传播的单一输送模式，不仅对科技类博物馆产生了重大影响，而且也为社会历史类、艺术类博物馆所借鉴。近年该馆又尝试展示教育的新变革，在展示空间中植入开放性教育活动区和研究工作室（实验室），打破互动展品"就事论事"的局限性，增添了展品之间的关联性和逻辑性。

1992 年，美国博物馆协会提出了"移动博物馆"概念并得到广泛实践，史密森机构下属博物馆开展的巡回展览项目每年去 250 个以上的偏远地点巡回展览，受益观众人数达百万人次。2006 年，美国博物馆首先开设网上课程，开展远程教育，将新兴科技应用到博物馆服务学校教育方面，打造"互联网+"平台，使线上线下互动，实现"展教融合"的知识传播新模式，进一步拓展了美国博物馆将"教育"与"为公众服务"并列为核心要素的博物馆服务理念。

20 世纪 70 年代，曾有学者站在传统博物馆的角度批评美国的一些地区博物馆，"正在把自己变成为艺术中心，它们拥有的永久藏品，如果有的话，也是很少，几乎不搞学术研究，而是筹办巡回展览或专门组织的借入展览，经常举办音乐会、电影、戏剧、舞蹈节目和其他表演艺术活动"①。今天，美国的博物馆不但依然将文化艺术表演等引进馆内，而且为迎合社会公众的文化与教育需求，不断拓展新的文化教育娱乐空间，使博物馆成为具有更多功能的社会文化综合体。

2. 英国

第二次世界大战中，德军对英国城市狂轰滥炸，使英国的博物馆损失惨重。1951 年，英国以举办万国博览会百年纪念展为契机，陆续修建并开放了一些博物馆，重振博物馆事业雄风。20 世纪 70 年代末开始，英国政府逐步削减了对博物馆的财政补贴，使传统博物馆发展面临经费不足的困难，传统博物馆被迫放下架子，向市场要效益。当时由工业考古热潮催生的一座座工业遗产博物馆，成为英国博物馆发展的亮点。70 年代，英国第一座大型露天工业遗址博物馆——铁桥峡博物馆诞生，随后德文特山谷纺织博物馆、布莱维恩大矿井博物馆、凯尔汉姆博物馆等一批工业遗产博物馆陆续建立，丰富了英国工业博物馆的类型。1986 年，以铁桥峡博物馆为主体的"铁桥峡工业景观区"被列入世界文化遗产名录，成为国际工业遗产博物馆可持续发展的范例。

20 世纪 90 年代，英国确立以发展文化（创意）产业拉动国民经济的战略，大量经过改造后再利用的旧仓库、厂房、车间等工业建筑，成为文化创意产业园区的主要办公用房，也有一部分被直接改造为博物馆（美术馆）。英国伦敦泰特家族的泰特系列美术馆，即伦敦泰特当代美术馆、利物浦泰特美术馆和塞尔维斯泰特美术馆是英国成功利用旧工业建筑改造为博物馆馆舍的代表。

3. 法国

法国的博物馆事业在第二次世界大战后开始恢复，到 20 世纪 70—90 年代进入快速发展阶段。90 年代中期，法国博物总数已超过 3000 家。七八十年代，在政府大力支持下，法国在博物馆建设方面实施了四项足以在国际博物馆界名垂青史的重大举措：

一是在 70 年代建立了以法国总统蓬皮杜名字命名的"蓬皮杜国家艺术和文化中心"。这座集博物馆、图书馆、艺术表演等于一身的文化综合体，涵盖美术、音乐、影像等各种领域的现代艺术，代表了一种新兴的综合类博物馆，从建筑设计和形象上都改变了传统博物馆的面貌。

---

① 赫德森：《八十年代的博物馆——世界趋势综览》，王殿明译，紫禁城出版社，1986，第 25—26 页。

二是卢浮宫增设的一个参观入口处以"金字塔"造型面世。这个每年能接待数百万观众的场所，成为卢浮宫不可分离的侧厅，开创了博物馆新旧建筑"和谐"相处的范例。

三是由奥赛旧火车站改造而成的奥赛美术馆落成开幕。这一由法国总统蓬皮杜于1971年提出的改建计划终于在1986年得以实现，成为巴黎城市旧工业遗产改造再利用为博物馆的样板。

四是法国首创生态博物馆类型。以乔治·亨利·里维埃创建的法国地区自然公园和雨果·戴瓦兰创建的克勒索-蒙特索人与工业博物馆为代表的生态博物馆实践，在国际博物馆界产生重大影响，并引发了一场文化运动。生态博物馆理念促进了传统博物馆朝着更贴近服务社会需求的方向发展。

4. 德国

第二次世界大战后德国在反省法西斯主义对世界造成深重灾难的同时，开始了对在战争中受损的一些德国著名博物馆的艰辛而漫长的修复过程。柏林世界民族博物馆到20世纪70年代才完成修建工程。慕尼黑美术馆在第二次世界大战中毁于战火，到1981年才重新建成开放。1989年11月柏林墙的拆除使德国再度统一，一些曾被分拆的博物馆与藏品有了合并的机会。1998年达雷姆博物馆与伯迪博物馆合并诞生了绘画馆，使东、西柏林分别收藏的约2700件名画重新得以团聚，柏林博物馆岛上的五座著名博物馆组成了博物馆群——柏林国立博物馆。该博物馆群后来被联合国教科文组织列入世界文化遗产名录。1990年，民主德国于1952年建立的德国历史博物馆被并入联邦德国建立的德意志历史博物馆，形成了今天的德意志历史博物馆。

20世纪八九十年代，在欧洲工业遗产保护热潮中诞生的德国鲁尔区的工业遗址博物馆成为德国工业遗产保护博物馆模式的典型。鲁尔的"关税同盟矿区"是德国第三个被联合国教科文组织列为世界文化遗产的工业遗产地，也是一家较为完整地保存了反映20世纪30年代世界采矿业先进水平遗存的露天煤矿工业遗址博物馆。鲁尔开辟的"工业遗产旅游之路"，以工业遗址和博物馆组成的景观为主体，成为鲁尔工业城市振兴的重要特色。

（二）发展中国家的博物馆

第二次世界大战结束至20世纪六七十年代，亚洲、非洲和拉丁美洲广大地区的人民掀起了民族独立运动高潮，纷纷脱离殖民主义统治，建立民族独立的国家。新独立国家把前殖民统治者建立的博物馆收归国有，并进行了"博物馆去殖民化"运动，以新的眼光阐释博物馆藏品的内涵，清除殖民文化的影响。发展中国家的博物馆具有三个较为明显的特点：一是突出宣传革命或民族的精神，重视建立反映民族独立历史的博物馆；二是博物馆的内容注重本国传统文化，展现本国历史和艺术以及民族与民俗；三是不仅保护物质文化遗产，也注重对本民族活态非物质文化遗产的保护。

发展中国家由于过去长期处在殖民主义统治之下，本民族的传统文化受到歧视与破坏，博物馆发展的基础比较薄弱。因此，博物馆的规模与数量增长都远远落后于发达国家。今天，非洲有 1000 多座博物馆，数量较多的国家有南非、埃及、阿尔及利亚、喀麦隆、摩洛哥等，其中南非就有 300 多座，是非洲博物馆发展最快的国家。埃及开罗国家博物馆的藏品约有 12 万件，主要为考古出土的古埃及文明时期的文物，从史前至古希腊罗马时代跨度 3000 年，是世界上古埃及文物保存最集中的博物馆之一。

拉丁美洲共有 1500 多座博物馆，其中以巴西、阿根廷、墨西哥、哥伦比亚和古巴为多。墨西哥人类学博物馆收藏了 27000 件反映墨西哥古代历史文化面貌的文物，集古印第安文物之大成，有世界第一人类学博物馆的美称。1964 年建造的墨西哥人类学博物馆新馆，融印第安传统建筑风格与现代建筑艺术为一体，成为驰名世界的博物馆建筑。

20 世纪六七十年代，亚洲地区一些国家经济快速增长，带动了博物馆的发展，其中，科技馆建设步伐更快。1977 年新加坡建立科学中心。泰国、印度尼西亚等国也都建设了科技博物馆。印度除了建立印度科学与工业研究中心所属的各博物馆之外，还有加尔各答伯拉工业与技术博物馆、孟买尼赫鲁科学中心等。

印度受英国殖民统治近 200 年，留下了深刻的殖民文化烙印。印度最早的博物馆印度博物馆是英国殖民统治的产物。为了清除殖民文化的影响，印度从独立之日起就筹备建立印度国家博物馆和新德里国立博物馆，这两家博物馆于 1949 年落成开放，前者收藏与展示从公元前 3 世纪至今的印度各地区各个历史时期的各种珍贵文物，后者则是印度最大的综合性历史博物馆。此外，印度还建设了许多小型博物馆。第二次世界大战后至今，印度受经济发展速度与政府对教育投入等因素的影响，博物馆数量增长并不快，全国博物馆总数一直徘徊在 700 座左右。

20 世纪 90 年代，新加坡建立的亚洲文明博物馆是国内最大的博物馆，藏品主要反映新加坡历史以及中国、东南亚、南亚和西亚的历史文化与艺术。韩国首尔国立中央博物馆是韩国最大、历史最长的博物馆，馆藏 24 万余件，有佛教工艺品、陶瓷器、绘画、历史风俗画以及考古出土物等类别。土耳其伊斯坦布尔的托普卡匹博物馆是原奥斯曼土耳其帝国国王的宫殿，原宫廷收藏的 86000 件艺术品转变为公共博物馆藏品，主要是奥斯曼帝国时期聚集的黄金、宝石、瓷器、家具、服饰等珍贵文物。

一些发展中国家在被殖民统治期间，曾有许多古代文物被掠夺到国外。今天，在大英博物馆、大都会艺术博物馆、卢浮宫、艾尔米塔什博物馆等一些国际著名博物馆中，都收藏着许多来自不同时期殖民地或被占领国的重要文物。第二次世界大战后，在全球范围民族主义复兴的背景下，这些发展中国家（和民间团体）纷纷向占有国提出文物返还的要求。20世纪50—70年代，尼日利亚（贝宁王国在其领土范围内）从大英博物馆要回了约50件青铜雕像。秘鲁从美国、法国等国追回了包括西班牙殖民时期流失的上千件文物，埃塞俄比亚从意大利追回了第二次世界大战期间被运走的阿克苏姆方尖碑。但这些被追回的文物仅仅是原属国文物流失清单中的一小部分。[①] 2002年12月，世界18家著名博物馆馆长联合署名发表了《关于普世性博物馆重要性及价值的宣言》，明确表示了反对将收藏在博物馆的古代文物归还原属国的立场。发展中国家的流失文物返还之路还很漫长。

三、中国博物馆的发展历程

与世界其他古老文明一样，中国收藏、保护和利用珍贵遗产的实践历史悠久，并形成了良好的传统。而作为西方文化结晶的博物馆则是近代以来从西方逐步引进的，在中国经历了一个不同寻常的发展历程。

（一）中国古代的收藏实践

作为一个文明古国，中国对珍贵遗产的收藏、保护和利用的实践由来已久。出于崇拜与祭祀祖先、崇尚古物、储存财富、炫耀富贵、商品交换等不同的动机和目的，中国至晚在商周时期就开始了对珍贵遗产的收藏、保护和利用的实践活动，并建立相应的保存设施，如殷人保藏典策的府库等。在此后的数千年间，这种实践赓续不断，并出现了多种形式的保存设施，如古代纪念性祠堂、画像陈列馆、宫室、朝庙、武库、园囿等，其中，著名者如周代的天府、玉府，春秋时期的孔子庙堂，秦汉时期的上林苑、麒麟阁、武库，唐代的凌烟阁，宋代的稽古、博古、尚古三阁，明清时期的功臣庙、南薰殿、万牲园、武英殿等，均有收藏之用途。这些设施或保存文物宝器类收藏，或保存自然标本，但后者似远不及文物宝器收藏发达。这一现象可能与古人对于两类收藏对象功用的认识有关。而这种认识影响深远，甚至影响后来我国现代博物馆的类型结构。在这种实践中逐步形成了官方和民间两个大的系统，并一直延续至近代。

中国古代遗产的收藏、保护和利用实践并未直接生成现代意义上的博物馆这样的概念，但其中蕴含了一些博物馆性质的因素，如收藏、保护和利用珍贵遗产的意识、最初的公共性。在很多时候，这些收藏实践贯穿了娱乐的功能，有些可能还孕育了教育观念。而且，在长期的收藏、保护和利用的实践中，较早地发展起较为完备的收藏的管理、著录制

---

① 提出文物返还要求的并不仅仅局限于亚非拉的发展中国家，在欧洲有些历史上曾经被侵略者占领过的国家，也有文化遗产被掠夺的经历。如希腊政府多次要求大英博物馆返还雅典帕特农神庙的浮雕，但一直到到拒绝。第二次世界大战期间，希特勒曾组织一支特别部队专门搜掠被占领国的艺术品。日本侵华期间，也曾大量掠夺中国古代文物，至今仍有许多未返还。

度、保护方法与技术。当现代博物馆在中国兴起之后，这些制度、方法和技术融入了中国现代博物馆的运营之中，成为中国现代博物馆发展得有特色的重要支撑之一。

中国古代遗产的收藏、保护和利用实践及相关设施的发展，逐步形成有别于西方文化的，具有自身特色的遗产保存和记忆系统，从而丰富了人类收藏、保护和利用遗产的手段、方式和方法，其在人类遗产的收藏、保护和利用方面的历史贡献、价值和地位有待进一步挖掘和探索。

（二）现代博物馆在中国的出现

现代博物馆在中国的出现并非中国古代相关实践自然发展的产物，而是从西方引进的，并且是与近代以来西方殖民势力入侵、西学和新学盛行与中国社会近代化紧密联系在一起的。对于现代博物馆，中国人经历了一个从最初接触、体认到创建的过程。

1. 中国人在国外看到了现代博物馆

鸦片战争之后，清王朝被迫打开国门，中国开始逐步沦为半殖民地半封建社会。为了救亡图存，在"师夷长技以制夷"思想的影响之下，包括政府官员、学者、留学生、维新派成员等在内的中国人，开始走出国门，走向世界。他们在国外接触到包括像大英博物馆、卢浮宫博物馆、日本帝室博览馆等著名博物馆在内的不同类型的博物馆，并以笔记、日记、游记等方式将所见记录下来，介绍给国人。这些记录成为现代博物馆观念引入中国的重要途径。

中国人对于博物馆的认识是逐步深入的。最初，对于西方现代博物馆，中国人更多地表现出一种新奇，观察到形式上的多样化，并简单地将其类比于中国传统观念的"园""苑""库""馆""楼""阁"等。随着时间的推移和相关知识的不断积累，国人对于博物馆日渐形成了更接近其本质的认识，看到了多种不同形式下的共同性。对于这种新生事物，国人表现出不同的态度。一些人对西方博物馆展出内容看不惯或不理解，从而表现出一种谨慎的态度，但更多人则看到了博物馆机制之利，如"开风气""广识见""益智巧""佐读书之不逮""有利于民生"等，进而开始鼓吹建立博物馆。

对西方现代博物馆的接触和体认对后来的中国博物馆建设实践起到了借鉴作用。

2. 外国人在中国的早期博物馆实践

随着西方殖民势力的入侵，一些外国人出于多种目的开始了他们在中国的博物馆实践，现代博物馆陆续在中国建立起来。其中年代较早且较有影响的机构包括 1868 年法国人韩德在上海建立的徐家汇博物院、1874 年亚洲文会北中国支会创建的上海博物院等，这些博物馆大多为综合性博物馆。这些实践在将现代博物馆实体引进中国，传播了博物馆观念的同时，也借机对中国进行文化渗透，一些博物馆还充当了珍贵遗产掠夺者的不光彩角色。外国人在中国的早期博物馆实践刺痛了中国人，激发了中国人自行建设博物馆的决心。

3. 中国人最初的博物馆实践

随着国人对于西方现代博物馆认识的不断加深，从19世纪中后期开始，民间的一些有识之士就开始筹划创建博物馆。其中，最为成功、最具有影响力的是清末状元张謇创建南通博物苑的实践。

南通博物苑是张謇秉承"设苑为教育"的宗旨，于1905年在其家乡江苏南通创办的一座博物馆，主要用作学校教育之辅助。博物苑所藏分天然、历史、美术、教育四部分，藏品数量达2900余号，计2万余件。虽然南通博物苑"当时规模狭小"，是"仅供师范教授的简单设备"，但是，南通博物苑是国人最早自主创设博物馆的成功实践，被认为是"国人创办博物馆之发轫"①，"国人自办综合博物馆的开端，也是我国第一个学校博物馆，同时也是中国博物馆事业发展史上足资纪念的一件大事"②。从一定意义上讲，南通博物苑具有开风气的作用。

在张謇之后至清代结束，还有其他一些民间博物馆实践活动。北京、天津和山东等地也开办了几座博物馆和一批陈列馆或陈列所，但大多规模有限，影响不大。

在民间博物馆实践之外，清朝末年，政府层面也在博物馆领域做了一些努力，其中包括清政府颁布的奖励民办博物馆的措施等。在民间实践兴起之后，清政府设立了一些部门管理博物馆事务，如在中央一级学部专门司下设立专门庶务科负责包括博物馆在内的学术技艺等事务。在各省学务公所设图书课（科）掌管图书馆、博物馆等事宜。遗憾的是，由于当时清政府业已内外交困，政权摇摇欲坠，这些努力并没有产生出实质性的结果。

总之，在中国，现代博物馆是在近代以来中国社会逐步走向半殖民地半封建社会的背景下出现的，是自主力量和外来入侵力量双重作用下的产物。这种特殊背景使中国博物馆从一开始就呈现出浓厚的救亡色彩，表现出强烈的社会责任意识，而不是思想启蒙作用，并深深影响到后来中国博物馆发展的观念取向和道路选择。从这一意义讲，博物馆作为一种社会改造工具的责任意识是与现代博物馆在中国的出现相伴生的。因此，"社会使命"被看作中国近代以来博物馆发展的特点之一。

现代博物馆在中国的出现深刻影响了中国固有的传统保存设施的自然演变进程，不仅影响了社会价值观念和传统，也影响了文化意识和民族自信心。中国现代博物馆的外来"侵入"特征与中国固有的遗产收藏、保护和利用传统形成了一定的矛盾，如何协调这种矛盾成为中国博物馆发展的一个长久命题。

---

① 陈端志：《博物馆学通论》，上海市博物馆，1936，第24页。
② 傅振伦：《博物馆学概论》，商务印书馆，1957，第10页。

（三）现代博物馆在中国的初步发展

在经历了晚清时期艰难的初期实践之后，随着中华民国的成立，现代博物馆在中国迎来了初步发展时期，尽管其中充满了曲折与艰辛。

1. 民国建立至 20 世纪 20 年代末的博物馆

1911 年辛亥革命推翻了清朝统治，次年建立了中华民国。民国初期，虽有战乱，但受民族文化保存思想等的影响，保护文化遗产、建立博物馆仍得到政府一定程度的关注，并被提上了议事日程。公共力量开始介入博物馆建设。

公共力量的介入促成了不同层次公立博物馆的形成。一方面是国立博物馆的建立，像国立历史博物馆（1912）、古物陈列所（1914）、国立北京故宫博物院（1925）等。这些博物馆是"国家本位"的产物，其中，故宫博物院是依托明清两代皇宫建筑和宫廷原有珍藏而建，它的建立终结了皇家收藏封闭、被独占的历史，使之成为国民共享的财产，因而产生了巨大的政治和社会影响。另一方面是地方公立博物馆的迅速发展。到 20 世纪 20 年代末，我国已先后建成了河南博物馆、浙江西湖博物馆、山东博物馆等。

在公共力量之外，私人博物馆也得到了发展。这些私人博物馆是私人筹款、董事会主持的博物馆，其中包括颜文梁创办的苏州美术馆（1919）、曾淑创办的福建博物研究院（1923）、王遵先创办的兰州市立博物馆（1928）等。

公、私力量的共同努力使得中国博物馆在发展初期呈现出一种良性发展的态势，为博物馆发展提供了动力。到 1929 年，全国共有博物馆 34 座。

2. 20 世纪 20 年代末至全面抗战爆发之前的博物馆

国民政府定都南京后，博物馆事业进入一个较快的发展时期，建立了包括上海市博物馆等在内的一批新的博物馆，并开始筹建中央博物院等大型的综合性博物馆，博物馆数量增长迅速，到 1936 年，全国博物馆数量已经达到 77 座。同时，初步建立起了博物馆内部制度，在藏品保管诸多方面，已经建立起一系列的规则，如《古物陈列所各库存储古物保管程序》，上海市博物馆的《处理陈列品的规则》《陈列品编号办法》等。在人员管理方面，也出现了对博物馆从业人员的基本资格要求等。此外，博物馆的对外活动也比较活跃。1935 年，故宫博物院、古物陈列所、河南博物馆和安徽图书馆所藏铜器、玉器、瓷器、书画等，曾赴英国伦敦参加中国艺术国际展览会。中国历史文物首次在西方公开展出，引起了广泛的影响。1935 年中国博物馆协会在北平成立。次年，上海市博物馆开始对新入职人员进行专业培训，开启了博物馆的职业化进程。

这一时期博物馆事业发展在各主要领域均取得了比较大的成就，达到了旧中国博物馆事业的高峰，被称为我国博物馆发展史上的第一个高潮期。现代博物馆格局初步形成。

受当时政治环境的影响，博物馆事业发展呈现出一种国民党统治区、共产党领导的革命根据地及伪满洲国统治区等多区并行发展的局面。前面所介绍的博物馆事业发展，主要是国统区的发展状况。在革命根据地，共产党人在艰苦的战争环境中，也建立了像中央革命博物馆（位于江西瑞金叶坪）、红军学校模型室等设施，开始了最初的博物馆实践。它们是一种新型的博物馆，代表了我国博物馆发展的一种新方向。伪满洲国统治区，日伪为实施和巩固殖民统治，也建立了一些博物馆，如 1935 年成立的伪满洲国"国立博物馆"（1939 年改称奉天分馆）、热河宝物馆等，它们成为日伪实施殖民统治进行奴化教育和掠夺遗产资源的工具。

3. 全面抗战爆发至新中国成立之前的博物馆

1937 年，日本帝国主义发动的全面侵华战争爆发，在抗战胜利后，国民党当局又发动内战，中国广大城乡较长时间处于战争和动乱之中。这一现实造成刚刚抱有起色的博物馆事业又走向低谷。

受战争环境影响，这一时期博物事业遭到很大的破坏。在抗日战争期间，有的博物馆毁于日军炮火，更多的博物馆被迫关闭或内迁，在辗转迁徙途中文物也遭到损失，或遭敌机空袭而被毁。值得赞颂的是故宫博物院的前辈们护卫着一万多箱文物藏品辗转流离南方多地，历尽千辛万苦，终而使这批国宝躲过了战火。一些沦陷地区受到敌伪劫掠，大批文物散失、损毁，博物馆藏品损失巨大，像中央博物院等新馆的筹建工作也被迫中断。博物馆的正常运转难以为继，博物馆事业基本上处于半停顿和守摊子的状态，甚至陷入倒退的境地。长期战乱造成博物馆数量锐减。到 1949 年新中国成立时，全国博物馆数量仅存 25 座，且状况堪忧。

战争给博物馆事业带来严重的灾难，不过在局部地区也新建了少数博物馆。比如，在国民党统治区，1941 年 3 月，在成都建立四川博物馆。1944 年 12 月在重庆北碚建立中国西部博物馆。

其中，中国西部博物馆是一所自然科学性质的博物馆，由当时国民政府的中央研究院动植物研究所、气象研究所，经济部中央地质调查所、中央工业试验所、矿冶研究所，农林部中央农业实验所、中央林业实验所、中央畜牧实验所，中国科学社生物研究所、国立江苏医学院、中国地理研究所和中国西部科学院等机构共同筹备创建。翁文灏、卢作孚担任筹备委员会正、副主任，1944 年 12 月 25 日博物馆正式成立（1945 年 7 月更名北碚科学博物馆，1946 年 10 月 1 日改为中国西部博物馆）。该馆成立后得到各方面支持，许多科学家如尹赞勋、杨钟健、伍献文、赵九章等都对该馆做出过贡献。当时该馆分工矿、农林、生物、地质、医药卫生、气象地理六馆，仅展出的科学标本就达 10 万余件。自 1944 年 12 月至 1947 年 8 月间，共开放 827 天，接待观众 16 万多人次。中国西部博物馆是抗战期间最重要的博物馆，代表了当时我国博物馆发展的水平。

在抗日根据地和解放区，出于对群众进行革命教育的需要，中国共产党人进行了包括举办展览会、建立展览设施等活动在内的博物馆实践。自 1943 年起，延安就陆续举办了大规模的展览会，并建立了诸如生产馆、翻身馆、时事馆、卫生馆等设施，展出对象包括工农业的产品、发明创造、战利品、翻身物品等。当时一些学校如鲁迅艺术学院也建有陈列馆（室）等。1940 年建立的成吉思汗纪念堂、蒙古文化陈列馆，1946 年在西北党校设立的四八烈士纪念室（陈列遗作、译著、纪念文章等），1947 年在哈尔滨建立并于次年开放的东北抗日暨爱国自卫战争牺牲烈士纪念堂等，是当时较重要的设施。

在伪满洲国统治区，也零星建有新馆，如 1939 年 1 月在长春建立的所谓的"国立中央博物馆"，1941 年在佳木斯则建有东宫（铁男）纪念馆等。这些博物馆随着伪满洲政权的倒台而消失，存在时间很短。

总体上看，从全面抗战爆发至新中国成立之前这一时期，中国博物馆事业呈现出一种整体停滞状态下的局部发展。

综上，中国对珍贵遗产的收藏、保护和利用实践历史悠久，但中国现代意义的博物馆是近代以来在中国社会不断半殖民地化的过程之中生成和发展起来的。这种特殊的历史环境造成旧中国的博物馆发展呈现出一种复杂的局面，主要表现在公立与私立并存，中国人与外国人建立的博物馆并存，甚至一度出现了国统区、共产党领导的根据地和伪满洲国等多区博物馆并存的局面。这些不同主体创建博物馆的动机、目的，博物馆发挥的作用是不同的，而且在不同时期各区博物馆所占比重也处在不断变化之中。博物馆事业发展的这种复杂局面决定了我们在评价这一时期博物馆事业时不能简单地认为旧中国博物馆是半殖民地社会的产物，是资产阶级的点缀品，而是需要做具体而客观的分析。

在 1949 年以前的中国，现代博物馆经历了一个从观念传播到实践的过程，博物馆事业从无到有、从小到大艰难地发展起来，并取得了一定的成就。特别是经过 20 世纪 30 年代的初步发展之后，中国现代博物馆的基本格局初步形成。但是，旧中国特殊的历史环境决定了这种发展是有限的，而且也存在着不少的问题，像类型比较单一、博物馆表征意义远大于实际意义、博物馆还远未成为公众可以自由体验的文化场所和实用、有效的民众教育和娱乐的工具，而且博物馆的发展"多因人成事，兴亡无定"[1]。中国博物馆事业的真正发展只能是新中国成立之后的事情。

正是由于中国现代博物馆生成和发展的这种特殊环境，中国现代博物馆从一开始就带有较为浓厚的半殖民地色彩，独立性不强，西方痕迹明显。这一特点为日后新中国博物馆提出了一个现实的、无法回避的任务，即去殖民化。

---

[1] 包遵彭：《中国博物馆史》，"中华丛书"编审委员会，1964，第 50 页。

四、当代中国博物馆

中华人民共和国成立后，中国的博物馆事业进入一个新的发展阶段。在 1949—1978 年这 30 年中，由于政治因素的干扰，博物馆在发展过程中曾遭受过挫折，发展速度缓慢。1979 年以后，在改革开放方针政策的指引下，博物馆逐步走上了中国特色的社会主义博物馆事业发展道路，加快了前进的步伐，取得了举世瞩目的成就。

（一）新中国博物馆的初步发展

1. 改造与整顿时期的博物馆

新中国成立时，全国博物馆仅存 25 座，其中多数已经处于瘫痪或半瘫痪状态。新中国博物馆的发展从改造与整顿旧博物馆起步，中央人民政府废除了民国时期由中央政府教育部和地方教育厅管理博物馆事业的体制，在政务院文化和旅游部之下设立文物事业管理局，管理全国的文物博物馆事业，各大行政区和省、市、自治区也相应设立文物博物馆管理部门。1949 年到 1952 年，政府先后接管了各地 16 座民国政府博物馆和 9 座外国人办的博物馆。

1950 年，中央政府政务院颁发《古迹、珍贵文物、图书及稀有生物保护办法》《禁止珍贵文物图书出口暂行办法》和《古文化遗址及古墓葬之调查发掘暂行办法》等法令，严禁文物非法出口，有效地制止了新中国成立之初猖獗的文物盗掘、盗卖和外流。同年，中央政府政务院又发布《关于征集革命文物的命令》，发起了一场全国范围的抢救性文物征集运动，空前地扩大了博物馆馆藏，为博物馆事业的生存与发展奠定了基础。

1951 年，文化和旅游部发布《对地方博物馆的方针、任务、性质及发展方向的意见》，指出"博物馆事业的总任务是进行革命的爱国主义的教育"，要求各地学习苏联博物馆建设的经验，建立地志性博物馆。这一指导性文件为推动新中国各地的地志博物馆发展奠定了基础。

2. 初步发展时期的博物馆

1956 年 4 月，文化和旅游部文物局在北京召开全国博物馆工作会议，明确了我国博物馆的基本性质与基本任务①。在此后的几十年，"三性二务"论在中国博物馆的理论和实

---

① "三性二务"论是在 1956 年全国博物馆工作会议上提出来的，是当时博物馆界对新中国博物馆的性质、任务等问题认识的一种简括表述。根据这一认识，博物馆的基本性质是"科学研究机关""文化教育机关""物质文化与精神文化遗存和自然标本的主要收藏所"。而且，科学研究、文化教育和征集保藏文物标本三个方面是不可分割的辩证关系。三个方面同样重要，削弱了哪个方面，都会使博物馆工作受到损失。博物馆的性质特点就是同时具备这三种性质。博物馆的基本任务则是"为科学研究服务，为广大人民服务"。二者是统一的，有着提高与普及的辩证关系。

践中一直发挥着重要的指导作用。1956年5月文物局在济南召开全国地志博物馆工作经验交流会，推广山东博物馆建设的经验，并确定了"地志博物馆"作为省级博物馆建设的基本模式。1956年底全国建成29座地志博物馆。同时，中国的纪念馆已达19座，基本形成博物馆的一个独立门类。

1958年9月，中共中央和中央军委做出在北京建设中国历史博物馆、中国革命博物馆和中国人民革命军事博物馆的决定。这"三大馆"在短短的一年时间里创建而成，其建设的速度之快，在动员人力、财力、物力以及征集（和调集）文物、陈列设计等方面的工作效率之高，在中外博物馆历史上罕见。三大馆的建设集中了新中国成立十年来考古与文物工作的成果和博物馆工作的经验，在陈列的思想性、科学性、艺术性方面达到了空前的高度，代表了当时中国博物馆的发展水平。

3. 挫折与停滞时期的博物馆

1958年到1960年间，中国博物馆界出现了"全民办馆"的高指标、放卫星的浮夸风问题，博物馆发展脱离了正常轨道。1960年以后，博物馆界以中央"调整、巩固、充实、提高"八字方针为指导，撤销了一批明显达不到质量要求的博物馆，全国博物馆数量由1959年的480座减少到1963年的213座。经过贯彻"八字方针"，博物馆发展回到了正常轨道。但是，后来发生的历史事件使博物馆事业又遭到新的挫折。

1979年6月，国家文物局颁布《省、市、自治区博物馆工作条例》，该条例是新中国成立以来第一个系统、完整的博物馆管理规章，对以后的博物馆规范管理发挥了重要作用。

（二）改革开放以后的博物馆

改革开放以来，一系列改革新政的实施，带来了中国经济的腾飞。经济增长带来的巨大的物质财富刺激了社会文化消费的增长，为博物馆大发展提供了基础。进入21世纪，政府提出"要使社会主义文化事业大发展大繁荣"的目标，激发了社会各界发展文化事业的热情，许多地方将建设博物馆视为体现城市文化与形象的"政绩"工程，全国形成了博物馆建设高潮。

1. 博物馆数量增长

20世纪80年代，随着中国经济复苏，文化需求上升，大众旅游兴起，博物馆以"逐步发展"的节奏稳步向前。80年代新建的博物馆主要为文物局系统种类各异的小型博物馆，其中以人物类纪念馆为多。90年代开始，中国博物馆发展呈现出两个特征：一是国家投入大量资金新建了一批大型的现代化博物馆；二是文物局系统以外社会力量办的博物馆数量增长加快。1991年，建筑面积达6万平方米的陕西历史博物馆落成开放，代表着新一轮大型博物馆建设高潮的到来。1996 年上海博物馆新馆建成开放。1998 年新落成的河南博物院建筑面积达 7.8 万平方米。浙江省博物馆、山东博物馆、江西省博物馆、苏州博物馆等也都新建了规模较大的馆舍。2011 年南京博物院在原馆基础上将全馆建筑面积扩展到了 8 万平方米。2012 年由中国历史博物馆与中国革命博物馆合并后的中国国家博物馆，建筑面积近 20 万平方米，成为世界上单体建筑面积最大的博物馆。

1992 年 12 月，上海市文物管理委员会批准成立中华人民共和国成立后的首家民办博物馆——四海壶具博物馆，接着，北京、西安、广州等地的民办博物馆也陆续诞生。这些非国有博物馆的出现，改变了国有博物馆一统天下的面貌。

博物馆数量快速增长的同时，也带动了展览数量与观众数量的增加。20 世纪 80 年代以后，各地博物馆将展现地域文化特征作为改革突破口，陈列内容突出地方历史和乡土文化，改变了此前"千馆一面"的状态。90 年代，随着中国国际地位的提升，各地博物馆开始引进国外的历史文化艺术展览，满足广大公众了解世界的迫切愿望，引起社会公众的积极反响。2003 年中央领导同志提出了博物馆要贴近实际、贴近生活、贴近群众的指示，《国家文物事业"十一五"发展规划》中指出，"坚持以人为本，落实'三贴近'要求"。"三贴近"成为博物馆社会服务的工作原则。2008 年初，中宣部、财政部、文化和旅游部、国家文物局联合发布《关于全国博物馆、纪念馆免费开放的通知》，开启了博物馆公共服务的新时代。免费开放不仅为公众去除了博物馆收费的门槛，还推动了博物馆重构其价值定位，重新确定其社会责任和任务，从注重物、知识和历史，转向对人和人的发展的重视。免费开放使博物馆明确社会公共服务的本原，回归让公众分享人类智慧成果的基本职能，回归博物馆作为社会发展智力支持条件的社会定位。

2. 博物馆发展多样化

博物馆的多样化发展是 20 世纪 90 年代以来的新特征，主要表现为办馆主体的多样和博物馆类型的多样。90 年代初建成开放的中国茶叶博物馆和苏州丝绸博物馆，开始了中国博物馆种类多样化的新发展，经济类、文化类、军事类、政法类、民族民俗类和科技类等博物馆也快速增长。在经济生产行业中，煤（铁）矿行业，铁路、航空等交通运输行业，纺织行业，酿酒食品等行业博物馆发展最为迅速。此外，科技类博物馆的数量增长也不逊色。

从 20 世纪 90 年代初期出现首家民办博物起，我国博物馆的办馆主体逐渐形成国家办、部门办、行业办、集体办、私人办的多元化格局，国有和非国有博物馆、文物系统与其他系统博物馆齐驱并驾。非国有博物馆作为国有博物馆的一种补充，在一定程度上弥补了国有博物馆在藏品和种类上的不足，得到政府的政策支持与扶持。2010年国家"五部二局"① 联合发布《关于促进民办博物馆发展的意见》，大力推动民办博物馆的发展。

3. 博物馆人才队伍建设加快

中华人民共和国成立后，曾有高校设立博物馆专业，但因专业人才的社会需求量太少而被撤销，以至于改革开放初期博物馆专业人员队伍发生严重断层。1980年复旦大学分校（现为上海大学文学院）和南开大学在历史系设立考古与博物馆本科专业，以后杭州大学（已并入浙江大学）、吉林大学、复旦大学、北京大学等高校也陆续在本科和硕士层面开设了博物馆专业。随着全国博物馆数量的增长和博物馆专业人才需求的加大，到2010年，全国已有30多所高校设立文物与博物馆学硕士培养点，其中的高校还设有博物馆学博士点。

从20世纪80年代起，国家文物局先后在扬州、泰安、西安等地建立了文博专业职业培训基地，邀请博物馆专家与高校教师为博物馆在职人员开设各种短期业务培训。2010年以后，国家文物局又有计划地开展了对全国博物馆新进员工的职业培训，各地文物主管部门也不定期地组织开展对本地博物馆员工的短期专业培训。尽管现在许多博物馆对新进人员有专业与学历水平的要求，但与发达国家相比，中国博物馆从业人员的总体学历水平偏低，并且在短时间内还难以改变这种状况。

4. 博物馆管理日益规范化

1982年，《中华人民共和国文物保护法》颁布，其中"馆藏文物"相关内容与博物馆管理直接相关。此后，国家文物局相继颁布《革命纪念馆工作试行条例》《博物馆安全保卫工作规定》《博物馆藏品管理办法》等规章，规范了博物馆藏品的征集、保管和安全保卫等具体工作的原则与方法。进入21世纪，博物馆数量快速增长过程中暴露出的质量问题日益凸显，博物馆主管部门从注重博物馆数量增长转向重视博物馆质量的提高，加快了博物馆法规建设的步伐。2005年文化和旅游部颁布《博物馆管理办法》。2008年，国家文物局发动全国博物馆评估定级的质量认证工作，为博物馆建设的专业化、规范化与科学化提供质量标准。至2016年，96座博物馆经评估被认定为一级博物馆，成为博物馆行业质量优秀的典范。2015年国务院颁布《博物馆条例》，为健全和完善博物馆管理，有效发挥博物馆社会功能，推动博物馆事业的持续发展，提供了法律保障。

5. 博物馆协会活动积极展开

改革开放以后，博物馆界建立行业组织的愿望日益强烈。1982年3月，中国博物馆学会成立（现改名为中国博物馆协会），并于次年7月加入国际博物馆协会。此后，中国博

---

① "五部二局"为财政部、民政部、文化部、国土资源部、住房和城乡建设部与国家税务总局、国家文物局。

物馆协会继续建立了与国际博物馆协会之下各国际专业委员会对接的 30 多个专业委员会。中国博物馆协会组织国际国内学术活动，开展为博物馆服务的各种业务培训，编辑出版《中国博物馆通讯》、《中国博物馆》（季刊）和博物馆学专著、资料等，反映各地博物馆的重要活动和博物馆学研究成果。主持全国博物馆质量评估定级工作，开展各种有关推动博物馆发展的全国性评比活动，如全国博物馆十大精品陈列评定、年度全国文化遗产十佳图书评选、全国博物馆学优秀学术成果评选活动等。2010 年 11 月，国际博物馆协会第 22 届代表大会在上海召开，对树立良好的国家形象，扩大中华文化的影响力，搭建中国博物馆行业与国际博物馆界的交流平台，促进中国博物馆事业发展起到了重要作用。

改革开放 40 多年，中国博物馆由初期的缓慢发展到逐步加速，再到近 10 年的高速发展，与国家的经济发展同步，呈现了前所未有的历史性飞跃。博物馆通过自身的改革，与时俱进，增强了服务社会的意识，在实践中努力实现"两个转变"，即在业务活动中从传统的"以物为主"向"以人为主"转变。博物馆实行免费开放，提升博物馆社会服务质量是这方面的具体体现。在办馆方向上，由"内向型"朝"外向型"转变，增加了博物馆活动的社会开放度。博物馆陈列展览主题的设计听取社会公众的意见，高校和科研机构合作开展博物馆藏品研究，并有计划地逐步在博物馆网站公开博物馆藏品目录，实现藏品资源的社会共享。在博物馆管理方面，进一步完善法人治理结构，提高办事效率，对组织机构、人才聘用以及人才激励机制等实施了改革，以适应国内不断发展的市场经济环境。上述的改革与发展，正在逐步体现中国特色社会主义博物馆的基本面貌。

深入发掘博物馆文化资源，为公众提供更多、更好的公共文化产品和服务，满足公众不断增长的精神文化生活需求，是博物馆人员肩负的时代重任。

五、当代博物馆的新发展

当代博物馆服务社会的理念有了很大的提升。为满足社会公众不断产生的新需求，博物馆不断改变自己，更深地植入社会，由"以物为本"转向"以人为本"。新的博物馆类型逐渐产生，同时应用新兴科技、涉足环境保护与非物质文化遗产保护等领域，正成为博物馆自觉的行动。

（一）博物馆的社会使命感上升

20 世纪 70 年代以来，世界政治、经济、文化等各领域都发生了巨大变化，在环境保护运动、工业遗产保护热潮、社区建设等背景下，博物馆界深感对社会承担的责任日益重大，对博物馆服务社会有了更深的认识。在 1974 年国际博物馆协会第 11 届代表大会上，对博物馆定义做了修改，明确了博物馆的宗旨是"为社会和社会发展服务"，标志着博物馆由自在服务于社会进入自觉服务于社会的阶段。

20世纪80年代，在西方的文化民主化浪潮中，博物馆领域展开了"博物馆独立化运动"。生态博物馆与社区博物馆的实践以及"新博物馆学"运动的兴起，正是文化民主意识觉醒在博物馆领域的反映。在新博物馆学运动的推动下，传统博物馆增强了关注社会、参与社会、服务社会的意识，研究视野由注重博物馆藏品保护、研究等扩展到博物馆怎样参与社会变革、促进社会发展方面。

20世纪90年代，由全球大众旅游快速发展而带来的旅游业与文化遗产保护的矛盾日益激化，博物馆界自觉与旅游组织走到一起，谋求和谐发展的出路。在90年代召开的连续三届国际博物馆协会代表大会上，讨论了"博物馆与旅游"的议题，并做出决议，号召建立文博事业与旅游业合作发展的和谐关系。2016年国际博物馆日的主题为"博物馆与文化景观"，再次强调了博物馆与旅游业的关系，号召博物馆承担起维护文化景观的责任。许多博物馆的职责由对馆内的藏品保护扩展到对馆外周边环境的保护，表明了博物馆与旅游业合作的积极行动。

21世纪之初，在经济全球化的背景下，强势文化对弱势文化形成了强大冲击，使多元文化保护的重要性日益凸显。博物馆界积极响应联合国教科文组织的《世界文化多样性宣言》和《保护非物质文化遗产公约》，主动涉足非物质文化遗产保护领域。2002年国际博物馆协会亚太地区第七次大会通过《上海宪章》，启动了博物馆保护非物质文化遗产的创新实践。许多博物馆自觉将非物质文化遗产的收集、整理与保护纳入工作范围，并通过多种活态方式，展示非物质文化遗产。2004年国际博物馆协会通过的《国际博物馆协会章程》中，对2001年的博物馆定义做了修改，将其中的"人类及人类环境的物证"表述扩展为"人类及人类环境的物质或非物质证据"。2007年对定义的修改中，则表述为"人类及人类环境的物质及非物质遗产"。博物馆界主动承担起保护非物质文化遗产的责任，并成为非物质文化遗产保护的重要力量。

（二）新型博物馆的出现

1. 生态博物馆

20世纪60年代末，法国著名博物馆学家乔治·亨利·里维埃引入瑞典斯堪森露天博物馆的理念，把环境保护和生态保护结合起来，在法国创立了第一代生态博物馆——法国地区自然公园。1974年，著名博物馆学家雨果·戴瓦兰在法国东部的克勒索-蒙特索煤矿区建立了一座人与工业博物馆，并正式使用"生态博物馆"名称。克勒索曾是钢铁制造工业区，蒙特索是煤矿开采工业区，两者的结合使人与工业博物馆融合了工业文明与自然环境，进入自然与人文社会综合生态中，成为第二代生态博物馆的代表。在此后的 20 年中，全世界曾出现 300 多座生态博物馆，其中以法国和加拿大数量最多。各国生态博物馆的实践形式五花八门，其内涵与特性始终在不断地变化和发展。

生态博物馆作为一种新型博物馆，代表着一种新思维、新观念，与传统博物馆有很大的不同。国际博物馆协会编的《博物馆学关键概念》对生态博物馆的表述为："生态博物馆，是一个致力于社区发展的博物馆化的机构。它融合了对该社区所拥有的文化和自然遗产的保存、展现和诠释功能，并反映某特定区域内一种活态的和运转之中的（人文和自然）环境，同时从事与之相关的研究。"

生态博物馆的出现在国际博物馆界掀起了一场博物馆革新运动。20 世纪 90 年代后期，生态博物馆理念被引进中国。1998 年 10 月，中国首座生态博物馆在贵州六枝梭戛苗族村寨建立。该生态博物馆与分布在大山深处的少数民族聚居区和风景名胜区相结合，将自然遗产、物质文化遗产与非物质文化遗产完整地保护起来，赋予了生态博物馆实践新的内涵。进入 21 世纪以来，中国又在广西南丹、云南西双版纳、内蒙古达茂旗、浙江安吉、陕西汉中等地陆续建立一批新的生态博物馆，开辟了中国特色生态博物馆的新模式。

2. 社区博物馆

"社区"是社会学中的一个概念，目前学界对"社区"的定义存在较多分歧，因而也影响了社区博物馆概念的确定。2000 年，我国《民政部关于在全国推进城市社区建设的意见》中明确指出，社区是指聚居在一定区域范围内的人们所组成的社会生活共同体。具体而言，目前城市社区指的是街道或下属的居委会辖区，农村地区指的是乡、镇或行政村或"村"。以此为据，在我国，社区博物馆是以收藏、保存和展示与当地社区居民在感情上有千丝万缕联系的、反映该地区社会发展与自然环境变迁的历史见证物为手段，提升社区居民素质，增加居民的认同感和归属感，推进社区经济和文化发展为目标的机构。

中国第一座社区博物馆——福州"三坊七巷"社区博物馆，是为了保护"三坊七巷"历史文化街区，延续福州老城区的文化价值和传统而建立的。社区博物馆关心当地的、当下的社区，着力解决人与社会（社区）之间的问题，代表社区居民的共同利益，是居民充分行使话语权、争取自身权益的平台。

3. 近现代工业遗产博物馆

近现代工业遗产是指世界工业革命以来的近现代工业文明遗存。工业遗产博物馆属于工业博物馆范畴。工业博物馆又可细分为"传统工业博物馆"与"遗址性工业遗产博物馆"两个子类。前者属于传统的科学技术与工业史类博物馆，后者则是 20 世纪后期兴起的遗址性工业遗产博物馆，以在工业旧址上保护和利用工业遗产为特色。20 世纪七八十年代以后，发达国家在保护工业遗产中建立了许多遗址性工业博物馆。英国铁桥峡博物馆和德国鲁尔"关税同盟矿区"为代表的大型露天工业遗址博物馆的诞生，标志着遗址性工业遗产博物馆走向了发展的高峰，成为近现代工业遗产博物馆发展的主流。

遗址性工业遗产博物馆有"大遗址型"和"一般遗址型"两种。"大遗址型"工业博物馆既保存工业遗产中的建筑物、环境场所和工业设施等物质实体，又保存工业遗产所包含的文化和传统等精神内涵，通过对工业遗产地有形遗产和无形遗产的双重保护，记录并展示曾在人类文明进程中做出过杰出贡献的工业文化和历史信息。由于这类博物馆往往将工业遗迹连同其周边的生态环境一起保护，又可称为"工业生态博物馆"。在工业遗产的保护与再利用策略上，"大遗址型"工业博物馆一般采取整体性保护的措施，既保护了工业遗产，又修复了生态环境，使整个工业遗址成为工业遗产旅游景观区，因而在地理学界或旅游业界，往往又称其为"工业景观公园"。在大露天工业遗址博物馆内，还有一些利用旧工业建筑建成的博物馆，这种博物馆可以视为露天工业遗址博物馆中的"馆中馆"。

"一般遗址型"工业博物馆坐落于旧厂房或仓库等工业建筑遗产中，或由旧产业建筑改造而成，其馆藏品和展览一般都是原工业遗物和关于工业历史的内容。但也有一些工业遗址博物馆虽坐落于旧的工业历史建筑中，其馆藏品和展览内容却未必反映与该遗址直接相关的工业遗物，而是原址以外同行业甚至是其他行业的工业遗产。

还有两种与工业遗址有关的特殊形式博物馆。一种是"旧瓶装新酒"式，即将工业建筑遗产的实体保存下来，通过功能置换和空间重组改造成其他主题的博物馆。常见的是将旧工业建筑改造为艺术博物馆，由于其馆舍是旧工业建筑，又位于工业旧址上，馆址与馆舍都属于工业遗存范畴，因而也与工业遗址博物馆相似。另一种是企业博物馆式。出于反映本企业（或本行业）的历史发展、重大事件和著名人物，保护部分已淘汰的生产设备之需要，利用原厂房、车间建立博物馆。从工业遗产保护角度看，这种企业博物馆也可纳入工业遗址博物馆范畴。

（三）新兴科技在博物馆广泛应用

当今世界以信息技术为代表的新兴科技突飞猛进，不仅为传统产业注入了新的活力，也给博物馆发展带来了机遇。20 世纪 90 年代欧美发达国家首先开始了数字博物馆建设，将计算机多媒体技术应用于藏品管理、研究、展览和博物馆管理等方面，提出"存储数字化、传递网络化、管理电脑化、资源共享化"四个方面的目标。在这四个目标中，藏品信息数据库建设是核心。各博物馆馆际藏品信息资源的共享必须以藏品信息数据库为基础，网络传递是信息资源共享的手段。在藏品管理信息系统基础上衍生出大量的其他应用，如虚拟博物馆，观众可以足不出户在任何时候浏览博物馆的展览。在陈列展示与观众服务中采用的各种多媒体技术，丰富了展示内容的表现手段，增强了展览的互动性，提高了观众的兴趣。

博物馆内部局域网的建立，可提高博物馆的管理效率。数字博物馆的建设给博物馆发展增添了动力。

随着互联网技术的发展，移动应用、社交媒体、众包、物联网、自然用户界面等一批新媒体技术的涌现，促使博物馆不再局限于传统的陈列和简单的互动，而是利用各种新兴媒体，鼓励公众与博物馆互动，共享博物馆的资源，使观众从传统的知识"接受者"（受教育者）转变成知识传播的"参与者"。在数字博物馆建设中，许多博物馆从藏品信息数据库的建设向博物馆展览与公众服务方面拓展。据美国《新媒体联盟地平线报告》，目前已经在部分博物馆中使用、未来将在博物馆中不断普及的新媒体技术有 11 种，即社交媒体、移动应用、众包、自带设备、增强现实、开放内容、电子出版、定位服务、物联网、自然用户界面、保存和保护技术。上述除了最后一项"保存和保护技术"主要用于藏品保护之外，其余的都可应用于博物馆展览与公众服务，可见数字博物馆建设内容在不断扩大和深化。

博物馆数字化并不是新兴科技在博物馆应用上的终点。在信息技术革命的带动下，物联网、云计算、大数据和移动通信技术兴起与发展，一种以物、人、数据动态双向多元信息传递模式为核心的智慧博物馆成为新的趋势。智慧博物馆以多模态感知"数据"替代数字博物馆的集中式静态"采集"，并以此为基础，建立更加全面、深入和泛在的互联互通，使人与人、人与物、物与物之间形成系统化的协同工作方式，从而形成一个完整的博物馆智能生态系统。智能技术与数字技术结合的智慧博物馆建设，是博物馆建设在数字博物馆基础上的未来发展目标。

总之，第二次世界大战结束至今 70 余年，世界政治、经济与文化发生了巨大变化，各种因素对博物馆的发展产生影响。从战后到 20 世纪五六十年代，博物馆由战后修复步入逐步发展。七八十年代，世界政治、经济、文化领域风云迭起，石油危机引发的世界经济动荡，使欧美国家大幅削减政府对博物馆的财政补贴，迫使博物馆走向市场；西方的文化民主运动激发了博物馆民主化热潮，生态与环境保护、工业遗产保护和保护文化多样性等运动唤醒了博物馆参与社会变革的意识。伴随着欧美发达国家先后步入后工业化时代，博物馆经历了社会经济转型带来的阵痛，更加深刻地认识到自身服务社会的使命。许多发达国家博物馆立足本国历史文化传统与资源，不断开拓新的服务理念与方法，为自身的发展注入了新的活力。

发展中国家高度重视博物馆的政治意义，突出宣传革命传统与民族精神，注重展现本国民族与民俗文化。中国博物馆事业从新中国成立后进入新的阶段，20 世纪 50 年代博物馆事业的初步发展为后来的稳步前进奠定了基础。尽管"文化大革命"使博物馆发展遭受挫折，但改革开放以后，伴随着国家经济的腾飞，博物馆事业逐步进入快速发展轨道，博物馆的数量、类型、展览、观众数量、社会服务等各个方面都有了很大的提升。今天，我国的博物馆建设在党和国家的方针政策指引下，继续朝着中国特色的社会主义博物馆发展方向前进。

第三节　文物的定义及其类型

一、文物的概念理解

日常生活中，虽然人们都明白文物所指称的对象，但时至今日，文物在国际上尚无一个被各国共同确认的统一的定义，甚至关于文物的名称、内涵，并没有完全达成共识。联合国教科文组织一般把文物称作"文化财产"或"文化遗产"，印度和希腊称"古物"，西班牙称"历史遗产"，日本则称"文化财"。

文物是指每个国家明确指定为具有重要考古、史前史、历史、文学、艺术或科学价值的财产，具体包括11类：①动物群落、植物群落、矿物以及具有古生物学意义的物品的稀有收集品和标本。②有关历史，包括科学、技术、军事及社会史，有关国家领袖、思想家、科学家、艺术家之生平以及有关国家重大事件的财产。③考古发掘（包括正常的和秘密的）或考古发现的成果。④已肢解的艺术或历史古迹或考古遗址之构成部分。⑤100年以前的古物，如铭文、钱币和印章。⑥具有人种学意义的文物。⑦有艺术价值的财产，如全部是手工完成的图画、绘画和绘图，不论其装帧框座如何，也不论所用的是何种材料（不包括工业设计图及手工装饰的工业产品）；用任何材料制成的雕塑艺术和雕刻的原作；版画、印片和平版画的原件；用任何材料组集或拼集的艺术品原件。⑧稀有手稿和古版书籍，有特殊意义的（历史、艺术、科学、文学等）古书、文件和出版物，不论是单本的或整套的。⑨邮票、印花税票及类似的票证，不论是单张的或成套的。⑩档案，包括有声、照相和电影档案。⑪100年以前的家具物品和古乐器。

文物都应具备五个基本特征：①必须是有价值的物质遗存，包括文献形态和狭义的实物形态；②必须是人类活动的产物；③必须是已经成为历史的过去且不可能重新创造；④应是需要的、有代表性的实物；⑤同文物固有的使用价值的分离。

综上所述，所谓文物是指在历史发展过程中，由人类活动产生的，具有历史、艺术、科学价值的物质文化遗存的总称。

二、文物的定名

文物的定名与分类是一项十分重要的工作，这是由文物保管、保护、研究、宣传和举办文物展览的需要决定的。因而必须认真、科学地做好这项工作。文物的定名，系指对各类器物名称的命定。为文物定名具有统一性，须根据大家共同接受的文物定名原则进行，为做到文物定名的正确性，须按照行之有效的方法进行。

（一）文物定名的原则

在对文物进行定名的实践过程中，逐步累积经验，并总结出如下定名原则，也即定名的主要根据：

第一，有自名的器物，要依自名定名。即指有铭文的器物中，若已有自名，就得依自名定其名，而不再另取新名。

第二，根据约定俗成定名。即指某器物已在史籍著录中定过名，一般不再另取新名，以免与旧称混淆不清。

第三，对史籍著录所定器名，须对历代著录是否沿用，并结合实物做一番考证，若有误须纠正，予以重新定名。

第四，对没有自名，也未见史籍著录者，可根据其造型、用途予以定名。

第五，对某一器物进行定名时，要专家共同研究，力求定名准确无误，能取得学术界的认可。

（二）文物定名的方法

文物定名的方法有多种，上述有些定名原则，实际上也是定名的方法，其主要方法包括以下方面：①依自名定名。②沿用大家认可的著录已有的器名来定名。③根据器物的造型特点结合用途定名。④参考民族学材料进行定名。⑤采用约定俗成的方法定名，即指拟定的器名，也可用已长期被沿用的器名。

三、文物的类型划分

类型划分就是根据不同的标准，对事物的同与异集合成类的过程。文物分类是根据所选标准，按一定的方法，把具有相同特征的文物聚集在一起，而不具有这一特征的分离出去，另行分类，如此一类一类地将全部文物组织起来。

（一）文物类型划分的目的与原则

1. 文物类型划分的目的

（1）便于文物的科学管理。首先，文物不分类，就是一种无序状态，科学管理无从谈起。其次，不同文物具有不同的特点，其管理需要采取不同的方法、手段和措施。如不同文物体积有差，重量有别，价值殊异，构成的材质也不相同，其管理自应有别。最后，是实行计算机管理的客观需要与基础。

（2）便于文物的整理研究和利用。比如，对博物馆来说，其文物藏品少者上万件，多者几十万、几百万件，乃至上千万件。如此多的文物馆藏，就需要进行划分。

（3）为了更好地保存文物。由于组成文物的材料不同，在理化性质上存在着明显差异，要求的存放环境不同，所采取的保护处理方法也不同。如金属材料文物需要干燥的环境，而漆木竹雕文物则须保存在适当润湿的环境中。

2. 文物类型划分的基本原则

第一，在同一次分类中，应遵循同一标准的原则。一次分类中，不能同时使用各种分类标准，否则将会受到影响。

第二，按一定标准将同类文物划归为一类。这一原则可以指导人们选择某一分类标准把各种各样的文物划归为几个不同的大类，然后在大类中再进一步分成小类。至于选择何种分类标准，则根据收藏、宣传、研究、保护、教学等的需要而定。

第三，一种分类法只能依一个标准。由于文物十分庞杂，又涉及收藏、保护、宣传、研究等问题，所以文物分类不可能只用一个标准和一种方法，而要根据需要制定多种标准和多种方法。但在采用某一方法进行文物分类时，不能同时用两个标准或交叉使用两个标准对文物进行分类，而只能用一个方法、一种标准。不过，为实际需要，在经同一标准划分出来的大类中，采用另一种标准和方法将大类逐步分成小类，则是可以的。

第四，对复合体文物进行分类，应以约定俗成为原则。复合体文物是指以明显不同质地的材料制成的器物。所谓"约定俗成"原则，系指在长期分类实践中形成的行之有效的原则，它是以器物的主要质地和复合材料中某种材料对器物功能所起的决定作用作为划分类别的科学依据。

（二）文物类型划分的常用方法

文物类型划分的方法较多，一般而言，文物分类标准的制定和文物分类方法的运用，均以文物收藏、保护、宣传、研究、教学的需要而定，具体如下：

1. 时间分类法

时间分类法是以文物制作的时代为标准对文物进行分类的方法。任何文物都产生于一定的时代（年代），没有时代的文物是不存在的，这是时代分类的科学依据所在。至于有的文物出于流传物本身原因，时代一时尚难判断，这应属对文物的认识问题，和文物必产生于特定的时代是完全不同的两个问题。

在按时代分类时，要注意世界各国的共性和特性，如有的国家将文物分为石器时代文物、铜器时代文物、铁器时代文物，而我国则分为古代文物和近、现代文物。其中，古代文物又分为史前文物和历史时期文物。史前文物一般分为旧石器时代文物和新石器时代文物，由于时间跨度长，为便于研究，还可再划分出早、中、晚期。而历史时期的古代文物，一般按朝代划分为夏代文物、商代文物、周代文物、战国文物、秦代文物、汉代文物、魏晋南北朝文物、隋代文物、唐代文物、五代十国文物、宋代文物、辽代文物、金代文物、元代文物、明代文物、清代文物。近代文物，一般指1840—1919年间的文物。现代文物，一般指1919年至当代的文物。

2. 区域分类法

区域分类法是以文物所在地为标准对文物进行分类的方法。文物有产生它的地点，或有出土地点，或有收藏地点，或有埋藏地点，或有建立的地点，等等。总之，都有它的所在位置。离开了具体的地点，文物是无法存在的。区域分类法就是以此为根据，按照文物所在的区域实行归类。通过区域归类文物，可以使人们对某个区域的文物有比较全面的了解，为研究该地区的历史提供比较全面的资料，特别是有利于加强对文物实行区域的管理。

以区域分类法对文物进行归类，首先对区域要有一个范围界定，一般来说，有以行政区划分范围的区域，即国家权力机关或政权机关批准的行政区域，它有严格的区划界线，如北京文物、安徽文物、新疆文物；还有以地理自然位置为范围的区域，即地理（自然）区域，这个区域没有严格界线，其界线是模糊的，如黄河流域、长江流域、淮河流域；还有一种依自然地理的相对位置来划分的区域，如中原与边疆。

3. 功用分类法

功用分类法是以文物的功用为标准对文物进行分类的方法。作为社会生产和社会生活的历史遗存，文物是为了达到一定的目的而制作的，换言之，任何一种文物，都有它的用途。正由于此，在对文物分类时，通过对其功用的研究，可以把功用相同或基本相同的文物聚为一类，形成不同的类别。

文物的功用与其形制是分不开的，形制是文物的外形，看得见，摸得着，形象、具体。而文物的功用是其内涵，附着于文物的形体中，并通过人利用其形体发挥作用。但按文物功用分类，有某一功用的文物，其形制并不完全相同，往往会因为时代而异。

按功用分类，文物一般可分为古建筑和古器物。其中，古建筑一般包括城市建筑、宫殿建筑、衙署建筑、园林建筑、馆堂建筑、坛庙建筑、书院建筑、民居建筑、交通建筑、水利建筑、纪念建筑等，古器物则包括农具、手工工具、兵器、炊器、盛器、酒器、水器、乐器、计量器、杂项等。

按功用对文物进行分类，可不受文物的年代和质地的限制，即可以把不同时代不同质地而功用相同的文物划归为一类，有助于对文物进行更深层次的研究。

4. 来源分类法

来源分类法是以文物藏品的来源为标准对文物进行分类的方法。此法仅适用于博物馆、纪念馆或文物保管机构等文物收藏单位对文物藏品的分类。这些单位的文物藏品，都应有其来源，这是此分类法的依据。

文物收藏单位的藏品的来源有地区、单位和个人之分，就其形式而论，主要包括：①拨交：系指单位间互通有无或一个单位支援另一个单位的文物。②征集：是文物收藏单位丰富馆藏的主要渠道之一。征集方式有多种，诸如收购、自愿上缴、赠送（可适当奖励），动员交出本归国家所有而被私人收藏的文物等。③拣选：系指从废品收购站（文物被当废品收购）、银行（金、银质文物流入银行）、冶炼厂和造纸厂中拣选出来的文物。④交换：系指文物收藏单位根据国家文物法规所允许而开展馆与馆之间的文物交换，是调剂余缺、丰富藏品的办法之一。⑤捐赠：文物收藏单位接受文物鉴赏家、文物收藏者等的捐赠。⑥发掘：系指经考古发掘发现、由文物收藏单位收藏的文物，是文物藏品的主要来源，且这类文物来源最可靠、最重要。

5. 属性分类法

属性分类法是以文物的社会属性、科学文化属性为标准对文物进行分类的方法，亦即以文物的性质为标准进行分类的方法。文物是人类社会活动的遗存，人们的任何活动都不是孤立的、无意识的或无目的的，这种社会性或目的性使制作的生产用具和生活用具、文化艺术品等都标上了文化传统的烙印，具有了文化的属性。文物属性是由文物的用途及其蕴涵所决定的，因此，在运用属性分类法时，必须首先研究文物的用途及其文化内涵，只有这样，才能够比较准确地确定它的性质。

按属性对文物进行分类，主要可划分为礼器类文物、明器类文物、科技文物、宗教文物、民族文物、民俗文物、革命文物、工具类文物、生活用具类文物、交通工具类文物、兵器类文物、乐器类文物、艺术类文物、戏剧类文物、体育类文物等。

6. 质地分类法

质地分类法是以制作文物的材料为标准对文物进行分类的方法。文物是由一定的物质材料制作而成的文化遗物，由于所用物质材料的多样性，根据不同质地材料进行文物归类，是质地分类法的出发点。

质地分类法主要用于对古器物的归类。这种分类方法有着悠久的历史，时至今日，我国博物馆藏品还大都按质地分类，西方博物馆也大多采用这种方法对文物藏品进行分类。这是因为文物藏品按质地分类优点很多，不同质地的文物藏品对保存环境有着很不相同的要求，所采取的保护方法也不相同。当然，按这种方法进行分类，也存在着判明质地的困难，主要是有些文物并非由单一的材料制成，此时，若能采用现代科学技术，对古器物进行物理鉴定或化学定性、定量分析，将能使文物质地的判定更加科学，从而为按质地对文物进行分类提供更为科学的依据。

7. 价值分类法

价值分类法是以文物价值为标准对文物进行分类的方法。文物具有历史、艺术、科学价值，没有价值的历史遗迹和遗物不是文物。按价值分类，主要是根据文物价值的高低来区分文物，至于价值高低的确认，须经鉴定。

根据我国文物法规，对文物价值高低的区分，采用两种办法：一是对文物史迹，即古建筑、石窟寺、石刻、古遗址、纪念遗址或建筑等，依据其价值的高低，分为三级，即全国重点文物保护单位、省（自治区、直辖市）文物保护单位和县（市）文物保护单位；二是对文物藏品，如陶瓷器、青铜器、铁器、玉器、漆器、石器、书画等，依其价值高低，也分为三级，即一级文物、二级文物、三级文物。

8. 存在形态分类法

存在形态分类法是以文物能否从其存在的地方移动为标准对文物进行分类的方法。根据这种方法，将文物划分为可移动的文物和不可移动的文物两大类。可移动的文物是指收藏（主要是馆藏）文物和流散文物。种类多，体量小，可根据收藏、保管、陈列、研究、教学需要随意移动和变换地点是其特点。

不可移动的文物基本上都是文物史迹，如古建筑、古遗址、石窟寺、石刻、古墓葬等。种类多，体量大，不能或不宜整体移动是其特点。在这里，必须进一步指出的是，所谓不可移动，实际上并非绝对，除有的绝对不可移动外，如古建筑群、石窟寺等；有的则只是相对而言，有些文物史迹因特殊情况，必须迁移者，经批准亦可以迁移，如位于黄河三门峡水库淹没区的永乐宫迁至芮城县城北。此外，有些本属建筑群组成部分的殿宇、牌坊、石碑等，若仅残存单体者，也有为方便保护和宣传需要而迁移的。

第四节　文物的价值与作用

一、文物的价值体现

文物是不可再生的国宝，其来源主要有四方面，即地下、地面、水下和传世。地下，主要指考古发掘古遗址和墓葬所得；地面，主要指古建筑、古寺庙、石窟寺、石刻、造像、壁画和崖画等；水下，主要指水下考古打捞古沉船或发掘被水淹没的古遗址等所得；传世，主要指收藏在单位或个人手中的文物。

众所周知，凡要通过国家法律加以保护的东西，其本身必然在国计民生中具有重要的作用。国家和个人对不可再生的文物珍之宝之，是因为它具有多方面的价值，且在新的形势下，其价值还在不断深化和延伸。关于文物的价值，目前可归纳为历史价值、科学价值、艺术价值、教育价值、旅游价值与商品价值等。

（一）文物的历史价值

文物是历史的实物见证，可以证明或改写历史，人类历史的一些重要篇章是由文物补缀起来的。如人类起源，原始社会，中国传说时代的伏羲氏、燧人氏、神农氏、黄帝、炎帝直至夏禹，都要靠考古材料加以印证或推论。夏商周的断代工程，也主要以考古材料和甲骨文、金文为基础。广州南越王墓的发掘，大量青铜器和铁器的发现，改写了历史上被称为"南蛮"之地的古越族和岭南秦汉时期的历史。湖北随县曾侯乙墓的发掘，出土大量的青铜礼器、乐器、兵器和漆器，特别是那套全国第一的编钟，充分体现出春秋战国时期楚国生产力的高度发展和长江流域被称为"荆蛮"的高度文明。秦兵马俑的发现，丰富了短命的秦王朝的社会历史内容，震撼了世界。自汉代以后，我国逐步形成了"二十四史"，各个朝代的历史文献资料比较丰富，但也离不开文物对历史的纠正作用。同时，考古资料对深入了解各少数民族的历史和风情，以及少数民族与主体民族——华夏族与汉族的关系，起着重要的作用。四川广汉三星堆出土的别具一格的青铜器，就改写了巴蜀民族的历史。如此充分说明了文物的历史价值比文献资料更为真切和可靠。①

（二）文物的科学价值

历史是一门社会科学，文物的历史价值本身就包含着科学价值，而自然科学技术在文

① 潘慧琳：《文物修复与养护》，万卷出版社，2004。

物中也有充分的体现。我国是文明古国，历史上是陶瓷之乡、稻粟之乡、丝绸之乡和青铜之乡，有大量的出土文物证明我国古代在这些生产领域的先进性。我国的造纸术、火药、指南针和印刷术四大发明，表明我国当时在世界科技发明中处于领先的地位。明代郑和下西洋显示出我国在造船、航海技术和地理学方面的先进性。还有战国时期李冰在成都建设的都江堰，其科学成就至今仍然是水利科学史上的典范。

此外，还有火箭技术、火炮技术、建筑技术、天文数学技术和中医药技术等，均充分说明中华民族是一个勤劳智慧的民族，在古代科技方面曾独领风骚，至今对现代科学技术仍有启迪和借鉴作用。

（三）文物的艺术价值

文物中的金、银、铜、铁、陶、瓷、玉、石、木等各种器形和纹饰，本身就具有很高的艺术价值；字画、壁画、岩画、造像、木雕、碑刻等，同样巧夺天工；还有纺织品中的刺绣，帛画和书画等，无不独具匠心。这些综合起来，就形成独具中国风格和气派的珍贵的文化艺术遗产。这就是我国的文物展览因其光彩照人的展品引起世界轰动的主要原因，也是我国成为文明之邦、礼仪之邦的重要组成部分。

（四）文物的教育价值

文物的教育价值主要体现在三方面：一是爱国主义教育的形象教材，二是科学技术和文化艺术的实物教材，三是品德教育和陶冶情操的生动教材。用寓于文物与遗址中的思想性、科学性和艺术性对人们进行生动形象的爱国主义与思想品德教育，是其他教育手段所无法代替的。众多的历史博物馆、革命博物馆、纪念馆、遗址博物馆、自然博物馆和科学馆等，是青少年学习社会历史和自然的第二课堂，是成人终身教育的阵地，是广大人民继承和发扬爱国主义与革命传统的基地。

（五）文物的旅游价值

在新的形势下，我国人民生活逐步进入小康之后，旅游问题就显得更为突出，成为第三产业中经济增长的支撑点。各地都把发掘旅游资源，发展旅游事业作为推动经济和文化发展的重要项目。现在，随着社会的进步、人民生活水平的提高，人们便开始追求丰富多彩的精神生活。人们在紧张的工作之余，为了身心的放松，为了开阔视野，旅游成为重要的选择。人们舍得花时间和金钱去旅游，其目的或是去行千里路，为开阔眼界和增长知识，或是去观光消闲，为驱除寂寞和消除紧张压抑的心情。

人们旅游的对象，或叫旅游资源，主要由三方面构成：一是自然资源。这主要是浏览美好河山和自然风光，如我国的长江三峡、黄河壶口瀑布、泰山、黄山、华山、峨眉山、九寨沟、张家界等，达到消闲与陶冶身心的目的。值得注意的是，凡是名山大川，往往都是与古建筑和古遗址结合在一起的。二是人文资源。这主要是由古代文物、遗址、遗迹、建筑、名人故居，以及革命圣地和宗教圣地等构成的。如龙门、云冈、敦煌三大石窟寺、长城、故宫、兵马俑、法门寺、布达拉宫、井冈山、韶山和历代的皇陵等，有些是属于世界级的文化遗产。还有各地知名的博物馆也是旅游的重要人文资源。三是民族和民俗文化资源。如云南傣族地区的西双版纳、白族地区的大理、纳西族地区的丽江，福建闽西客家土楼、深圳龙岗客家围堡等。值得注意的是，著名的民族和民俗风情地区也同样与文物古迹有密切联系，如云南大理的宋代三塔、福建的客家土楼和深圳的客家围堡，不少是明清时期的古建筑。由此可见，除人文资源多由文物和古迹构成外，自然资源和民族民俗文化资源也与文物和古迹有着千丝万缕的联系，说明了文物在旅游资源中的重要地位和价值。

（六）文物的商品价值

鉴于文物的多功能性，便产生了收藏和交换的商品价值。在以往封闭的年代，提出文物的商品价值是羞答答的，即使国家建立有专营文物商店，也受计划经济的束缚。当今市场经济的条件下，如何既要依法监管，又要开放搞活文物市场，至今仍然是一个难题。藏文物于中国人民手中，甚至有条件地藏中国文物于外国人民手中，都是好事，都在弘扬中华民族文化。将文物从贫穷落后、无保护条件的地区依法流向比较富裕、有保护条件的地区、单位或个人手中，权衡利弊，也是可取的。关键在于思想观念的转变和法制的健全。关于文物的商品价值及市场流通问题，值得实事求是地加以深入研究，以适应形势的发展。

上述文物的历史、科学、艺术、教育、旅游和商品价值，就是文物合理利用的主要内容，也是人们乐于收藏和热衷于鉴赏的兴趣所在。"物以稀为贵"，正因为具有重大价值的文物难以得到，甚至是世之孤品，且文物具有不可再生的特性、崇高的身价和唯一性，使之不愧为辉煌灿烂的国宝。

二、文物的主要作用

文物的作用是由文物价值所决定的。文物价值内涵丰富，决定了文物有多种作用，其主要作用可归纳为史料作用、教育作用和借鉴作用。

（一）史料作用

文物的作用首推史料作用，是无任何东西可以替代的，再加上文物本身具有不能再生的特点，因而文物的史料作用更有其独特性，其主要表现在文物具有证实史籍记载、纠正史籍之谬误、补充文献记载的缺失和为史前史研究提供实物史料等各种功能。

1. 证史作用

文物的证史作用主要表现在其对史籍的证实上。人们撰写的世界史、国史、断代史，一般都是依文献资料撰就。不过，文献对历史的记载是否符合史实则有待考证，而考证只有依靠文物。就国史而言，中国的二十五史产生于不同的历史时期，是几千年社会发展的记录，尤其是记载了各个王朝的历史，从未间断，充分表明中国历史发展的连续性，这在世界上是绝无仅有的。而且中国历史的连续性已被中国历史文物演变发展关系的延续性所证实。对史前史的研究，只凭一些传说记载和对史前社会面貌的追忆、描述和记载的资料是不行或不够的，这就更需依靠文物加以佐证。所以，将文物与文献、民族学、民俗学资料密切结合，对社会历史特别是史前史的研究，将会更加深入，更加接近史实。事实上，文物与文献、民族学、民俗学资料结合研究历史，虽文物起着验证文献的作用，但文物和文献也是相互印证的，如中国史籍中有符瑞志、郊祀志、礼志、刑法志、地方志等，在有关文物中，特别是各种石刻资料可对史籍记载加以印证。而民族学、民俗学资料则有助于对文物的探讨和诠释。

总之，历史研究离不开文物，这是文物的史料作用所决定的，而通过文物与文献、民族学、民俗学资料结合研究历史，不仅是历史研究所必要，且对于文物自身的研究也大有裨益。随着考古事业的发展和发现，文物日益增多，为历史研究提供的实物资料也愈加丰富。

2. 正史作用

文物的正史作用主要是校正史籍中的语误，以订正史传。自人类社会步入文明社会门槛，就开始有文字记载历史。但在阶级社会里，由于文化为阶级所垄断，所以当时所产生的史籍带有偏见，出现记载与史实不符的现象。此外，有些史籍因被后人篡改，或者有些残缺不全者经后人整理而失实等。因此，要究其正误就得依靠"记载"着历史本来面目的文物。文物的正史作用就是纠正史籍记载之谬误，订正史传。

3. 补史作用

文物的补史作用主要表现为研究无文字可考的史前史提供实物资料及填补史籍失载的历史。要研究无文字可考的史前史，只有仰仗于"记载"史前史的文物，即通过研究史前人类创造的文化遗存，来恢复无文字的社会，即通常所说的原始社会。

史籍记载的内容，年代愈早记载愈简略，造成许多很能说明社会问题的史迹未被记载。在此情况下，只有依靠各个历史时期的文物（含有记载文字的文物）予以弥补充实。

文物自身储存着多方面信息，其中有记载文字的文物（如中国所见甲骨文、金文、竹木简牍、帛书、石刻、写本或刻版印刷品及善本书等），更是直接记载了历史的不同方面，保存了大量珍贵的历史资料，因此，文物具有重要的补史功能。

文物作为证史、正史、补史的实物史料，其最终目的在于运用这些最能反映历史本来面目又可信度强的资料，对历史进行翔实的研究，恢复历史真面目。研究通史、断代史和专门史，运用文物具有重要意义。就中国史而言，对西周以前的历史（尤其原始社会史）的研究，基本上要依靠文物考古资料。如对通史研究，范文澜著《中国通史简编》第一册，由于当时缺乏文物考古资料，故战国以前部分就写得很少。随着文物考古事业的蓬勃发展，发现的文物资料日渐丰富，为郭沫若主编的《中国史稿》第一卷提供了大量新的文物考古资料，使该卷战国以前的篇幅大增，且大都是依据文物考古资料撰就。而杜耀西等著的《中国原始社会史》更是用到了大量文物考古资料。

例如，对专门史的农业史、畜牧史、纺织史、陶瓷史、建筑史、冶金史、医药史、天文史、交通史、体育史、艺术史、美术史、哲学史、教育史、法制史等的研究，均须借助于文物史料，特别是对有关无文字记载的原始社会史及其他专门史的原始社会阶段，唯有依靠实物史料——文物，具体如林耀华主编的《原始社会史》等。即使有文字记载以来，也因条件所限，导致记载简略乃至疏漏，抑或因记载已佚，而需用文物史料补充之。文物作为有形的实体，为在一些专门史中的专门史的研究提供更形象、生动的实物资料。如艺术史中的建筑史、雕塑史、绘画史、服饰史等的研究，文物所发挥的史料作用是文献资料无法相比的。

此外，在研究各国传统文化的民族形式方面，文物同样有其特殊作用。如若在研究中只凭文献资料，会受很大局限。即便在著作中只做文字描述，尽管文献丰富、可信，且描述精细、翔实，也不易给人一个形象概念，难为人们所理解和认识。如果增加文物史料，图文并茂，人们便可一目了然。

（二）教育作用

中华民族素以善良诚实、讲究礼仪、勤劳勇敢、富有创造性和革命传统的伟大民族精神著称于世。遍布于华夏大地上的大量历史文物，是中华祖先和各族人民智慧的结晶。许多近现代的革命文物，凝聚着先辈们艰苦奋斗、不怕牺牲的崇高精神。如在进行爱国主义教育时，人们可通过参观丰富多彩的历史文物（如新石器时代、夏商周三代的陶器、陶塑、玉雕、青铜器以及新石器时代的聚落遗址和历代古建筑、石窟寺、古石刻等），直观地感受到中国是世界文明古国之一，有着悠久的历史和璀璨的文化。

1. 文物教育的特点

文物作为教材，独具特色，其主要特点表现为以下方面：

（1）文物本身不仅是物质文化实体，同时也是含有精神文化的实体。因之，以历史见证的文物作为教材，具有真实性强、说服力强等特点。文物以形象的实体展现在人们面前，确实比仅用文字的、书面的教育作用更大。

（2）文物作为教材，既具有形象、直观、生动等特点，又具有说服力和感染力强等特点，因而是其他任何教材都无法替代的。

（3）文物有最具民族性的特点，因而以文物作为教材也最具民族凝聚力。如中国历史文物，蕴含着中华民族在形成和发展过程中凝聚起来的民族思想感情和共同的心理素质。各个民族在生产、生活中所体现出来的心理素质和在民族文物中所表现出来的心理素质是共通的，如饮食、建筑、语言、文字、音乐、舞蹈、戏曲、服饰以及节日、风俗等，这在民族性格、情操和爱好上都有所表现。这种意识具有很强的稳定性和生命力，并成为凝聚中华民族的重要因素。

2. 文物教育的场所

文物教育的场所有多种，主要有博物馆、纪念馆及不可移动的文物单位。可移动的文物大都分别收藏于博物院、博物馆、纪念馆、图书馆、研究机构、石窟、寺庙等。如中国的博物馆、博物院，依博物院的性质和任务不同又可分故宫博物院（主要珍藏宫廷国宝）、南京博物院（主要珍藏历史文物）、华侨博物院（主要珍藏华侨文物、华侨礼品和华侨所居住国的文物或工艺品）。博物馆又有历史博物馆（如中国历史博物馆）、革命博物馆（如中国革命博物馆、中国革命军事博物馆）和专题博物馆（如中国农业博物馆、天津艺术博物馆、浙江省纺织品博物馆、江西景德镇瓷器馆、福建泉州海外交通史馆）之分。纪念馆又有民族英雄纪念馆（如厦门郑成功纪念馆）、革命烈士纪念馆（如红岩革命烈士纪念馆）和名人纪念馆（如鲁迅纪念馆）之别。

各类博物馆既是收藏可移动文物的机构，也是研究和宣传机构。这些博物馆、纪念馆收藏各类文物达数百万件。这些博物馆、纪念馆不仅是文物的主要收藏研究场所，而且也是进行文物教育的主要场所。不可移动的文物单位中的古遗址（如北京房山北京猿人遗址、山顶洞人遗址、陕西临潼姜寨遗址、西安半坡遗址、河南郑州大河村遗址、浙江余姚河姆渡遗址等）、古墓葬（如山东泰安大汶口新石器时代墓地、青海柳湾新石器时代墓地等）、古建筑（北京故宫、沈阳故宫、河南洛阳白马寺、甘肃敦煌石窟寺等）各类各级文物保护单位和古遗址、古墓葬的发掘现场，也是对人们进行教育的重要场所。

综上所述，文物种类复杂多样，其形态和所在场所不同，因而利用文物开展教育，选择教育场所应根据教育对象和内容而定。比如，对人们进行历史唯物主义、辩证唯物主义教育，可选择参观历史博物馆；对人们进行爱国主义教育，可组织参观历史博物馆、民族英雄纪念馆、革命博物馆、华侨博物馆（院）等；对青少年进行科学技术知识教育，要选择自然博物馆、科学馆等；为增长人们的天文知识，组织参观天文馆等；为提高人们的艺术欣赏水平，提高人们的审美能力，可组织参观历史博物馆、艺术博物馆、古代建筑、绘画展览。

3. 文物教育的形式

文物教育作用很大，而如何更好地发挥作用，形式就显得很重要，教育形式不同，教育效果也不一样。所以文物教育形式具有多样化特点，其主要教育形式大致可归纳为以下方面：

（1）博物馆、纪念馆陈列展览供人们参观，陈列方式可采用固定式或流动式，陈列内容可选通史陈列或专题陈列。

（2）开放文物保护单位供人们游览参观。这不仅可收到宣传教育效果，还可促进旅游事业的发展。人们可以在直观、形象的观赏中，了解中国在世界文明中的地位与贡献，学习和借鉴自己所需的有关知识，并从中接受美育等。

（3）组织参观考古发掘现场，使考古发掘现场也成为一个生动课堂。在一般情况下，每一个发掘现场都应热情接待当地群众、学生参观，并认真给参观者讲解出土文物所反映的问题。

（4）出版图文并茂的文物书刊，如考古发掘简报、报告、文物图录、文物研究专著。文物书刊所发挥的宣传教育作用要比博物馆、纪念馆、文物单位所发挥的宣传教育作用更大，因其宣传范围更广泛。

（5）拍摄文物影（视）、录像片。这类形式具有形象、生动和寓教于乐等特色，其宣传范围也十分广泛。但这种方式的运用比出版文物书刊较晚，现尚处于逐步发展阶段，需要加强这方面工作，多拍摄些专题。

（6）制作模型、仿制或复制文物，以供展览和教学用，或供国内外文物爱好者的收藏、欣赏、借鉴。

（7）举办文物年活动，召开"文物与教育"国际学术研讨会，从而促进各国各地区文物教育活动的开展。

4. 文物教育的功能

第一，传播科学文化知识。文物传播科学文化知识，主要是通过博物馆收藏、保管、研究、陈列和举办各类文物展览。博物馆陈列的文物是人类智慧的结晶，是记载人类社会前进足迹的载体，它储存着社会政治、经济、文化、艺术、医学、科学技术、工艺美术等各种知识和信息。以文物为教材，其内容丰富多彩，引人入胜，能让人沉浸在知识海洋之中，从中汲取各种历史知识及其他科学文化知识。文物直观生动，所反映的科学文化知识易于被人接受和理解，是向公众普及科学文化知识的理想教材。

第二，传播精神文明。文物不仅是传播知识的教材，也是对公众，尤其是对广大青少年进行思想道德教育、传播精神文明的特殊教材。运用文物可以对公众进行爱劳动、爱科学、遵守社会公德等的教育。

第三，树立爱国主义思想。文物是对公众进行爱国主义教育的特殊教材，也是最重要的教材。通过文物展览，可以让人们树立爱国主义思想，热爱自己的祖国。

第四，增强民族凝聚力和自信心。文物蕴含着精神文化，所以文物也是民族的思想情感和共同心理的载体。文物不仅能激发人们的爱国主义感情，同时也成了团结全国各族人民的凝聚剂。

第五，美育以陶冶情操。在文物中属于艺术类的文物所占比例很高，且门类繁多，题材广泛。人们通过对艺术类文物的观赏、分析、研究，能唤起某种特殊的审美感情。因为这些文物所具有的艺术美是人们对现实美的理解和熔铸，也是人们对现实审美的集中体现。通过鉴赏这些艺术文物，人们可从中得到精神上的享受、思想感情的陶冶。

（三）借鉴作用

随着人类社会的逐步发展，人们的生活水平不断提高，思想意识和精神状态也逐渐发生变化，求知欲、审美要求及文化娱乐等精神生活的需求也在不断增加。在紧张的工作之余，人们除到娱乐场所去之外，也会到富有文化气息的博物馆去参观展览，在旅游中参观文物古迹更是蔚然成风。

任何一个国家和民族的文化艺术创作，只有继承自己文化艺术传统，创造出具有民族形式的文化艺术，才能被人民群众所喜爱。在中国丰富的古代文物中，有大量巧夺天工、绚丽多姿的艺术珍品，是人们认识和了解中华民族文化艺术传统的重要实物资料。这些艺术珍品，尽管有的有文献记载，但它一般都没有具体的形象。只有文物方能具体地把各种传统艺术珍品形象而生动地展示出来。如若没有各个时代遗留的绘画、雕塑和古建筑，人们就无从真正认识这些古代艺术。因此，这些文物可以为今天进行艺术创作活动提供有益的借鉴。充分发挥文物在这方面的作用，是承继优秀历史文化遗产、创造民族新文化的必要条件之一。

第二章 博物馆文物保护原理与技术

第一节 博物馆文物保护的目的与关系

一、博物馆文物保护的目的

文物是历史的见证，每件文物的产生都有其独特的历史背景，它是历史和人类智慧的结晶。它给人以启迪和借鉴，无论是从正面还是反面给人们的教益，都是任何其他物品或手段所不能替代的。

文物保护的目的，从宏观上讲是为了保存人类文明的见证，为研究和解读历史提供科学的依据。随着人类社会的演变和发展，历史可以为现代人的创新和发展提供借鉴和启迪，这也是历史对现实的作用和意义。而人们对历史文物也会产生新的认识，从而引起人们对历史的重视、回顾和反思。人们对历史的认知是不断变化和进步的，认知的发展速度及其科学性，往往取决于客观的历史条件和人的主观能动性。因此，作为客观的历史见证，文物便成为人们认识历史的基础。没有保护，就没有文物，就会导致人们对历史的认知无法提升，也无法从历史中找到对于现代社会的启示，因此文物保护工作是至关重要的。

文物保护技术研究的最终目的是最大限度地延长文物的寿命，使其尽可能长时间地为人类文明的发展服务。而研究文物制作材料的变化规律、寻求科学的文物保护方法，是达到这一最终目的的手段。

二、博物馆文物保护的十大关系

在文物保护领域中，各因素之间都存有内在联系，它们共同构成了文物保护领域中的十大关系。这十大关系包括理念与技术、理论与实践、价值认知与保护实施、显信息与隐信息、保护工作者与文物、材料与工艺、传统工艺的传承与发扬、经验与科学、保护与修复以及使用与维护。

（一）理念与技术

文化遗产具有多种特性，其中具有代表性的是不可再生性、不可代替性和历史性。而文物保护技术的实施，也必须在公认的理念和原则的指导下进行，因此许多技术由于受到文物保护理念的限制，不能被应用于文物保护中。但文物保护的理念也不是绝对化的。关于理念的争议一直没有停止过，为了顺应时代发展和满足文物保护的需要，新的文物保护理念也在争议中相继产生。

不同的文化背景决定了文物保护理念的不同。我国的文化背景有别于西方，因此，对文物的认识也与西方国家有一定的区别：西方国家侧重于对古代艺术品的研究和保护，以及对文物艺术价值的认知；而我国则将具有历史、科学和艺术价值，并且在当今社会生活和发展中仍能起到积极作用的遗迹和遗物定义为文物。西方国家在自身传统文化的基础上，以及自身理念的指导下，已经建立了一套完整的文物保护学科体系、技术和方法，也一直为我国的文物保护工作者所学习和借鉴；但另一方面，我国也根据自身的文化和社会背景，通过长期实践，探索并建立了相关的文物保护理念与技术。

文物保护对材料和工艺的追求是同"源"同"种"的。"源"是指材料同源，即文物本体的制作材料；"种"是指同一种工艺，即文物本体的制作工艺。现今使用的材料和工艺已含有文物保护的理念，是在文物保护理念和原则指导下做出的选择。

（二）理论与实践

文物保护是交叉学科。文物本体的材料属性决定了保护技术对自然科学具有依赖性，文物本体的人文属性决定了保护技术对人文学科具有依赖性。文物保护学有自身的学科视野、基础理论和发展规律，文物作为古代文明的载体，又是由当时可以获得和利用的不同材料制作而成的，对其进行保护是一个系统性的工作。在保持传统工艺和技术的同时，还要擅于借鉴如化学、物理学、生物学、材料学、环境学、建筑学、医学等现代科学理论和技术。将文物的传统工艺与现代科学理论和技术有机结合，应用于文物保护实践中，不仅能够使文物得到有效的保护，还能够推动文物保护技术的进步和发展。例如，各种不同材质的文物对于环境的要求也不同，对大多数有机质文物而言，若能保持空气清洁，保持适当的温度、湿度以控制霉菌、害虫的滋生，就可以减少文物病害的产生。因此，在文物保护工作中，可以通过各种文物材质的理论研究，了解其所适合的保存环境条件，并利用现代科技手段，在实践中为文物创造良好的保存环境，以达到文物长久保存的目的。

理论部分的内容主要包括文物的腐蚀、文物材料学（包括材料力学）稳定性理论、文物保护材料与文物实体材料作用等。文物的腐蚀是指文物的材料因受到环境介质的化学作用或电化作用而引起的变质和破坏，也包括上述作用与机械因素或生物因素的共同作用，以及某些物理作用。文物材料的性能包括物理性能和化学性能，是由其组成成分和内部组织结构所决定的，不同种类的材料具有不同的性能。因此文物组成材料的稳定性是决定文物长久保存的一个重要因素。而在文物保护的实际工作中，不可避免地要将新材料引入文物的实体材料中，所以文物保护材料的选择和应用会直接影响到文物保护的效果，材料若选择不当，不仅不能起到良好的保护作用，还会对文物造成破坏，因此文物保护材料与文物实体材料之间的作用是选择文物保护材料时需要考虑的一个重要因素。所选的材料应确保对文物体系包含信息的干扰尽可能少，对人身健康和文物安全无不良影响。在保护处理需要同时使用几种材料时，要充分考虑材料之间的匹配性。引入文物材料体系中的新材料，既要满足保护处理所需的化学活性，还要具有不与文物原材料发生不必要的化学反应的化学稳定性。

（三）价值认知与保护实施

文物保护的根本目的是保护文物的价值。因此，在保护实施过程中，首先要对文物进行价值挖掘，认知文物的价值。文物的价值蕴含在文物的材料组成，制作工艺，外观形貌和花纹文字中，保护实施步骤有可能改变文物的材料组成，破坏制作工艺特征，损毁花纹文字。在文物价值认知工作完成的基础上，对文物进行保护处理，同时兼顾保护材料和工艺等方面的选择，才能基本确保保护实施对文物价值损伤的最小化。

文物是历史发展过程中遗留下来的无价之宝，见证了历史的发展和演变，是人类文明与进步的重要成果。文物具有历史、艺术和科学三大价值，其价值体现在制作材料、工艺，器物形状、花纹、铭文、组合的形式以及附属性能（如古笛，古乐器所具有的律学和乐学价值）等方面。文物是民族文化的体现，是属于国家和人民的，文物是激发民族自信心和爱国热情的重要载体，也是辉煌历史的见证，能使一个国家或民族为自身的成就感到骄傲；文物也是研究历史、技术和艺术发展的实物例证，从侧面反映了政治、经济、文化、风俗等。文物是属于全世界和全人类的，是世界历史和文明发展的见证。

文物需要被保护不仅是因为它的文化价值，还因为文物的不可再生性。因此，文物保护的实施具有严格的要求，所有的文物保护措施都需要经过严格的规范和约束，并且遵循文物保护的基本原则。文物的安全意味着国家文化的安全，在实施文物保护时，首先，要确保尽量不改变文物的装饰和结构，对于受损比较严重的文物，要严格按照文物档案和历史资料进行维护与修复；其次，要保证文物在安全的环境下被保存和保护。此外，文物保护材料的选择也十分重要，要尽量避免替换原有的材料，对于受损比较严重的文物，在不得不更换原材料的情况下，要采取合理措施，最大限度地保持文物的原有结构、质地和颜色。

（四）显信息与隐信息

文物信息是人们通过观察文物外观形貌、花纹文字等，以及采用各种仪器测试得到数据，经归纳、整理、分类、比较之后，并结合已有的知识及研究成果所得出的信息总和。文物信息的内容丰富、种类多样，需要科学地分析与整理。

文物信息既可以是感触到的文物实体，也可以是抽象存在的文物属性与文化内涵。根据信息的外在形态可将信息分为显信息和隐信息。文物所蕴含的以及肉眼可以直接观察到的显信息包括文物实体的形状、花纹、铭文、结构、组合形式等；隐信息是肉眼无法识别，需要借助复杂的仪器设备或通过化学、生物学的处理才能得到的，与文物实体演变过程和规律有关的信息，它们是文物信息价值研究和寻找的真实对象，如文物实体材料的组成、配比、腐蚀、污染情况等。

文物的显信息与隐信息不是孤立的，而是密不可分的。从显信息中可以揭示出其所蕴含的隐信息，它们之间相互依存、相互作用，如产地和材料信息的相互依存，材料和工艺信息的相互作用等。它们构成了一个统一的整体，并形成了一个文物信息系统，将同遗址或同区域的不同种类文物的信息汇集起来，这些信息共同组成了文物"身份证"的全貌，是保护研究的核心内容，也是鉴定文物的重要依据。

（五）保护工作者与文物

保护工作者与文物是两个行为主体，他们之间存在主动与被动的关系。文物保护工作者是文物保护措施的施加者，而文物则是保护处理的受体。保护工作者需要具备良好的职业素养，而文物则需要适宜保存和保护的场所与环境。

文物保护行业是一个极为特殊的行业，文物保护工作者是处在文物保护第一线，与文物进行直接接触的人。因此，从业人员的自身素质与文物的安全、文物保护工作的成效息息相关。首先，文物保护工作者必须具备一定的知识储备，包括化学、材料学、物理学、生物学、历史学、考古学、艺术学、工程学等方面的知识。其次，文物保护工作者必须熟知相关的法律法规，具备高度的责任感，并在职业道德的约束下选择文物保护的技术路径、基本工具和保护方法。此外，由于文物材质的多样化以及个体的差异性，有些问题没有现成的解决方法，需要依靠在大量实践中积累的经验做支撑，因此，初涉文物保护工作的新人应在具有一定工作经验的工作人员的带领下开展工作。文物保护工作者自身的能力可以在长期从事保护和修复工作的过程和总结中不断提高，而相关的基础理论和法律法规也在实践中不断丰富和完善，因而能够更好地指导和规范实践工作。

文物保护工作者需要做到三个积累：①知识的积累。文物保护是交叉学科，涉及的知识范围十分广泛，仅靠学校所学、老师所教的知识是远远不够的，这就要求文物保护工作者不断学习，扩大知识面，丰富自身知识内涵。②经验的积累。文物保护最终是要解决文物的保护问题，防止文物损毁，延长文物寿命。解决具体的文物保护问题是一个理论与实践相结合的过程，实践需要动手操作，经验越丰富，掌握的操作技能越多，实践的效果也就越好，所以，经验的积累对文物保护工作者来说是十分重要的。③思考的积累。在实际工作中每天都会遇到暂时解答不了的问题，对待问题的态度决定了个人的发展程度。不放弃解决难题，经常思考答案，就会拥有思考的积累。思考的积累本质上是思想的积累，思考是主观活动，思考达到了一定高度，就会拥有自己的思想。

（六）材料与工艺

在对文物进行保护和修复时，要注意保护修复材料的选择，尽可能选取与文物本体材质相同的材料，即便是不得不采用不同的材料，也要求所使用的材料不会对文物本体的原材料、原工艺等造成破坏，并且在最大限度上保护文物的原真性和完整性，同时还要确保所使用的材料对文物和人不会造成伤害，以及控制好材料使用的度，不可对文物做过度修复。

文物保护材料和工艺选择的原则以最适宜为最佳。很多情况下，文物保护使用的技术方法在现代材料学领域并非最先进的，而是最符合文物保护的理念和原则。

此外，在保护和修复时，还要遵从可识别原则，也就是说，对文物的保护不是为了覆盖文物原来的部分，而是尽可能地保留原工艺及其艺术创作手法的内涵价值，并且在保护和修复时要最大限度地减少对文物的损害或副作用，让文物可以保留其原有的完整价值。材料性能的彰显一定是和工艺联系在一起的，文物保护材料的筛选和实施工艺的研究制定，决定了保护与修复的效果。使用的工艺不当，好材料也有可能变成坏材料，对文物造成损伤。所以，只有选取好材料，并且结合好工艺，才能确保对文物的科学保护与修复。

（七）传统工艺的传承与发扬

文物是古代传统工艺的产物，对文物进行保护，就是对我国古代留下的优秀文化遗产的传承和发扬，所以，在对我国古代文物进行保护时，有时需要更多地采用我国古代的优秀传统工艺。通过对传统工艺手法的学习、对古代文献资料的研究以及对同类型传统工艺作品的借鉴，可以让古代的传统工艺，包括材料、技艺、工具和经验得以传承，进而促进对传统工艺的发扬，提高传统工艺的技艺水平。例如，传统工艺缺少定量的概念，具有"量的测不准性"；传统工艺的制作过程，通常是依靠经验来控制"产品"的质量。对传统工艺的发扬，并非在传统工艺的基础上进行"创新"，而是对工艺条件和原材料的质量进行准确控制。对于某些区域性的传统工艺，由于情况复杂，无法异地使用的，也应尽可能地在该区域促进其传承与发扬。

传统工艺的诞生、发展和演变是一个长期的历史过程，是随着社会科技进步、人类生活需求等因素影响不断变化的。传统工艺存在着"变"与"不变"的问题。传统工艺在某些材料、工艺方面，在传承的过程中都有可能发生一定改变，是和社会环境、地域文化、区域物产相关的，变是绝对的；不变的是传统工艺产品的形式、味道、功能、美学价值和文化内涵。

传统工艺的传承是发生在代与代之间的，上一代人将技术授予下一代，这是"传"的过程，下一代学会了技术，这是"承"的过程。"传"与"承"组成了一个有机整体，无"传"亦无"承"；无"承"，"传"也无法继续。任何技术和工艺的实施都有两个层面"的"：其一，是主观的、思想层面的。在实施前的思考、研究、方案制订、目标选择，都是主观层面，是技术和工艺实施前人的意识活动。其二，是客观的、实践层面的。因实施对象不同选择相应的技术、材料、方法，依据经验和掌握的技巧并进行实际操作。传统工艺的传承和发扬也有这两方面。工艺技术往往是看得见摸得着的，容易学习和领会，而思想层面的内涵，由于缺少系统性，加上人们对其归纳研究不足，以及许多问题见仁见智，未形成统一看法，领悟有难度。所以，传承过程中，徒弟要有悟性。"悟"就是思考，特别是对于无法言传的、思想层面的东西，"悟"不到必然就学不好。方法一天可以教十个，但是一个方法背后的思想，特别是上升到科学和理论高度的内容，十天也未必能讲明白。

（八）经验与科学

经验来自生活经历的积累，而科学是人类主动探索的成果，是人类进步到一定阶段产生的飞跃。两千多年传承下来的经验，它和科学并非对立的，而是在不知不觉中交融在一起的。当人们在经验的基础上概括出相关经验之间的本质关系，并在经验和实验的基础上提出相关经验之间的逻辑因果关系，以此阐述经验的产生和变化的过程机制，从而有效地控制经验事件的发生和变化过程及其结果，由此，将经验提升到理论的高度，便可形成一门科学。但这里所说的经验并不包括"伪经验"，"伪经验"通常是建立在迷信的基础上，经不起理论的推敲和实践的验证，因而也无法成为科学。

经验是科学的，但不等同于理论。经验是对失败教训的汲取和对成功案例的总结，经验关注的是个体或小众；理论则针对的是共性问题，理论更具有普遍意义，也更能揭示事物的本质规律。在科学发展的进程中，许多理论都是经验升华的结果。在文物保护实践中，我们既要擅于总结经验，又要从经验中寻找一般规律，并形成相关的知识理论。

（九）保护与修复

保护与修复是统一的整体，广义上来说都是对文物进行保护，但二者又有所区别，犹如医院的内科和外科，保护是内科，修复是外科。

文物保护的目的是保持文物结构的稳定性，包括文物的材料和力学结构，可分为表面保护和内层保护。修复则是为了保持文物结构的完整性，通常采用补缺的方式，进而通过做旧以恢复文物的原状。文物实体往往存在材质腐蚀和残缺等多种病害，对其既要保护又要修复。保持文物实体材质稳定，需要从微观层面入手，通过各种化学的、生物的、物理的技术方法，使文物材料的腐蚀降解反应降至最低。由于涉及化学或生物反应，有可能对文物实体的外观、材料成分或材料性能产生不良影响，因此文物保护应遵循尽量少更换原构件材料的原则，尽可能维持原构件的质地、成分和颜色不变；在非更换不可的情况下，应采取挖补、榫接、填充和化学加固的手段，尽可能多地保留原构件；若不得不使用现代材料进行保护和修复，应尽量做到隐而不露，保持与文物本体的协调性。同时，要坚持运用原先的工艺，尽量在操作程序与实施方法上保持与原先风格一致。

修复是从文物的宏观层面入手，采用各种技术方法对文物实体进行矫形、补残和随色，涉及文物实体形状变化，修复结果需要满足文物实体结构完整和外观的和谐统一，因此修复应遵循以下原则：

第一，《文物修复理论》中提到，文物补全的痕迹在观赏时不应被发现，而在近距离观察时，应不需要借助特殊工具就可以被识别出。

第二，杜绝可能会删除文物历史痕迹的移动、拆除行为，或对文物产生造假效果的风格补全，除非涉及损害性病变或与保护文物历史价值发生矛盾的病变。

第三，在添加起加固作用的辅助部分或对有历史依据的部分进行补全时，要根据具体情况，或留出明显的补全界线，或采用协调但不同于文物本体材料的修复材料。尤其是与文物本体的联结点，应确保肉眼可清楚辨认，在适当的部位须签名并注明日期。

保护和修复的共同点在于，它们都是一种人为的干预手段，是人们有意识的能动行为，所以对文物的保护和修复要求工作人员对文物的过去、现在和未来负责。强调修复和保护前的分析检测，力求对文物本体的腐蚀现状有更全面、细致的了解和认识；采取以控制环境为主的预防性保护措施，选取干预性最小的保护和修复材料；针对干预过程，保护和修复在干预前都要遵循可识别原则和最小干预原则，保护和修复工作都应重视文物价值内涵的揭示和认知。

而保护和修复的区别则在于：

（1）实现途径：保护可以通过直接干预或间接干预来实现，如预防性保护就是一种间接干预，但修复一定是采用直接干预的手段。

（2）实施对象：被保护的文物，可以是好的、未受损的，抑或是有损伤的、残破的；但文物只有存在残、破、损等问题才会涉及修复工作。

（3）干预目的：文物保护的目的，就文物实体而言，旨在保持文物实体材质的稳定性，不让文物实体材质变质，如腐蚀、降解；就文物信息而言，旨在确保文物信息的完整性和真实性。文物修复的目的，就文物实体而言，旨在保持其器物完整、外观和谐、力学结构稳定；就文物信息而言，旨在恢复文物信息的完整性。

（十）使用与维护

文物保护的最终目的是使文物能够被使用、展示和研究。展示或研究过程中有可能对文物造成损伤，维护就是为了避免损伤的发生或减轻损伤。文物的日常维护十分重要，一是要观察损伤的产生，二是要通过对环境的控制，消除引发损伤的因素。例如，对于漆木器文物，在展出过程中，由于环境因素波动较大，极有可能出现开裂，如果观察到出现了细小的裂纹，应及时将文物放置在适宜的环境条件下，从而防止裂隙继续扩大，避免产生更严重的后果。

文物的使用包括文物的展示、研究和复制。而文物保护的目的，就是为了保护文物的价值，为其使用创造条件。但是在对文物进行使用的过程中，一定要杜绝对文物的不当使用，同时还要注意对文物的日常维护，包括环境条件的监控、文物展出时间的设定以及对博物馆参观人数的控制。以展览博物馆的照明设计为例，众所周知，文物保护的有效途径之一是避光保存，但由于博物馆展览是以文物作为载体，须采用照明营造和提升展示效果，因此在展览的过程中，文物不可避免地会长时间暴露于光照之下，若照明设计不当就会对展品造成伤害。这就要求博物馆展览的照明设计须将展品保护与展示效果结合起来，根据文物的保存现状，平衡好展品保护与展览需求的关系，在展陈设计中合理运用光源，选择滤除紫外线和红外线的光源、适合的灯光，把控好色温，并控制好照度和年曝光量，从而营造出不会损害展品且能够保证展览效果、提升观众视觉舒适度的展示环境。

在文物的使用过程中，作为文物保护工作者，有责任和义务阻止一切不当使用文物的行为，并监督和实施文物的日常维护。

第二节　博物馆文物保护的理念与原则

建立在国际共识基础上的原则和理念，才是有效的。世界遗产全球战略的缩写为"4C"，即可信度（credibility）、保护（conservation）、能力建设（capacity building）和沟通交流（communication）。

一、博物馆文物保护的理念

（一）文化多样性与保护

文化多样性指的是世界上每个民族、每个国家都有自己独特的文化，民族文化是民族身份的重要标志。历史文化遗产作为古代历史不可替代的见证物，同时也作为每个国家、地区历史文化延续的载体，是每个民族的智慧结晶，体现了文化的多样性，因此对文化遗产的保护和长久保存是所有国家的共同利益和目标。

（二）注重文物档案管理

文物档案的内容包括记录文物的挖掘、文物信息、文物保护、文物研究等与文物息息相关的工作，它可以帮助人们更好地认识和了解文物。文物档案管理工作对于文物的开发、利用和保护起着重要的作用。文物管理部门通过完善文物档案，可以为人们呈现更为丰富和全面的文物资料，这对于推进文物的保护和宣传工作起到了一定的积极作用，同时，还有利于对文物的合理开发和利用。

文物保护工作的每一项干预、修复活动均须以正确的理论为指导，详尽的史料和考古研究、调查、勘测、记录、分析等是必要的基础和前提，进而开展相关多学科的合作，并留给后人以准确、翔实的档案记录。

由于文物是一种不可再生的资源，文物档案管理对于文化遗产保护工作有着重要的意义，文物保护工作必须尊重其内在的科学规律，否则就会酿成历史性的大错。正如一位专家所说："没有任何政治的、经济的、庆典的事件可以被允许更改文物保护工程所应遵循的客观规律。"这是我国人民对国际社会的庄严宣誓，也是当代人对后代负责任的态度体现。因此，人们必须加强和重视文物的档案管理工作。

（三）原真性

Authenticity 一词源自中世纪的欧洲，在希腊语和拉丁语中有"权威的"

（authoritative）和"原初的"（original）的含义。在我国文化遗产保护领域，学者们长期以来将"authenticity"译为"真实性"，但经过仔细推敲后发现，这种译法仅表达了"真实的"和"可信的"两层含义，未能表达出"原初的"这一含义。"原初的"对文化遗产来说，恰恰是最为关键和不可或缺的要素之一。张松指出："原真性，可译为真实性、原生性、确实性、可靠性等，主要有原始的、原创的、第一手的、非复制、非仿造等意思。"因此，一些学者提出了更为恰当的译法："原真性"，既强调"真"，又强调"原"，更贴近本义。这一观点已被文化遗产界大多数学者接受和认可。

原真性的思想萌芽产生于《关于历史性纪念物修复的雅典宪章》，其第六条指出："对于废墟遗址要小心谨慎地进行保护，必须尽可能对找到的原物碎片进行保护，必须尽可能对找到的原物碎片进行修复，此做法称为原物归位（anas tylosis）。""原真性"的概念被正式纳入文化遗产领域是在 1964 年 5 月召开的第二届国际历史古迹建筑师与技师大会，会上通过了《威尼斯宪章》，其开篇提到："人们越来越意识到人类价值的统一性，并把古代遗迹看作共同的遗产，认识到为后代保护这些古迹的共同责任。传递其原真性的全部信息是我们的责任。"此后，1994 年 12 月在日本古都奈良通过的《关于原真性的奈良文件》，是世界遗产委员会对"原真性"问题进行了讨论之后得出的重要成果。该会议对"原真性"做了重新定义，并指出"保护一切形式和任何历史阶段的文化遗产是保护根植于遗产中的文化价值。我们能否理解这种价值部分地取决于表达这种价值的信息来源是否真实可信。了解这些与文化遗产的原始特征有关的信息源，并理解其中的含义是评价遗址真实性的基础"。

《世界遗产公约》的全名是《保护世界文化和自然遗产公约》（Convemion Concerning the Protection of the World Cultural and Natural Heritage），公约主要规定了文化遗产和自然遗产的定义，文化和自然遗产的国家保护和国际保护措施等，以及各缔约国可自行确定本国领土内的文化和自然遗产，并向世界遗产委员会递交其遗产清单，由世界遗产大会审核批准。凡被列入世界文化和自然遗产的地点，都让其所在国家依法严格予以保护。《世界遗产公约》对原真性进行了界定，即"文物古迹本身的原真性体现在诸如形式与设计、材料与实体、应用与功能、位置与环境，以及传统知识体系、口头传说、技艺、精神与情感等因素中"。在此须特别强调，"修缮与修复的目的应当是不改变这些信息来源的原真性"。而"原真性"也是个复合性多元理念，一般情况下，一座文物建筑的原真性，应当是它被作为文物建筑认定时的历史和客观属性的总和。

（四）完整性

在世界遗产领域，"完整性"长期被应用于评估自然遗产的价值与保存状况。以往人们并未把这一理念引用到文化遗产保护工作中。近年来，这一状况已得到改善。2005年2月生效的新版《世界遗产公约实施指南》已明确把"完整性"应用于对文化遗产的评判中。例如，《北京文件》对此有如下描述："完整性可以解释为文物古迹及其特征的整体性和完好性，包括体现文物古迹重要性和价值所必需的所有因素。""保留文物古迹的历史完整性必须保证体现其全部价值所需因素的相当一部分得到良好的保存，包括意义重要的建筑物历史层次（沿袭与积淀）"以及"环境"。这表明，"完整性"不一定意味着整体历史结构的完整，而是指所存部分可以验证、标志大部分的历史信息。同时，这也对文物保护界长期以来关于"原状"与"现状"的争论做了一个小结，即文物的保护不应当是按照当代人的意愿与结论将文物恢复成某一辉煌时期的"原来状态"，也不可为追求风格的统一而随意拆改不同历史时期留在同一文物建筑体上的完整历史信息。

（五）保存与修整

"保存与修整"所对应的英文单词是"maintenance and repair"，这足见国际上对保存文物真实性和尽可能少干预的高度重视。用这一标准去衡量一项文物保护工程的成败优劣，而不是错误地追求维修后的整体风格统一，应当是我们今后文物保护工作中的统一准则。

二、博物馆文物保护与修复原则

（一）可再处理原则

可再处理原则，又称可持续性保护原则，取代了可逆性原则。众所周知，文物的科技保护是一个技术实施过程，其中包括在文物上施加新材料，如在壁画上喷涂保护剂、在石刻上喷涂防风化材料、有机质文物的防霉防虫处理、饱水漆木器的脱水加固等，或者改变文物的现有保存环境。不论哪一种方式，都必然会使文物与外界发生物质和能量的交换，这一过程是不可逆的。因此，有必要澄清文物保护中涉及的可逆性问题，否则教条也套用可逆性原则，势必会否定所有的先进方法，无法对文物进行保护。

可逆性原则是文物保护中的重要原则，意思是修复中所实施的处理方法，都可以采取可逆措施去除，使文物恢复原始的状态，但是这个原则已经被可再处理原则代替，其原因在于可逆在本质上是难以实现的。比如，在加固疏松的文物时，加固材料会渗透到内部去，当对加固材料进行可逆去除时，文物就会遭到破坏。因而，在此种情况下，不可一味要求材料具备可逆性，而是只要不影响再次处理即可。

严格来说，可逆性原则大多只适用于实验室条件下的文物保护。在很多实际情况下，很难满足这一要求。例如，在大型石刻上涂刷防风化材料或进行裂隙灌浆，由于石刻表面不平整或裂隙较深，涂刷的防风化材料和裂隙灌浆材料极难从文物上除去，但在实验室条件下，也许很容易被清除。如果这些难以清除的材料并不妨碍文物的下一次处理，那么仍然可以考虑继续使用这样的保护方法。

而在某些情况下，不保护、不修复也是一种保护修复。这里所说的"不保护、不修复"是根据文物的保存现状、现有的技术水平和现场条件，通过综合的分析与研究，从而判断是否采取不保护、不修复的方式。

（二）最小损伤原则

保护性损伤，如在加热、酸碱、冷冻等条件下处理文物时，会引起文物自身的化学和物理（应力、外形收缩等）变化，有些变化并不是立刻就能观察到的，必须经过一段时间后方能显现。而保护处理本身可能会对文物产生损伤，如在复杂的拼接修复过程中，难免会对文物造成二次损坏，且操作极大程度依赖专业技术人员的个人经验；在对粘连的纺织品或纸质文物进行揭取时，由于文物本身材质的脆弱性，若用力不当，极易损毁文物；在对纸质文物进行熏蒸或冷冻杀虫时，纸质文物在受热或冷冻的情况下，都有可能遭到损坏；在对文物进行表面封护与加固时，封护或加固材料渗入文物的孔隙中，也可能会对文物造成损伤。当遇到这些情况时，必须通过严格的科学实验来评估损伤的程度，尽量控制条件，使危害降至最低。

（三）最少干预原则

对文物的干预主要包括以下两方面：保护和考古发掘所带来的材料干预、信息干预、性能干预均为人为的主动干预，环境条件的变化所带来的干预则是被动干预。

1930 年在意大利罗马召开的关于艺术品保护的国际研讨会上第一次提出了"预防性保护"的概念，这一概念如今已经成为国际文化遗产科学保护的共识和发展方向。预防性保护的核心技术内涵，即是对馆藏文物保存环境实施有效的监测和控制，抑制各种环境因素对文物的危害作用，努力使文物处于一个稳定、洁净的安全生存环境，尽可能阻止或延缓文物的物理和化学性质改变乃至最终劣化，达到长久保护和保存馆藏文物的目的。其中，博物馆环境的稳定性主要是指温度、湿度的平稳性，不可出现较大幅度的波动。关于博物馆环境的洁净概念，除涉及有关污染气体极限浓度控制指标外，尚未有系统的论述。而博物馆环境的洁净程度则依赖现代的环境和污染控制技术所达到的水平。

文物在保护处理过程中，难免会被带入新的物质，如表面封护剂、缓蚀剂等。若未留下完整的保护记录，后人在研究时可能会误认为这些物质是文物本身所含有的。为避免影响或混淆后人对文物的研究，导致得出错误的考证结果，在文物上施加任何新的保护材料时，如果新材料与文物组成材料的反应产物不明确，那么该保护材料应不予使用。而各种保护处理方法也有可能会对文物造成保护性破坏，包括二次污染保护性破坏，如在对破碎的青铜器和陶瓷器做拼接修复时，通常无法将残片严丝合缝地拼接成一个整体，当拼接到最后一块时，由于空缺处小于其原始尺寸，需要对残片进行打磨；在对纸质文物或纺织品文物进行清洗时，常会残留水渍、清洗剂等，从而造成二次污染，对文物的不当清洗，还易造成文物的褪、变色，特别是金粉等装饰物的脱落；而对石质文物进行渗透加固时，由于化学加固剂很难全部渗透进石材的孔隙中，随着环境条件的变化，保护剂渗透到的和未渗透到的部分就可能产生应力差异，反复作用的应力就会导致两部分分离。

（四）"留白"原则

"留白"又称"留缺"，通常是针对古陶瓷整体复原修复来说的，是指在古陶瓷缺失的部位，不采用原材料、原工艺和原形态去修复，而是选用其他适宜的材料补填，以留出短缺的部位，并能明显地表现出缺失的痕迹。这一原则在国外已实施多年，国内也不乏实践者，但仍存在争议。

古陶瓷与其他器物不同，其毁坏的形式通常只有破碎和缺失，而无腐烂和变质现象。在修复时，若能明显地表现缺失部位，又不妨碍其外观的完整性，则完全可以不用复原缺失的部位。此外，在考虑是否"留白"时，还要从博物馆的实际需求出发。若该器物主要用于供观众欣赏，仅要求具备一个完整的形象，并不需要发挥其实际用途，那么，一个真实的整体形象胜过经修复补缺后"乔装打扮"的虚假形象。而在对古陶瓷进行修复补缺时，很难真正做到补缺后的部位与其他部位保持完全一致，这不仅涉及原材料的配制，还涉及烧制的工艺，即便是同一个窑炉烧制出的同一类器物也不会完全相同。因此，"留白"反而更能体现出古陶瓷的原真性。

（五）耐久性原则

以实验室材料老化实验数据为基础，在将多种保护技术应用到文物上时，选择耐老化时间长的材料的方法，就是所谓的耐久性原则。文物的保存是一个长期的过程，不可能对同一件器物进行经常性的保护处理，这就要求在文物保护工作中所选用的材料要具有良好的耐久性，在外界因素的影响下，该材料能延缓文物所遭受的破坏，从而延长其保存寿命。现代文物保护研究中，对文物保护材料的耐老化性能测试经常采用工业领域内的材料性能检验检测标准，而文物保护材料与现代工业使用材料的使用目的及对性能的要求存在较大差异，因此，采用现代工业材料的检测标准对文物保护材料进行评估是有缺陷的。

（六）斑点试验原则

斑点试验又称点滴试验，是测定矿物化学成分的一种方法。将少许矿物粉末制成溶液，再将溶液滴在滤纸或瓷板上，加入化学试剂，观察反应后的产物颜色，以确定某种元素是否存在。斑点试验由于操作简便、反应迅速，对某些元素灵敏度较高，在鉴定工作中经常被使用。而文物保护的过程中，在大面积开展保护工作之前，也应依照斑点试验的原理，确保方法可行之后，再行实施。以彩陶加固为例，在加固前应进行斑点试验，检验加固剂的指标是否符合要求；在加固过程中如果出现加固强度不够致使彩绘脱落的情况，应及时调整加固剂浓度，加固后，若出现表面成膜的现象，应用水或酒精等溶液擦拭彩陶表面，观察眩光是否消失，尽可能地保证在损伤最小的前提下，恢复文物原貌。

（七）可辨识原则

可辨识原则，指文物在修复过程中添加的残破或缺失部分要与文物原有部分在整体外观上保持和谐统一，但又要和原有部分有所区分。应做到既可以让观者从外观上辨别"真"与"假"，又不会出现以"假"乱"真"的现象。

20世纪中叶，唯美主义保护理论家布兰迪提出文物的美学完整性与历史真实性为兼顾二者的平衡，布兰迪在其所著的《文物修复理论》中指出补缺物远观达到美学整体性，近看仍与原作有别，不消除历史痕迹，整体呈现"和而不同"的可识别效果。1964年《威尼斯宪章》第十二条指出，"缺失的替换物应与整体和谐，但又须与原作有别，以达到修复不臆造美学与历史证据的要求"，这便是布兰迪"可识别"原则的体现。目前，在可移动文物修复工作中，在实际中的具体运用较为普遍接受的是"六英尺乘以六英寸"原则，即在1.8m的距离内是看不出修复痕迹的，但在20cm的距离内，修复痕迹是可以看出来的。

而中西方在"可辨识原则"的实际运用中还存在着些许差异，主要表现在西方修复理念强调补缺部位要与本体部位有所区别，整体上应呈现出可识别的修复效果；而我国的文物修复工作通常要求修复后的文物整体应呈现出浑然一体的效果。以书画修复为例，修复师对残缺部分的全色、接笔都是力求与整体画面呈和谐统一状，而不是要求在视觉效果上将补全与本体区分开来。这两者之间的差异是由文化背景、主观认知的不同所造成的。以青铜器修复为例，国内修复专家主要采取"内外有别"的可识别修复方法。作色时，将文物对外展示的一面做到与周边的颜色浑然一体；而观众不易观察到的内侧部位通常不作色，有时也会大体作上颜色，但仔细观察之下，仍可以区别出补配的部分。

综上所述，可辨识原则就是指修复过的部分与文物本体应有所区别，远观不会感到整体的不协调，近观则应能辨别出修复痕迹，而不需借助其他高科技手段来识别。

(八) 风险管理原则

许多文物因遭受自然或人为因素的破坏，正面临损毁和坍塌的风险，因此在文物的保护方案设计和技术实施过程中加强"风险管理"刻不容缓。所谓风险管理，是指管理人员采取各种措施和方法，消灭或减少风险事件发生的各种可能性，或者减少风险事件发生时造成的损失。在文物保护中，风险管理原则包含三层含义：一是在文物未受到损害前采取预防性保护措施，避免文物受到损害；二是对已经受损或正在受损的文物及时采取有效措施，终止破坏的继续发生，尽可能保留文物的最大价值；三是对人身安全、财产、环境等进行风险管理，避免或减少损失的发生。此原则要求，在文物保护过程中，必须对每一个操作步骤可能面临的风险进行预估，且有相对应的可控措施。

第三节　博物馆文物保护的科学性表现

由于文物的种类繁多，生成与赋存环境所含要素极其复杂，因此文物及其科学保护技术形成了一个庞大的，涵盖众多自然科学、技术科学，并与多个社会科学与人文科学相关联的学科群。在现代科学技术迅猛发展的 20 世纪后半叶，文物保护科学技术最显著的特征是：一切科学发现和技术发明都会被考虑和尝试应用于文物的研究及保护中，现代科学技术成为文物保护的核心技术，并尽可能地保留传统保护修复技艺中的合理因素。

文物的不可再生性、多样性、时代性、地域性和不可替代性等特征，决定了工作人员应遵循保护技术的审慎原则，注重技术方案的差异性。即便是同一地点出土的同类同质文物，在保存现状、损坏程度方面也会有所区别，单一的保护技术不可能解决所有的问题。

强调文物保护科学技术的基础研究已经成为发达国家和国际文物保护界的共识。一般是从文物病害产生的原因入手，然后"对症下药"，铲除造成病害的根源，以达到长期保护的目的。利用现代自然科学和技术的理论、手段、方法，对文物材质进行整体和微观的结构分析，调查文物自然损坏的原因和具体过程，探索有效延缓和阻止文物损坏的方法以及最佳保存手段和途径。在这些研究的基础上，从文物的基本属性和文物保护的基本原则出发，精心设计技术与工艺，在实验室反复进行时效和不同环境的对比实验，筛选出相对安全的材料、工艺和技术，然后才能对文物进行小规模的保护操作并进行跟踪研究，获取工艺和技术参数，再经过时效验证后方能建立针对某个和某类文物的保护方法，并同时制定相应的操作规范和标准。即使如此，跟踪与评估研究仍旧需要持续一段相当长的时间。

保护性处理及材料研究是文物保护的关键，也是国际文物保护科学和技术研究的重点。随着现代科技水平的发展，在进行文物保护技术研究的同时，环境模拟和监测、测试分析以及现场实验和标准化等方面的研究也在日益提高。

文物保护科技较为发达的国家，通常重视跟踪和监测数据的积累，对于重要的文物和遗迹，一般都有连续的档案记录。这些档案记录成为诊断文物病害产生原因的第一手资料，是保护方案设计的基础，也是保护处理的重要参数和对保护结果进行评估的依据。

第一，文物保护目标的科学性。每一件需要被保护处理的文物，在实施保护处理之前，都必须有明确的保护目标。保护目标可分为一般目标和高级目标，一般目标可以定为：消除损害因素、减缓劣化速度；高级目标可以定为：除了达到一般目标以外，还须满足陈列展出的要求，以及可以进行一般搬运和外出借展，即不但消除了文物的损害因素、减缓其劣化速度，同时还能增加文物的理化强度。因此，改善文物的保管条件可被视为一般目标，而文物的技术保护可被视为高级目标。

第二，文物保护方法的科学性。对文物进行保护处理时所使用的技术方法进行评估，判断其是否合理、是否有理论依据、是否有科学数据的支持，这些都是评判保护方法是否具有科学性的重要标准。

第三，文物保护效果的科学性。文物保护效果的科学性是指采用科学的分析检测方法，对文物保护处理前后的检测结果进行对比，从而评估文物经保护处理后所获得的效果，这也是文物保护技术工作中一项亟须解决的难题。

第四节　博物馆文物保护的先进技术

文物的检测与分析是文物保护工作中极其重要的一项内容，随着科学技术的迅猛发展，越来越多的现代科学分析检测手段，特别是无损与微损的分析技术，被广泛应用于文化遗产保护的研究领域。

一、表面分析技术

表面分析技术是指利用电子、光子、离子、原子、强电场、热能等与固体表面的相互作用，测量从表面散射或发射的电子、光子、离子、原子、分子的能谱、光谱、质谱、空间分布或衍射图像，得到表面成分、表面结构、表面电子态及表面物理化学过程等信息的各种技术。对文物进行表面微观形貌观察和显微结构分析的表面分析技术包括各类光学显微镜分析法（超景深显微镜、金相显微镜、偏光显微镜）、电子探针显微镜分析法、扫描电镜分析法、透射电子显微镜分析法等，是研究文物结构和工艺不可或缺的方法和手段。光学显微镜分析法主要用于对文物外观形貌、老化情况的观察。电子探针显微镜分析法是一种利用电子束轰击固体样品表面，根据微区内所发射出的 X 射线波长的强弱进行元素定性的分析方法，主要用于文物化学成分的精确分析。扫描电镜分析法是利用扫描线圈的作用对试样表面进行电子束扫描，根据扫描过程中产生的各种信号来调节显像管的亮度，从而产生图像，这种方法可以清晰地显示文物的表面形貌，主要用于观察损坏文物的断口的表面微观形态，从而分析断裂的原因。

二、内部结构分析技术

内部结构分析技术主要包括 X 射线照相技术、超声波无损探伤技术、声波 CT 技术、电子衍射技术、核磁共振法等。X 射线照相技术是根据 X 射线在胶片上的成像原理展示文物的细部结构，一般应用于青铜器、木器、瓷器、漆器或书画类小型文物。超声波无损探伤技术与声波 CT 技术的工作原理类似，都是根据声波在不同介质中传播速度的不同，将接收到的信号进行成像处理，从而发现文物的内部缺陷，一般应用于大型文物。电子衍射技术则是根据运动电子束的波动性，获取文物的微区晶体结构和物相。地面核磁共振法是利用地下水中氢核的核磁共振特性差异来直接探查地下水的地球物理新方法。目前，该方法已成功应用于地下水探测、考古、滑坡监测等领域，并且可以在探查石刻文物是否遭受地下水侵害的过程中发挥独特作用。

三、元素分析技术

元素分析技术主要包括 X 射线荧光光谱法、原子吸收光谱法、中子活化分析法等，这些分析方法都是通过各种分析仪器对文物的化学成分做定性和定量分析，并根据文物的来源、材质和病害，获取文物的工艺和年代信息。X 射线荧光光谱法的基本原理是基态原子（一般为蒸汽状态）吸收合适的特定频率的辐射而被激发至高能态，而后在激发过程中以光辐射的形式发射出特征波长的荧光，只要测出一系列 X 射线荧光谱线的波长，即能确定元素的种类；测得谱线强度并与标准样品进行比较，即可确定该元素的含量。原子吸收光谱法是根据基态自由原子对辐射吸收量与待测元素浓度成正比的关系进行测量的分析方法。这两种方法都是在原子结构基础上对文物材料和质地进行分析的方法。中子活化分析法是利用中子作为照射粒子的活化分析技术，其工作原理是根据元素被撞击后释放出具有特定能量的 X 射线来确定元素的种类，这种方法自动化程度、灵敏度高，能够同时测定一个样品中的多种元素。

四、成分分析技术

成分分析技术主要包括 X 射线衍射分析法、红外吸收光谱分析法、拉曼光谱分析法等。X 射线衍射分析法是一种分析晶体结构和物相的方法，主要用于文物中无机化合物的分析。红外吸收光谱分析法是根据每种化合物独有的红外吸收光谱，测定有机化合物及其分子结构的方法，一般用于检测文物中未知物的化学组成。拉曼光谱分析法是通过拉曼散射效应来研究和分析分子振动和转动的信息，从而获得分子结构的一种非弹性散射光谱分析技术，常用于分析文物中的有机化合物和无机化合物。

第三章　影响博物馆文物保护的环境因素

第一节　文物保护的材料因素

探讨影响文物保护的材料因素，就需要对文物材料学有一定认知。从材料学角度考察，现代材料与古代材料没有本质区别，如不管青铜材料的成分多复杂，现在技术都可以复制出来。但从文物角度看，古代材料与现代材料有区别，古代材料含有一定的人文历史信息，如古代工艺技术水平、产地、文化传承关系。现代复制的青铜器不能代替古代青铜器，并不是因为复制技术不成熟，或材料成分有区别，关键是复制品并不是文物，不具备历史人文信息。文物材料学就是研究文物实体的制备工艺在复杂因素超长期作用下的文物实体材料组成、结构和性能，与文物价值、文物实体材料脆弱之间关系的学科。文物材料学的主要研究内容之一，就是区分文物实体材料与现代材料，即寻找古代材料与现代材料的差异，并在此基础上研发适宜的保护材料和实施工艺。

一、文物材料的特点及种类

文物是人类在社会活动中遗留下来的具有历史、艺术、科学价值的遗物和遗迹。文物是具体的物质遗存，具有物质属性。从其物质属性来看，文物是由物质组成的，是经过选材、加工制作、使用、废弃、埋藏、发掘出土、保护和修复等过程之后发生变化的材料。文物实体材料是构成与古代人类社会的生产、生活等各种活动相关的遗迹和遗物的各种材料。文物实体材料不仅有物质上的定义，还蕴含了文物实体的制作加工、使用、废弃、埋藏、发掘出土、后续保存和保护修复等各种信息的材料。

从材质上看，文物的种类特别复杂，包括石器、玉器、陶器、骨器（含角器、牙器）、木器、竹器、铜器（含红铜器、青铜器、黄铜器、白铜器）、铁器（含钢制品）、金银器、铅器、锌器、锡器、瓷器、漆器、玻璃器、珐琅器、纺织品（包括罗类织物、绫绮类织物、帛类织物等）、纸质类文物等。由于文物是与古代人类各种活动相关的遗迹或遗物，因此，几乎能用来制作器物的所有材料都属于文物材料的范畴，这包含了金属（主要是青铜、铁、金、银等）、竹、木、陶、瓷、石、玉、玻璃、纺织品（包括丝、棉、麻、毛等）、骨角牙、纸、珐琅等，几乎涵盖了古代技术能制作、提取和应用的所有物质。

文物材料的多样性，使得文物材料学的研究内容十分复杂、广泛。很多文物并不是由单一材质组成的，而是多种材料通过镶嵌、黏结等作用结合而成的物体，例如，镏金青铜器、铁刃铜钺、镶嵌绿松石的青铜器，由纸张、丝织品、木杆构成的书画类文物等。一件文物实体在其选材、加工、使用、废弃、埋藏，到发掘出土、保护和修复的整个过程中，涉及的材料不仅有各种文物实体在制作生产时所用的原材料，如青铜器的矿石、纺织原料等文物本体材料，还包括文物实体制作和存续过程中参与进来的多种其他材料，如制作文物实体加工时的添加剂、辅助材料等。

文物存续过程中参与进来的其他材料主要包括腐蚀产物、保护修复材料、污染材料等，如青铜器的锈蚀物；对出土或者传世的文物实体进行加固或者修复中所使用的材料；纺织品文物染色材料，主要是天然植物染料。对于任意一件文物而言，都需要做针对性研究，充分认识其材料的结构、组成，这对文物的价值挖掘和保护具有十分重要的意义。

二、文物实体材料的特性与结构

（一）文物实体材料的主要特性

由于文物实体材料的复杂性和多样性，文物实体材料具有与现代材料不同的性质，其中最重要的特征就是，文物实体材料并非单一组分，杂质含量较高。囿于古代科学技术的发展水平，各种材料的提纯和精炼不可能达到很高的工艺水平，为使材料的性能更加优异，有些材料中被有意掺入了其他成分。由于文物实体从选材、加工制作、使用、埋藏到发掘出土、保护修复的过程经历了很长时间，并且受材料本身性质和相应环境的影响，在这些过程中，文物实体材料发生了不同程度的降解或者老化。尤其是在埋藏的过程中，土壤、水侵蚀的作用，使污染物大量进入文物实体材料内部，文物实体材料发生了重大变化，与最初的材料在微观形貌、结构，以及性能方面都有所不同，这是文物实体材料不同于现代材料的又一重要特征。文物实体材料的主要特性包括以下方面：

1. 混合性

文物实体材料一般为组成成分复杂的多种材料混合体或混合物。首先，文物实体作为一种实用器或者工具等，其组成常含多种成分，其中包括文物实体的本体材料、辅助材料等。例如，书画类文物的主体材料是画心、纸或者绢，镶边的材料包括绫、纸，以及相应的辅助材料，如木杆、丝带等。其次，由于古代加工制作工艺的限制，材料的提纯和精炼工艺技术水平不高，所选用的材料不可能有很高的纯度，多为混合物。另外，还有一部分材料是人为加入的添加剂，目的是改善材料的性能。

2. 脆弱性

由于老化、腐蚀、降解等，文物实体材料的各种性能和理化性质等，与其最初的状态相比都发生了一定程度的变化，如表面形貌的改变，文物实体材料出现的开裂、裂纹、崩解、风化、粉化、酥碱、变色等病害现象，文物实体材料强度、硬度、抗拉性能等力学性能下降，文物实体发生形状改变，结构失稳，这些都是文物实体材料脆弱性的表现。因此，文物实体的脆弱性包括材料结构和性能两方面。以现代材料学的视野观察文物实体材料，大部分的文物实体材料都已超出材料的疲劳极限，已不能在现代社会生产、生活中使用，属于废弃物，如汉代出土的丝绸不可能再用于制作服饰，供人们穿戴；但从文物的角度来看，文物实体材料具有重要的历史、科学价值，是不可再生的珍贵资源。

3. 时代性

文物实体材料的各种性质能够反映当时的工艺技术水平，具有时代特征和工艺特点，时代特征可以通过研究文物实体材料的信息获得。通过对文物实体制作、使用、废弃、埋藏、保护修复过程中材料组成、结构和性能变化等的分析，研究文物材料学与文物信息学的关系，采集文物实体的工艺信息和时代信息，发掘文物价值。

（二）文物实体材料的结构划分

从本质而言，文物实体材料是由分子或原子组成的物质实体材料，材料的性质、性能与其结构、构造有着密切的关系。因此，研究文物实体材料的基本点就是研究文物实体材料的组成和结构，以及其与性能之间的关系。材料的结构大体上可以划分为以下三方面：

1. 宏观结构

材料的宏观结构是指用肉眼或放大镜能够分辨的粗大组织，一般尺寸约为毫米级大小，以及更大尺寸的构造情况。因此，这个层次的结构也被称为宏观构造。

2. 亚微观结构

材料的亚微观（或介观）结构也称细观结构，一般是指用光学显微镜所能观察到的材料结构。光学显微镜的放大倍数可达一千倍，分辨率可达几千分之一毫米，可分析材料的结构组织，分析金属材料晶粒的粗细及其金相组织，观察木材的木纤维、导管、树脂道等显微组织，分析陶瓷器和土遗址中的矿物等。材料内部各种组织的性质各不相同，这些组织的特征、数量、分布，界面之间的结合情况都会对文物实体材料的整体性质产生重要影响。

3. 微观结构

这里所指的结构是指物质的原子、分子层面的微观结构，一般要借助于电子显微镜、红外光谱仪等具有高分辨率的仪器设备进行观察、分析。材料的微观结构与文物实体材料的许多物理性质，如强度、硬度、弹塑性、导热性等都有密切关系。此外，材料的结构还可以分为晶体、玻璃体和胶体等。

第二节 文物自身的表面环境

环境通过与文物实体进行物质和能量的交换，影响文物实体质点运动的类型和强度。无论是文物实体质点的振动、改变，还是位移，受环境因素影响时都有可能使文物实体处于不稳定状态，甚至出现病害。文物保护的目标是尽可能使文物实体处于稳定状态，减少病害的发生。

一、文物环境的干湿平衡

文物环境主要是指文物保存、展出、运输等与文物直接或间接相关的大气环境。文物环境又有室外环境、室内环境、保管陈列环境或运输柜内的微环境之分。以博物馆为例，博物馆所处地区的大气环境条件即为文物的室外环境，博物馆建筑内部则为室内环境，保管柜、陈列柜内部则为微环境。微环境近似于封闭体系，应具有净化功能。对文物而言，所涉及的环境条件有温度、湿度、光的照度、微生物含量、有害气体含量、飘尘等。不可移动文物的环境条件还应包括大气、水文、地质环境的条件，如土壤的成分、酸碱性、可溶盐含量等。

文物环境是一个系统，它由文物所处的温度环境、湿度环境、光照环境、微生物环境和大气环境五个子系统组成。这些子系统之间存在协同效应，对文物实体产生影响或作用。稳定和平衡是研究文物环境系统的重要概念，文物实体质点的稳定包括两方面：第一，质点运动的稳定，不发生引起质点改变的化学反应，即不会产生一种质点变成另一种质点的变化；第二，质点受力平衡，每个质点所受合力为零，处于受力平衡状态。通常情况下，造成文物实体质点受力不平衡的因素是能量的传递，以及光、热（温度）的形式对文物实体的作用。文物实体中存在多个与环境因素变化相关的平衡关系，这些平衡关系对于文物实体的稳定至关重要。

干湿平衡对有机质文物实体的稳定十分重要。在稳定的湿度条件下，经过一段时间后，文物实体都会达到吸湿和放湿之间的平衡。当湿度发生变化后，就要建立新的干湿平衡。新平衡建立是有代价的，以文物实体的变形、开裂的形式，将由湿胀干缩产生的残余应力释放后达到平衡。干裂在某种程度上是为了增加文物实体的表面积，也就是增加吸收水分子的面积，同时释放应力，然后达到平衡。吸湿和放湿都与水分子到达文物实体表面的分子数有关，也就是和它们所在"相"的水的浓度有关。空气中的湿度越大，到达文物实体表面的水分子数就越多，文物实体吸湿的可能性就越大。当文物实体含水量大时，从内部到达文物实体表面的水分子数也越多，水分子逸出文物实体的可能性大，文物实体出现干燥现象。

环境温度升高时，文物实体会从环境中吸收热量，表面质点最先吸收热能，然后向内部传导。在环境温度稳定的情况下，文物实体热传导速率是恒定的，当时间足够长时，通过热传导最终使文物实体达到各部位温度均一，处于热平衡状态。环境温度降低时，文物实体向环境释放出热量，首先是表面质点放热，然后是内部质点将热量向表面质点传递。同样，在环境温度稳定的情况下，文物实体向环境释放热量的速率也是恒定的，一段时间后，文物实体最终达到热平衡。但当环境温度波动较大、波动频率较高时，文物实体表面质点将会处于吸热和放热交替变化过程中，而内部质点响应滞后，造成文物实体处于热失衡状态，出现受力不均匀现象，损伤文物实体。所以，环境温度波动不利于文物的保存。

二、文物实体的表面环境

文物实体表面是阻止环境有害因素损害文物实体的重要屏障。文物实体的表面环境是由多个因素组成的一个复杂环境系统，是由文物本体材料、水、伴生物、污染物、腐蚀降解物、保护修复材料与多种环境因素组成的。每一个组成因素都不是孤立存在的，而是与外界环境相互联系的综合体。表面环境平衡是指在文物实体材料表面与外界环境之间，通过能量流动、物质循环和物化反应，使它们相互之间达到高度适应、协调和统一的状态。换言之，当文物的表面环境处于平衡状态时，文物实体的能量和物质的输入与输出在较长时间内趋于相等，文物实体材料的结构和功能才能处于相对稳定状态。当外界环境有所改变时，能通过人为干预恢复到初始的稳定状态。文物表面环境平衡是文物得以长久保存的根本条件，是其延续自身价值的重要保障。

（一）文物环境的相对稳定状态

文物环境是一种动态系统，始终处于不断变化发展之中。就像化学中熵的概念一样，只要给予文物足够长的时间，且外部环境保持相对稳定的情况下，文物环境系统总是按照一定规律向着组成、结构和功能更加复杂化的方向演进。换言之，在文物实体形成的早期阶段，文物环境系统的组成因素种类少（如组成材料种类较少），结构（组成因素之间的关系）相对简单。当文物环境系统逐渐演替进入成熟时期，组成因素种类增多，结构趋于复杂。

当文物环境系统处于相对稳定状态时，组成因素之间、组成因素与外界环境之间会出现高度的相互适应，即能量和物质的输入与输出之间接近平衡，以及结构与功能之间相互适应并获得最优化的协调关系，这种状态达到了文物环境的平衡。当然，这种平衡是动态平衡。

文物刚制作成型时，表面环境各组成因素是较为单一且纯净的，随着时间的流逝与外界环境的交互作用，表面环境系统由简单缓慢演变到复杂，最后与外界环境之间形成相对稳定状态。发展至此，文物表面环境各组成因素在种类和数量上保持相对稳定；能量和物质的输入、输出接近相等，即系统中的能量流动和物质转换可在较长时间内保持平衡状态。如果环境因素过于剧烈地发生改变，都可能引发一系列的连锁反应，使文物环境平衡遭到破坏。

文物实体材料的稳定是最重要的，环境调控、稳定只是手段，而文物实体材料的稳定则是追求的最终目标。不同质地的文物，不同材料的稳定性有很大差异，一般情况下，有机质文物受环境因素的影响比较大，其材料的稳定性比无机质文物材料差。反之，无机质文物材料相对比较稳定。

环境稳定，文物实体不一定就稳定。文物实体稳定包括三方面内容：①物质交换平衡。文物实体与环境之间始终存在着物质交换，最常见的是水分子交换，即吸湿和放湿。如果水分子交换不平衡，文物实体就会出现与潮湿或干燥相关的病害。因此，文物实体的含水率应保持稳定状态，换言之，文物实体无论是和哪一种物质产生交换，一定要处于交换平衡状态，文物实体才能稳定。②力学平衡。文物实体的受力情况比较复杂，外界振动、自身重力、热胀冷缩和湿胀干缩等都有可能使文物实体出现受力不平衡的现象。文物实体各部位受力均衡，以及文物实体所受合力为零时，达到力学平衡，文物实体才能处于稳定状态。③能量交换平衡。影响文物实体与环境能量交换平衡的因素有温度、光，以及物质交换过程中带来的能量变化。外界振动、搬运也可能改变文物实体与环境能量交换平衡，使文物实体结构处于不稳定状态。文物实体内部能量发生变化，会改变质点运动，特别是能量增高时，文物实体质点运动加快，易发生质点改变和位移。所以，文物实体与环境的能量交换达到平衡，对文物实体的稳定至关重要。

（二）文物环境平衡的特点

1. 动态平衡

文物环境平衡是一种动态平衡，而非静态平衡。文物环境系统是个复杂的实体，处在不断变化之中。例如，文物的组成物质与外界环境之间，不停地在进行着能量的流动与物质交换；组成因素（如腐蚀产物和污染的增加）由少变多，环境系统由简单变复杂，组成因素种类由一种类型演替为另一种类型等；外界环境的不断变化等。因此，文物环境平衡不是静止的，系统中总会有某一部分先发生改变，环境平衡被打破，然后依靠人为干预使其再次进入新的平衡状态。正是这种从平衡到不平衡到再次平衡的过程，推动了文物保护对环境研究的深化与发展。

文物环境平衡与生态平衡是有所区别的，生态环境中各组成因素是有活性的、动态的，生物进化和群落演替的过程就是不断打破旧的平衡，建立新的平衡的过程。但对于文物环境而言，大多数文物环境的组成因素是没有活性的，有时平衡被打破对文物而言是毁灭性的。因此在文物保护工作中，人类应发挥主观能动性，去保持和维护适合文物保存的环境平衡。研究文物环境平衡变化，即为寻求相应的人为干预方法，用可长久保存的材料来代替缺失的组成部分，从而使文物环境恢复先前的平衡，使文物环境系统的结构更合理，更稳定。

例如，木质文物在埋藏环境中，因湿度达到平衡，木材分子间隙被游离水所填满，同时水隔绝了空气，这样就避免了空气中氧气的氧化作用及有害气体的劣化作用对文物造成损害。但木质文物被发掘出土后，随着水分蒸发，木材分子间缺少了相应的支撑物，文物的环境平衡被打破，很快便会降低强度，糟朽变形。因此，需要在饱水状态下对刚出土的木质文物进行脱水处理，其原理为利用填充材料将木材分子间的游离水置换出来，使木质文物的分子结构得以继续支撑，文物实体可继续保持稳定。

2. 相对平衡

文物环境平衡是一种相对平衡，而非绝对平衡，因为任何环境系统都不是孤立的，都会与外部发生直接或间接的联系，易受外界的干扰。文物环境系统对外界干扰和压力的自我调节能力很弱，而且外界环境干扰对文物的影响会造成累积效应，如果不对外界环境干扰或压力进行及时的人工干预和调控，一旦相对平衡被打破，就会使文物实体材料加速劣化，甚至毁灭。

第三节　文物保护的外部环境

一般而言，凡为文物，不论是出土文物还是传世文物，均有数十年、数百年或上千年乃至数千年的历史。于今人而言，其质地材料是已经固化了的，不可能重新再来做一遍，若如此，也不再是文物了。因此，从某种意义上而言，今人所能做的工作主要是在进行必要的修复之后为其创造和提供一个良好的保存环境。要做到这一点，首先就要明了影响文物保存的因素有哪些，其次影响机理有哪些，最后采取何种有效措施。因此，探讨、分析和研究影响文物保存的因素不仅十分重要，而且十分必要。当然，在影响文物保存的因素中，除了环境因素外，还有人为因素，如文物保护法律、法规的制定及其贯彻执行，文物管理规章制度的制定与落实，文物工作者特别库房管理工作人员的日常工作状况等，都会对文物寿命产生大小不等、程度不同的影响。影响文物保存的环境因素很多，但归纳起来，主要包括以下方面：

一、温度与湿度

温度与湿度是影响文物保存的首要因素，在影响文物保存环境的诸因素中，最基本、经常起作用的因素就是温度和湿度，不适宜的温、湿度不仅会对文物材质的耐久性造成直接的影响，而且会加速其他不利因素对文物材质的破坏作用。

（一）温度与湿度的定义

1. 温度

温度是衡量物体冷热程度的物理量，严格的、科学的温度定义，是建立在热力学第零定律基础上的。根据热力学第零定律，处于同一平衡状态的所有热力学系统都具有共同的宏观性质，这个决定系统热平衡的宏观性质就定义为温度，温度的特征就在于一切互为热平衡的系统都具有相同的温度。从微观上看，温度实质上是物体内部大量分子无规则运动剧烈程度的反映，温度越高说明物体内部分子热运动越剧烈；反之亦然。因此，温度是统计意义上的一个物理状态参数，是大量分子热运动的集体表现，是大量分子的平均平动动能的量度，对于单个的分子，说它有温度是没有意义的。

对温度的完全定义还应包括温度的数值表示法，即温标。建立一种温标需要包含三个要素：①选择测温物质和测温属性；②对测温属性随温度变化的函数关系做出规定，这种规定具有人为性；③选取固定点，规定其温度数值。目前常用的温标有三种，即绝对温标

（又称热力学温标、开氏温标）、摄氏温标和华氏温标。绝对温标是一种理想温标，用于科学研究，摄氏温标和华氏温标属经验温标，用于日常生活。影响文物寿命的温度主要决定于周围空气的温度，因为文物通常处于周围空气之中。

2. 湿度

湿度是表示空气的干湿程度的物理量，它有以下表示方式：

绝对湿度：指单位体积空气中所含水蒸气的质量，通常用 $1m^3$ 空气中所含水蒸气的克数来表示，即单位为 g/m^3。绝对湿度不能直接测量得到，而是间接测量其他量通过计算求得。

相对湿度：是指空气的绝对湿度与同温度下的绝对饱和湿度（该温度下所能容纳水汽质量的最大值）之比，通常用百分数表示。相对湿度表示空气中实际绝对湿度接近饱和绝对湿度的程度，即相对湿度的大小直接反映了空气距离饱和的程度。因此，相对湿度概念克服了从绝对湿度不能直接看出空气干湿程度的缺点，是衡量空气潮湿程度的一个重要指标。温度、绝对湿度和相对湿度三者存在密切关系：一定温度下，绝对湿度越高，相对湿度就越高，空气就越潮湿；反之亦然。在密闭空间内，若绝对湿度不变，温度升高时相对湿度减小，温度降低时相对湿度增大。

露点：当空气中水汽含量和气压不变时，降低温度使空气刚好达到饱和状态，此时的温度称为露点。露点是空气中水蒸气开始凝结时的温度，在露点时空气的相对湿度等于100%，但尚无水珠凝结。当温度低于露点时，空气中的水蒸气就会因超过饱和绝对湿度而凝结成水珠，这种现象叫结露。由于空气一般是未饱和的，故露点常低于气温，只有当空气达到饱和时，二者才相等，故根据露点可判断空气饱和程度。二者差值越大，表明空气相对湿度越低，反之相对湿度越高。

（二）温度与湿度对文物的影响

任何材料的文物都有自己的适宜温、湿度范围，一旦超过这个范围，文物材料就要发生病变，如大多数古籍、字画、档案等纸类文物，当纸张的含水量维持在7%左右时，纸张的强度最好，而要使纸张含水量维持在7%左右，就要求周围环境的湿度在50%～65%；若湿度经常处于50%以下，纤维素就容易损坏，产生干裂、翘曲等现象。

1. 温度对文物的影响

（1）温度作用于文物的机理。温度主要通过两条途径影响文物制成材料，使其耐久性降低、寿命缩短。第一，促使文物制成材料分子相转变。构成物质的分子（原子）无时无刻不处在振动之中，其振动频率与环境温度密切相关，温度升高，分子振动频率加快，振幅加大；当温度升高到一定程度时，分子可能会发生裂解，导致物质结构变化，其性能也相应发生变化。第二，改变化学反应活化能。活化能是指活化状态分子与反应物状态分子各自平均能量的差值，是一个依赖温度的量。随着温度的升高，活化分子数增加，导致有效碰撞次数增多，反应速度加快。

（2）温度作用于文物的表现。温度对文物的影响主要表现在两方面：①温度因素直接产生的破坏作用，主要是对于由不同材质构成的复合文物，由于不同材料热胀冷缩时的体积变化不同，变化速度也各异，导致文物的开裂。②由于温度变化引起其他因素的改变而对文物产生的间接破坏作用，如据研究温度每升高 $10℃$，化学反应速度增加 $1\sim3$ 倍；温度的急剧升高，引起文物的过分干燥或高温造成文物的损坏等。又如常见的锡为白锡，其化学性质比较稳定，常温下与空气不发生化学反应，但若环境温度低于 $13.2℃$，白锡将转化成粉末状的灰锡，而且随着温度的降低，转变速度显著加快。对纤维质文物，高温将加速纤维素水解反应，加速蒸发，使纤维变脆而易于折断。

2. 湿度对文物的影响

（1）湿度作用于文物的机理

湿度作用于文物的机理主要包括两个途径：①直接途径。在一定的温度下，环境湿度增高，文物制成材料含水量增大，表现为吸湿；环境湿度降低，文物制成材料含水量减少，表现为放湿。这样，湿度的变化直接引起文物制成材料结构的变化并导致其性质发生变化。②间接途径。水是各种有害化学反应的媒介，随环境湿度的增高，文物制成材料含水量增加，有害化学反应随之增加；同时，空气中的有害气体对文物制成材料破坏作用增强；有害微生物得到适宜的繁殖、生长条件，破坏力也增强。

（2）湿度作用于文物的表现

湿度与"青铜病"：青铜器潜伏的"粉状锈"，其保存的临界相对湿度为 $42\%\sim46\%$，相对湿度若超过 55%，氯化亚铜迅速与空气中的水发生反应。相对湿度增高，反应速度加快。不同相对湿度的实验结果显示氯化亚铜在 95%、78%、58% 的环境中分别经 2、4、24 小时反应生成碱式氯化铜；而在相对湿度 35% 环境中，氯化物是非常稳定的。

湿度与铁及其他金属：铁器文物在干燥的环境中是稳定的，但潮湿将使其锈蚀。如多数黄铁矿的化石在 55% 的相对湿度下是安全的，其理想的相对湿度上限是 50%。当铅在空气环境相对湿度较高，二氧化碳浓度较大时，可以发生反应生成碱式碳酸铅，而这种物质通常不稳定，在空气中可进一步被腐蚀。银在高湿环境下可以被缓慢氧化，70% 相对湿度以上会加速失去光泽。

湿度与"玻璃病"：古代玻璃器中的 K^+、Na^+ 有微量的可溶性，在水分作用下溶出，形成 KOH、$NaOH$，又很快与空气中的 CO_2 形成 K_2CO_3、Na_2CO_3，它们均极易吸潮，吸潮后玻璃上出现小水滴，在此过程中，首先形成细小裂纹，最终玻璃将变成不透明、乳白色，呈鳞片状向下脱落。故对此类玻璃器的推荐相对湿度不超过 40%。

湿度与纸张老化：在 81% 的相对湿度条件下，纸张耐折度急剧下降，重磅纸在经 17 天老化后，耐折度接近于零。表 3-1[①] 中是以 25℃、50% 相对湿度为标准，推算出不同温、湿度环境中纸张可保存的年限（表中的单位 1.00 为 1 世纪）。由表 3-1 可见，随温、湿度升高，纸张的保存年限缩短。

表 3-1　不同温、湿度环境中纸张的保存年限

平均温度/℃	相对湿度/%			
	70	50	30	0
35	0.14	0.19	0.30	0.68
25	0.74	1.00	1.56	3.57
15	2.74	5.81	9.05	20.70

湿度与褪色、变色：丝织品上的植物染料在 20%~40% 相对湿度是最稳定的，60% 相对湿度及以上，一般均可见有明显褪色。古代石窟壁画颜料绝大多数为无机矿物颜料，其红色颜料中大量使用了密陀僧（PbO）、铅丹（Pb_3O_4）、朱砂（HgS），它们都存在程度不同的变色现象，而高湿条件是引起这类颜料变色的必要条件之一。

湿度与石质文物损坏：环境湿度控制着石质文物表面水分的来源，它不仅是其他因素破坏石质文物的媒介，同时水本身也能造成严重的直接破坏，渗入岩石内部的水分，能与泥质胶结构发生水化作用。

湿度与丝织品：在 20%~70% 的相对湿度条件下，生丝具有一定值（约 11%）的含水量；但至 80% 相对湿度时，均衡被破坏；而当 90% 相对湿度时，其含水量高至 27%。生丝强度在 20% 相对湿度左右时为最大，随湿度增加强度逐渐减少。

（3）湿度产生物理形变对文物的损害

湿度变化会引发物理变化，造成文物材料扭曲变形、开裂错位、断裂分离等，其原因主要在于吸湿材料高湿时膨胀、低湿时收缩的反复机械作用。如竹木器属吸水性材料，一般含有 12%~15% 的水分，由于干燥使其低于这一数值时，就会翘曲、开裂。对于石窟壁画，只要未达饱和状态，不论相对湿度高低，都会产生酥碱病害，且湿度越低，病变程度越严重，原因在于壁画中的可溶性盐分随外界湿度变化总是处在溶解—结晶再溶解—再结晶的不断反复的过程中，侵蚀壁画，导致壁画最终酥松脱落。岩石表面的水对岩石会形成外多内少的渗透分布，引起岩石体积膨胀所产生的内应力由外向力明显下降，使得石质文物价值最高的表层成为受水分侵入影响最大的部位。

---

① 王成兴、尹慧道：《文物保护技术》，安徽大学出版社，2005。

与温度相比，湿度对材质体积胀缩的影响远远大于温度变化影响。比如象牙，温度相差 30℃，其体积变化小于 0.2%；而相对湿度波动 10%，其体积就变化 0.3%~0.4%。纸张也是如此，典型的绘图纸在相对湿度变化 10% 时，其横向变化为 0.30%，纵向为 0.05%。而木材对相对湿度的波动受影响最为显著，相对湿度上升 10%（50%~60%），其切线方向的变化为 0.45%~0.9%（因树种不同存在差异）。

（4）湿度造成文物的生物腐蚀

湿度是微生物、昆虫生长繁殖的必要条件，较高的湿度条件（70% 以上）最适宜它们的繁衍。虫蛀、霉变对文物材质造成的腐蚀作用是文物保存中经常遇到的十分严重的问题，特别是南方地区，比如，中国古代石窟寺壁画的制作，一般是在无机矿物颜料中加入一定量的胶结材料，它们均会有丰富的蛋白质，在高湿环境下，这些蛋白质是微生物的良好营养基体，而微生物在其代谢过程中产生的草酸等有机酸又能与颜料中的石青、石绿等含铜或石膏等含钙物质发生反应而生成草酸铜或草酸钙，加速胶结材料的老化，导致颜料层强度降低，最终脱落。从总体而言，湿度对文物材料的影响比温度的影响要大。

（三）温度与湿度的控制

鉴于温、湿度对文物材料危害的严重性，因而，对其实施有效控制不仅十分必要，而且十分重要。要控制好温、湿度，应主要做好以下方面的工作：

1. 研究温度、湿度变化的规律

这里主要是指文物库房内外温、湿度变化的规律，只有将这种规律研究清楚，才能为制订调控库房温、湿度的方案提供科学依据。目前，在这方面已经取得了一些初步研究成果。如库外温度日变化一般规律是：凌晨日出前温度最低，日出后温度逐渐升高，至 13~15 时（夏季 14~15 时，冬季 13~14 时）达到最高值，再缓慢降低，直到次日日出前温度又降至最低值；9 时前后气温上升较快，19 时前后气温下降较快。年变化一般规律是我国内陆大部分地区 1 月最冷，7 月最热；沿海地区则一般分别在 2 月和 8 月。而库外相对湿度日变化规律与气温变化相反。年变化规律则有两种不同类型：一种是内陆干燥而全年绝对湿度变化不大的地区，冬季高而夏季低；另一种是冬季低、夏季高，我国大部分地区属后者。库内温、湿度变化规律与库外变化基本一致，但时间通常较库外为迟，幅度为小。总之，这方面的研究与实际需要还有较大差距，亟须加强。

2. 制定文物库房温度湿度标准

标准的制定非常重要，它对实际工作具有直接的指导意义，并具有约束力。但要想制定标准，必须先清楚不同质地的文物随温、湿度变化损坏的规律性，确定其最适宜温、湿度范围，目前这方面的科学研究还是相当初步的；同时，问题的复杂性、艰巨性还在于标准的制定必须考虑现实中的各方面条件限制，如财力、物力、地区差异等，使其具有实际可行性。因此，文物库房温、湿度标准的制定是科学性与可行性相统一的结果。

3. 文物库房建筑的建设

文物库房建筑对温、湿度的调控至关重要，它是中长期起作用的基本因素，应通过科学选址、合理设计达到控制温、湿度的目标，做到防热、防潮，保持库内温、湿度的稳定。

4. 具体措施的采取

日常工作中，主要还是通过采取各种不同的具体措施来达到调控温、湿度的目的，常用主要措施有密闭、通风、增温、降温、加湿、减湿等，这些措施须根据不同的具体情况需要，运用适当的手段分别有选择地进行。

二、光线因素

光、湿度一样，是文物保存和利用中最基本的、最常遇到的外界环境因素。光首先来自太阳的光辐射，其次是来自人工光源。光对文物材料的危害主要有三方面：光对文物材料具有热效应、使有关化学反应加速和产生光化学反应。光对所有有机材料文物具有破坏作用，引起它们表面变质并加速这种变质反应，而对无机材料文物，如金属、玻璃、陶瓷、石质文物等没有明显的直接破坏作用。

（一）光的能量

光是由发光体发射出的辐射线、电磁波。光在本质上是一种频率很高的电磁波，具有波粒二象性。自然界中所有电磁波按波长或频率大小进行排列，可以组成一条很宽的谱带，这条谱带被称为光谱，光是光谱中很小的一部分，其对应波长范围为：红色 760~620nm，橙色 620~590nm，黄色 590~560nm，黄绿色 560~530nm，绿色 530~500nm，青色 500~470nm，蓝色 470~430nm，紫色 430~400nm。这种划分只是给了一个大致的范围，实际上单色光的颜色是连续渐变的，不存在严格的界限。光具有能量，其能量与频率成正比，与波长成反比。不同波长的光具有不同的能量，见表3-2。[①]

① 王成兴、尹慧道：《文物保护技术》，安徽大学出版社，2005。

表 3-2　不同种类光的能量

波长/nm	光的种类	光能	
		kcal/mol	kJ/mol
100	短波长紫外线	286	1200
200	紫外线	143	600
300	长波长紫外线	95.3	400
400	可见光的极限	71.5	300
500	蓝光	57.2	240
600	黄光	47.7	200
700	红光	40.9	171
760	可见光的极限	37.6	158
1000	短波长红外线	28.6	120

太阳作为最主要的光的来源，其发出的光波波长范围为 200~10000nm，但当穿过大气时，波长短于 290nm 的短波长紫外线和长于 3000nm 的长波长红外线被大气层吸收了，只有波长介于 290~3000nm 之间的光能够到达地球表面，防光也主要是针对这部分光而言的。

（二）光化学反应致害文物机理

光对文物材料的破坏作用主要是引发化学变质反应，导致文物材料老化。由光辐射引发的文物材料光老化反应一般主要有光裂解反应和光氧化反应两种类型。

1. 光裂解反应

光裂解反应是指高分子材料吸收光能而直接产生裂解的光化学反应，反应过程无须氧的参与。其反应速度可用链断裂量子产率表示，即单位时间内，断裂的聚合物分子数与吸收的光子数之比。一般直接光裂解的量子产率很低，如在波长为 253.7nm 紫外线辐射下链断裂的量子产率：纤维素为 1.0×10^{-3}、醋酸纤维素为 2.0×10^{-4}，其原因有两方面：一是高分子材料对光辐射的吸收速度较低；二是其间荧光、磷光等物理过程又消散了大部分光能。

2. 光氧化反应

光氧化反应是指高分子材料受光辐射时，在氧的参与下发生的光化学反应，它是导致材料变质、老化的主导反应。在光氧化反应过程中，文物材料中存在的重金属离子杂质会起到催化光氧化反应的作用。

（三）光化学反应致害文物特点

1. 光化学反应是激发态分子的反应

物质的分子或原子在其各种运动状态中，能量处于最低的状态称为基态，基态是最稳定状态。分子吸收光能后，分子或原子中的核电子将获得能量而跃迁到能量较高的轨道上运动，此时能量高于基态，称为激发态。激发态很不稳定，会通过各种理化过程返回基态。在光化学反应中，经常是一个被激发分子和同一个品种或不同品种的没被激发分子之间的反应，这是光化学反应有别于其他类型化学反应的一个显著特点。

2. 材料对光的吸收具有选择性

文物材料受光辐射发生光化学反应的前提是必须有一个对光的吸收过程。而材料对光的吸收，是以光子为单位进行的，其选择性决定于材料分子终态与初态之间的能量差，只有当某种波长或频率的光子的能量正好等于两能级之差时，光才能被材料吸收。由于各种有机材料的分子结构不同，其能量差也不同，因而对光的吸收便产生了选择性。比如，聚酯材料对 $300\sim330nm$ 的紫外线最敏感，而聚氯乙烯对 $320nm$ 的光最敏感。

3. 光的波长愈短，其光化学效应愈大

光波波长越短，其光能越大，材料分子键越易断裂，光化学效应也就越显著。

4. 光化学反应具有后效性

光裂解反应使材料裂解成自由基、分解成小分子等，一旦生成自由基，即使不再受光辐射作用，光化学反应仍能够继续下去。例如，材料基态分子与自由基的反应、自由基与空气中的氧或液态氧的反应，这就是光化学反应的后效性。

5. 部分光化学反应具有光敏性

吸收光的物质叫光敏剂。敏化剂分子将激发态时的超额能量在碰撞中全部转移给周围的另一分子而发生的化学反应称为敏化作用。高分子材料在制作过程中不可避免地要残留某些重金属离子或混入一定的杂质，它们均是光敏剂。如在纸质文物的制造过程或保管过程中，存留的铁、锰等重金属元素和施胶剂、木素、游离氯、染料等物质都是重要的光敏剂。光敏剂能使文物材料对光的敏感范围向长波方向扩展，并进而引发光化学反应。

（四）光的防控方法

第一，合理确定库房照度标准。照度是指物体表面得到的光通量与被照射表面的面积之比，单位为勒克斯（lx）。照度标准是指一定环境所要求的最低照度，其标准制定既要能满足实际工作需要，有利于库房工作人员的视力健康，又要能最大限度地减少光对文物

材料的危害。

第二，限制光的照度值。可以通过合理设计窗户的位置和结构达到目的，如东西方向不宜开窗，南北向窗户要小而窄；也可以通过设置遮阳措施达到目的，如加设窗帘或百叶窗，使用毛玻璃、花纹玻璃或双层玻璃等。

第三，滤紫外线。紫外线由于波长短、能量大，对文物材料危害大，一定要设法过滤。可以使用窗帘、百叶窗，在窗帘上涂刷紫外线吸收剂，库内光源使用白炽灯等。

第四，避光保存。文物在保管期间除提供利用、展览等用外，应尽量做到避光保存，特别是贵重、受光影响大的文物应放置于柜、箱、盒、袋等中保存。此外，文物在利用过程中也应减少光的辐射强度与作用时间；文物被淋湿或受潮时，不能放在烈日下暴晒，应置于阴凉通风处晾干，珍贵文物避免或减少拍照次数，容易褪色的文物不宜长期在柜中陈放等。

三、地质环境

地球表面的构造可以分为大气圈、水圈、岩石圈和生物圈，影响文物保存的地质环境因素主要是指其中的水圈和岩石圈部分，它们对文物的破坏作用依文物处于地表上或埋藏于地下而大致可分为两类：风化作用和土壤腐蚀作用。这里主要探讨土壤对文物的腐蚀作用。

（一）土壤特性

土壤是地壳的表层部分，经长期风化作用，较为松软，它构成地下文物的外界环境。由于土壤的组成和性质均十分复杂多变，土壤的腐蚀性也相差很大。但作为腐蚀介质，土壤一般具有以下主要特性：

1. 多相性

土壤由土粒、水和空气组成，具有复杂的多相结构。土粒中包含有多种无机矿物及有机物质；不同土壤的粒径大小各不相同，不同土壤的粘连性也存在较大差异。

2. 多孔性

由于土壤通常是由几种不同土粒按一定比例组合而成，在不同的土粒之间就形成了大量毛细管微孔或孔隙，孔隙中又充满了空气和水。其中，水的存在形态多种多样，既可直接渗浸孔隙或在孔壁上形成水膜，也可以形成水化物或以胶体水状态存在。水分的存在使土壤成为离子导体，因而实质上土壤是一种腐蚀性电解质。又由于水的胶体形成作用，土壤不是分散孤立的颗粒，而是各种无机物、有机物的胶凝物质颗粒的聚集体，但其间又存在多种孔隙。

3. 不均匀性

土壤的结构和性质具有极大的不均匀性。在小的范围上，构成土壤的土粒、空气、水分的含量以及它们之间结构的紧密程度存在差异；在大的范围上，由于各种地质运动以及土壤成分本身的流动，不同性质的土壤会存在交替更换。其不均匀性表现在多个方面，如土壤的密度大小、黏性大小、酸碱性大小等。

4. 相对固定性

从以上所述可以看出，土壤至少存在固相、液相、气相三相结构，一般情况下，其固体部分可以认为是固定不动的，但液相或气相部分会有限地运动，如土壤孔穴中空气的对流或定向流动以及地下水的移动等。当然，在特殊情况下，如地震、火山爆发等，固体部分也会发生较大变化。因此，土壤具有相对固定性。

（二）土壤腐蚀机理

水溶液腐蚀、大气腐蚀和土壤腐蚀都对文物有腐蚀作用，它们之间的一个很重要的区别在于氧的传递机制不同：在水溶液中是通过溶液本体输送，在大气腐蚀时是通过电解液薄膜，而在土壤腐蚀时则是通过土壤的微孔输送，其输送速度主要取决于土壤的结构和湿度，在不同的土壤中，氧的渗透速率变化幅度可达 3~5 个数量级。

在土壤腐蚀情况下，除了形成与金属组织不均性有关的腐蚀微电池以外，还有可能形成由于土壤结构不均匀性引起的腐蚀宏电池。如埋藏于地下的大型金属文物，由于体积庞大，其构件的不同部分就有可能埋藏深度不同、所处黏土与砂土结构不同、氧的渗透率不同等，由此会形成氧浓差电池和盐分浓差电池等宏电池，这时主要发生的是局部腐蚀，使某些阳极产生较深的孔蚀。归纳起来，土壤对金属文物的腐蚀所构成的电化学电池主要有以下类型：

第一，长距离宏电池腐蚀。对于埋藏于地下的大件金属文物而言，其表面就可能发生此类腐蚀，它是由于金属文物的不同部分所处土壤的组成、结构不同而形成的电池腐蚀。如果上述原因造成的是浓差电池，则埋在密实、潮湿土壤中的金属部分就倾向于作为阳极而受到腐蚀；如果造成的是盐分浓差电池，则处于高含盐量土壤中的金属部分倾向于作为阳极而受到腐蚀。

第二，埋没深度不同及边缘效应所引起的腐蚀电池。即使金属体埋在均匀的土壤中，由于埋没深度不同，也能形成氧浓差电池。此时，离地面较深的金属体由于处于氧浓度较小而成为阳极区受到腐蚀。实际情况也的确如此，在地下埋藏的金属物体上，可以看到离地面较深的部位的局部腐蚀更严重。

第三，因土壤的局部不均匀形成的腐蚀电池。在土壤中石块等杂物下面的金属，如果夹杂物的透气性比土壤本体差，该区域就成为腐蚀电池的阳极，而土壤本体区域接触的金属就成为阴极。

（三）影响土壤腐蚀的因素

一是含水量的影响。当含水量很低时，土壤对金属的腐蚀性不大，随着含水量的增加，土壤中盐分溶解量也增加，对金属的腐蚀性也增加，直到可溶性盐全部溶解时，腐蚀速度达到最大。但当水分达到饱和时，会使土壤胶粒膨胀，堵塞孔隙，使氧的渗入受阻，从而降低了腐蚀速度。因此，含水量的多少对土壤腐蚀有很大影响。

二是盐分的影响。通常土壤中含有（$8 \sim 1500$）$\times 10^{-6}$的硫酸盐、硝酸盐等无机盐，大多是可溶性的，其中 SO_4^{2-}、NO_3^-、Cl^- 等阴离子对腐蚀有较大影响，尤其是 Cl^- 和 SO_4^{2-}。随含盐量的增大，溶液的导电性增高，腐蚀也增大。

三是含氧量的影响。由于借助土壤颗粒的渗透作用，或者由于雨水中的溶解氧随雨水一起渗入地下，故土壤中总是存在着氧，它对土壤腐蚀影响很大，这是因为除少数强酸性土壤外，金属的腐蚀都是阴极的氢去极化过程，而氧则为阴极去极化剂。

四是土壤酸碱度的影响。由于 H^+ 与 OH^- 含量的不同，造成了土壤的酸碱度的不同，使土壤存在酸性土（$pH = 3 \sim 6$）、中性土（$pH = 6 \sim 7.5$）、碱性土（$pH = 7.5 \sim 9.5$）之分。土壤酸性越大，腐蚀性越强，这是由于酸性越大，H^+ 就越多，越容易发生 H^+ 的阴极去极化作用，从而加速阴极反应，也就加剧了腐蚀。

五是孔隙度的影响。较大的孔隙度有利于氧渗透和水分的保存，因此会促进腐蚀的发生。但与此同时，它也有利于生成具有保护能力的腐蚀产物层，阻碍金属的阳极溶解，使腐蚀速度减慢。

六是土壤导电性的影响。土壤的导电性与土壤的孔隙度、含水量及含盐量等许多因素有关。一般认为导电性越好，土壤的腐蚀能力越强，但也并不是所有情况都符合这一点。

七是温度。随着温度的升高，氧的渗透扩散速度加快，电解液的导电性也会提高，从而加速腐蚀。同时，当温度为 $25℃ \sim 30℃$ 时，最适宜细菌的生长，也会加速腐蚀。影响土壤腐蚀的因素是多方面的，上述仅只是其中的几个主要因素；同时，土壤腐蚀又是各种因素综合作用的结果，其影响因素是错综复杂的。

四、空气污染物

空气污染物是影响文物寿命的因素之一，空气污染物对文物的影响引起了人们的高度关注。

（一）空气污染

1. 空气组成及其质量标准

自然状态的空气是由多种气体及固液微粒组成的混合气体，其组成包括恒定组成成分、可变组成成分和不定组成成分三部分。恒定组成成分指空气中氧氮、氩及微量的氖、氪氙等稀有气体，这些组成成分在近地层空气中的含量是恒定不变的。可变组成成分指空气中的二氧化碳、水蒸气等，其含量随地区、季节、气候的变化及人类活动等而变化。正常状态下，CO_2含量为 0.02%~0.04%，水蒸气含量约在 4%。

不定组成成分指空气中的有害气体及大气中的颗粒物质。空气污染就是由空气中不定组成成分增多而造成的。由恒定组成成分及正常状态下的可变组成成分组成的空气叫洁净空气。当洁净空气中含有的不定组成成分的数量达到一定程度时，洁净空气受到了污染，就会成为污染空气。洁净空气与污染空气的组成成分含量对照，见表3-3。[①]

表3-3　洁净空气与污染空气的组成成分对照

组成成分	洁净空气（ppm）	污染空气（ppm）
二氧化硫	0.001~0.01	0.02~0.2
一氧化碳	<1	5~200
二氧化碳	310~330	350~370
碳氢化合物	1	1~2
氮氧化物	0.001~0.01	0.01~0.05
颗粒物质	10~20μg/m³	70~700μg/m³

2. 空气污染与空气污染物来源

（1）空气污染。大气一般具有自净能力，当空气中不定组成成分的量低于大气容许的本底值时，空气仍为洁净空气，只有当有害物质积累的数量超过了大气自净能力容许的本底值时，才会形成污染空气。空气污染通常系指由于人类活动和自然过程引起某种物质进入大气中，呈现出足够的浓度，达到足够的时间，并因此而危害了人体健康、舒适感或环境。

（2）空气污染物及其来源。空气污染物按其是否直接由污染源排出，存在一次污染物（如 SO_2、H_2S 等）和二次污染物（如 SO_3、H_2SO_4 等）之分。按其成分和形成，空气污染物一般可分为有害气体、气溶胶物质、灰尘和光化学烟雾等。空气污染物的来源主要有两

① 王成兴、尹慧道：《文物保护技术》，安徽大学出版社，2005，第39页。

大类：一是自然污染源，如火山爆发、材料失火、地震等；二是人工污染源，主要有工业污染源、农业污染源、生活污染源等。

（二）有害气体

1. 二氧化硫与硫化氢

（1）二氧化硫。二氧化硫（SO_2），又名亚硫酸酐，是一种无色、具有剧烈窒息性臭味的气体，比重2.26；易溶于水，性质活泼，吸水成为亚硫酸后腐蚀文物材料。是大气中分布很广、危害性大的一种酸性气体。二氧化硫在大气中随着反应条件的不同，其产物也不相同，但最终产物是硫酸盐。二氧化硫对文物的危害主要表现在以下方面：

第一，对石质文物的危害。石质文物的主要成分是石灰质（$CaCO_3$），SO_2接触任何一种含有$CaCO_3$物质的文物材料，对其腐蚀都是相当严重的。腐蚀过程一方面所生成的硫酸钙破坏了文物材料的结构；另一方面硫酸钙由于随湿度变化不断放水、吸水，在此反复作用下而剥落，石质文物在此一层层剥落中直到破坏殆尽。

第二，对金属文物的危害。SO_2对金属危害相当严重，硫酸及硫酸盐是电解质，具有吸湿性，使铁器锈蚀。SO_2对室外青铜器的腐蚀往往是通过与铜器中的铅反应来进行，当酸性降水落在室外青铜器表面上时，雨水中的硫酸与青铜器中的铅反应生成硫酸铅。生成的硫酸铅盐很容易被雨水冲洗而消失，导致青铜器表面形成凹凸不平的斑点。金器和银器一般不受SO_2的侵蚀作用。

第三，对有机质文物的损害。按其材料构成，有机质文物分为植物纤维文物（纸、棉、麻布等）和动物纤维文物（丝织品、毛织品、皮革等），SO_2对这两种纤维质文物都有破坏作用。SO_2对植物纤维的侵蚀机理主要是植物纤维对酸类物质的抵抗能力较弱，遇酸后产生酸性水解反应，使纤维素的机械强度下降；同时，木质素与SO_2强烈亲和时，能够裂解成各种化合物。SO_2对动物纤维质文物的侵蚀机理仍有待揭示，但侵蚀作用是存在的，侵蚀严重的丝绸、皮革等文物材料只要用手轻轻一搓，立即会变成红色粉末。

第四，对古代玻璃制品的危害。SO_2产生的H_2SO_4本身并不腐蚀玻璃，但若处于高湿环境中，少量水分会使玻璃中的碱性氢氧化物析出，它与空气中的二氧化碳化合，生成碳酸盐。这些碳酸盐就能与SO_2反应生成硫酸盐，再进一步氧化，最终导致玻璃表面形成碎裂纹，严重的使整个器物粉化。

第五，对壁画的危害。这是由于壁画中含有$CaCO_3$。如著名石窟敦煌莫高窟的某些洞窟中的壁画表面形成许多灰白色小圆点产物，经分析是硫酸钙。

（2）硫化氢。硫化氢（H_2S）是一种无色气体，有恶臭和毒性，比重1.19，密度1.539，能溶于水而生成氢硫酸，易被氧化生成SO_2，因此，上述SO_2对文物造成的危害都

适用于 H_2S 气体。此外，它对文物还有其他一些 SO_2 所不具备的危害性。

硫化氢是一种酸性还原性气体，极易与重金属盐类反应生成重金属硫化物。由于古代所使用的颜料大部分都是重金属矿物盐类，因此，极微量的硫化氢气体的存在都会使绘画艺术品产生变色反应。尤其是纸质绘画艺术品，不仅颜料会变色，而且地基材料的强度也会极大地降低。硫化氢的还原腐蚀性能够对除金器以外的任何金属文物产生腐蚀作用，尤其是银器文物制品受腐蚀后，其表面会形成一层黑色硫化银薄层。硫化氢气体也是危害照相底片资料最严重的气体，它与银反应生成黄色的硫化银，使胶片泛黄。

2. 臭氧

臭氧（O_3）是一种强烈的氧化剂，能够打断有机物碳链上的双键或三键，几乎能毁坏所有的有机化合物，如纺织品、档案材料、油画、家具、生物标本、皮革、毛皮等；它还能增加银、铁的氧化速度和银、铜的硫化速度。臭氧破坏纤维素的机理可能是与水反应生成过氧化氢。

3. 氮氧化物

大气中共有七种氮的氧化物，即 NO、NO_2、N_2O、N_2O_3、N_2O_4、N_2O_5、NO_3，但由于后四种在空气中不能长久存在，N_2O 的性质很稳定，NO 的化学活性不够，因此，只有 NO_2 能够对文物造成危害。NO_2 是棕红色的、具有特殊臭味的有毒气体，易溶于水而形成硝酸。

由于二氧化氮溶于水后最终形成的硝酸与硫酸一样同为强酸，并且是一种氧化剂。因此，二氧化氮对文物材料的危害与二氧化硫对文物危害作用的全部过程相同。同时，作为强氧化剂，它还对文物有着直接的危害作用，如直接腐蚀金属，植物纤维素的水解以及对石刻雕像和石窟壁画的侵蚀等。除此之外，受光辐射后，NO_2 可分解成 NO 和原子氧，原子氧与空气中的氧化合生成臭氧。

4. 氯及氯化物

（1）氯。氯（Cl_2）为黄绿色气体，是具有剧烈窒息性臭味的有毒气体。氯易溶于水，生成盐酸和次氯酸，次氯酸又易分解成盐酸及氧化性的原子氧。因此，氯气既是酸性有害气体，又是氧化性有害气体，对织物、纸张和皮革等都有破坏作用。同时，氯化氢（盐酸）也对文物材料有较强的腐蚀作用。

（2）氯化物。氯化物是金属文物材料最危险的污染物，因为氯离子是腐蚀金属特别活跃的因素。氯离子极易溶解在吸附水中，并具有很强的穿透力和盐吸湿性。"青铜病"就是氯化物腐蚀产生的；钢和铁即使涂了防锈漆，也会在氯化物的作用下生锈。此外，氯化物对石窟壁画也有严重的腐蚀作用。壁画酥碱风化是因为壁画中的可溶性盐类（主要是

$NaCl$、Na_2SO_4）在水分的作用下迁移、富集的结果。

此外，还有一些其他气体对文物具有危害作用，如二氧化碳由于其酸性对石质文物造成损害，甲醛对无机材料中的玻璃陶瓷釉彩、金属等具有潜在的危险作用，有机酸（甲酸、乙酸、丹宁酸）能使铅转化为碳酸铅等。

（三）灰尘

1. 灰尘及其形态

灰尘是悬浮在空气中的矿物质和有机物质的微粒，是大气尘的一部分。大气尘包括固态的粉尘、烟尘和雾尘以及液态的云和雾，是灰尘与气溶胶的总和；其粒径大到$200\mu m$，小至$0.1\mu m$，有的更小，与空气形成不同分散度的气溶胶，以及气溶胶态的总悬浮微粒。灰尘按粒径大小可以分成两类：一类是大于$10\mu m$的颗粒，多为燃烧不完全的小碳粒，由于自身重力作用能很快降落到地面，称为降尘；另一类是小于$10\mu m$的颗粒，可以几小时甚至几年飘浮在空中，称为飘尘。

灰尘按形态可分为三类：一是粉尘，由粉碎物体产生并分散到空气中粒径大小不一的微小颗粒（$1\sim10\mu m$）；二是烟尘，有机物燃烧过程中未完全燃烧的碳与水共存的悬浮在空气中的微粒（$0.5\mu m$左右）；三是雾尘，在燃烧、升华、蒸发、凝聚等过程中形成的粒径很小（$0.1\sim1.0\mu m$）的固体微粒。

2. 灰尘的性状

（1）物理性状：灰尘是一种固体杂质，形态不规则，大多数是有棱角的颗粒。

（2）化学性状：灰尘成分较为复杂，具有一定的酸碱性，一般由60%的无机物和40%的有机物组成。无机物包括沙土、煤屑、石灰、纯碱、漂白粉和其他固体物质的粉末等，有机物多为多环芳烃等碳氢化合物和花粉等。

（3）生物性状：灰尘中含有有害生物，包括细菌、霉菌、原生动物（孢子、花粉）等。

3. 灰尘对文物的危害

第一，造成与文物材料间的机械磨损。由于灰尘颗粒不规则，表面带有棱角，沉降在文物上，会造成尘粒与文物材料间的摩擦，而导致文物损坏，如使纸质文物纸张起毛并影响字迹的清晰度，造成石窟壁画颜料的褪色。

第二，增加酸、碱对文物的影响。一方面有一些灰尘本身具有酸碱性；另一方面由于灰尘粒径小，比表面积大，吸附能力强，可将空气中的酸、碱有害物质吸附在其表面。当这些灰尘降落在文物材料表面时，就会发生腐蚀和降解作用。

第三，向文物传播霉菌孢子。由于霉菌孢子与灰尘皆体小量轻，孢子往往附在灰尘上随空气流动而四处飘落，因此，灰尘常常成为真菌传播的媒介。此外，灰尘对水蒸气的凝聚能力也为真菌生长创造了条件，使其成为真菌繁殖的滋生地。总之，微生物对文物的侵蚀往往通过灰尘来完成。

第四，灰尘黏附在文物表面造成污染损害。由于灰尘的黏附性，它与文物表面往往黏结比较牢固，形成污垢，损伤文物，如造成纸质文物字迹模糊不清。特别是有些灰尘黏附于文物表面后至今仍无完善的清除方法，如烟熏壁画，以致大量精美的壁画无法完全清晰展现。

（四）气溶胶

气溶胶是指以液体或固体为分散相，以气体为分散介质的空气污染物。它包括硝酸雾和硝酸盐形成的气溶胶、硫酸雾和二氧化硫形成的气溶胶以及烟尘、灰尘、金属过氧化物和卤化物形成的气溶胶，其形成机理如下：

第一，硝酸雾和硝酸盐气溶胶。NO_2 与空气中水蒸气反应生成的 HNO_3，既是一种氧化性酸，又是一种溶胶组成成分，它与 NH_3 反应，生成 NH_4NO_3 以硝酸雾与硝酸铵的气相胶体形式分散在空气中，就形成硝酸雾、硝酸盐的气溶胶。

第二，硫酸雾及二氧化硫形成的气溶胶。若空气相对湿度高、气温低及在有煤烟颗粒物存在的条件下，空气中的 SO_2 能生成硫酸雾；若空气中还有氨气分子，则硫酸雾还能形成硫酸铵气溶胶。SO_2 在阳光照射下与有机烃、氮氧化物及空气混合物作用也能直接生成气溶胶物质。

第三，灰尘等气溶胶。机械过程中产生的烟、灰尘、金属过氧化物和卤化物等微粒物质进入大气后也能形成气体分散胶体，并能吸附空气中的有害气体和烟雾。由于气溶胶的主体成分是酸类、盐类及重金属粉尘等微粒，因此它们对文物的危害主要是提供酸性水解的催化剂和光氧化反应的氧化剂与引发剂；同时，其粘连作用还会使某些文物材料出现一定程度的黏结。

（五）光化学烟雾

光化学烟雾有两种：一种是硫酸烟雾，它是由烟尘中的 SO_2 在光辐射的作用下氧化成 SO_3，然后被大气中的水分吸收，形成硫酸雾；另一种是在特定条件下，由汽车尾气中的一次污染物在强烈日光辐射下经过光化学反应而形成的混合物，包括臭氧、醛类、过氧乙酰硝酸酯等。由于光化学烟雾中 90% 以上是臭氧成分，因此光化学烟雾对文物材料的破坏作用是显而易见的；同时，硫酸雾是酸性水解的催化剂和光氧化反应的氧化剂与引发剂。

（六）空气污染物防治

了解空气污染的状况及变化规律、空气污染物种类构成及变动是制定科学防治对策和采取有效防治措施的前提和基础，十分重要。对空气的监测涉及空气样品的采集及空气污染物的测定，必须在科学理论指导下，运用科学的方法、程序进行。

1. 优化文物保护区环境

第一，提高文物保护区周围绿化覆盖率。①绿色植物具有吸收有害气体的功能。有研究表明，SO_2 被植物叶片吸收后，有92.5%的 SO_2 转化成硫酸盐积存在叶内，剩下的7.5% 被利用形成氨基酸和蛋白质作为植物的养分。一般而言，$100m^2$ 杉树每年可吸收 720kg 的 SO_2；生长在距污染源 $400\sim500m$ 的洋槐、银桦树木每年可吸收 80kg 氯气。②植物体对大气尘有滞尘、过滤、吸附作用。绿化区的飘尘浓度一般比非绿化区的飘尘浓度减少 10%～50%。同时，花卉和草坪也有一定的吸附有害气体和减尘作用，草地空气含尘量一般比街道少 $1/3\sim1/2$；铺草足球场上空含尘量比未铺草坪的少 $2/3\sim5/6$。

第二，合理选择文物建筑地址。应建造在远离污染源的地方，工矿区、居民集中区及交通主要干道等都是空气污染较为严重的地方，库房建筑应远离这些环境。同时，应避免建在下风地带。

2. 进行空气净化与过滤

对空气的净化主要是除去空气中的有害气体，为此可以采取让有害气体通过具有碱性的材料，使用喷水器、活性炭过滤器等。对空气的过滤主要是除去空气中的颗粒污染物，为此主要是使用各种不同的过滤器，如滤纸过滤器、纤维层过滤器、发泡材料过滤器及静电自净器等。

3. 减少文物库房与室外空气的自由流通

减少文物库房与室外空气的自由流通也就是提高库房和文物存放的密闭程度。提高库房的封闭性主要是注意门、窗的结构与设计，如采用旋转门、门窗缝隙用硅橡胶条、聚氨酯、海绵橡胶等填料填塞密闭，将单层窗改为双层窗等。提高文物有效的密封性可以采用相对密闭或多层密闭的方法，如用柜、箱、盒等。此外，还有其他一些措施，如做好库房内的清洁卫生工作、地面及墙面的防尘处理、建立健全的管理规章制度等。

五、有害微生物

微生物是指一大群个体体积微小（一般直径小于1mm），结构简单，大多是单细胞，少数是多细胞，还有些没有细胞结构的低等生物，人们必须借助光学显微镜甚至电子显微镜才能看清其形态结构。世界上所有生物大致可分为五大界：病毒界、原核生物界、真菌界、植物界和动物界。前三界属于微生物范畴，微生物的特点是体积小、分布广、种类多、繁殖快、代谢能力强、易发生变异、适应性强。此外，微生物也具有生命的一切基本特征，如新陈代谢、遗传变异、生长繁殖、应激性等。

（一）微生物对文物的危害

1. 微生物对纤维质文物的危害

微生物之所以能危害文物材料，主要是它们能以文物材料为培养基，分解或液化其他物质材料。纤维质文物材料多含有纤维素、淀粉、明胶等，微生物能够分泌出分解这些文物材料的酶，使其霉烂，其损害可归纳为以下方面：

第一，造成材料结构破坏。微生物代谢过程中产生的各种酶，将纤维素、淀粉、木质素等有机大分子化合物降解为葡萄糖、二糖、芳香族小分子，导致纤维素柔软无力、机械强度降低、淀粉胶性失效等。这种物质分子结构的破坏是不可逆的。

第二，形成霉斑。微生物的菌落和孢子大多有色，一般而言颜色较深；有些细菌和霉菌还分泌多种色素。

第三，增加文物材料酸度。微生物细胞呼吸的代谢产物甲酸、乙酸、乳酸、琥珀酸等有机酸长期积累在纤维质文物上，作为催化剂加速纤维素的水解反应。纸张被霉菌作用后，酸度数月内即可增加 $1 \sim 2$ 倍。

第四，增加湿度。有些霉菌和细菌在代谢过程中会从空气中吸收一定的水分，使文物材料的含水量提高，有时还会出现水滴。这些水滴往往与材料中的胶类物质作用，使文物粘连成浆状。

2. 微生物对蛋白质文物材料的破坏

在微生物分泌的蛋白酶作用下，蛋白质纤维发生水解生成氨基酸等物质。氨基酸等经微生物进一步分解，脱氨、脱酸之后，生成饱和或不饱和的脂肪酸、酮酸、羧酸、醇、硫醇类物质以及胺、CO_2、NH_3、H_2S、吲哚及甲基吲哚等。H_2S、NH_3 等会使有机物腐败发臭并带毒。最终，蛋白质文物材料强度和光泽都减弱，表面发黏。

对皮革而言，皮革中的脂肪酶作用于油脂而发生水解，生成脂肪酸和甘油，甘油很不稳定，可直接被微生物水解。高级脂肪酸在有氧情况下，能被好氧性微生物进一步分解成低分子酸（如乙酸）、酮（如甲基酮）等类物质。皮革中油脂遭破坏后，其强度、耐水性能、延展性都会显著下降，同时表面发黏。与纤维质文物材料相似，蛋白质文物材料被微生物侵蚀后会引起霉变，霉变后的文物表面就会产生各种颜色的霉斑。

3. 微生物对金属文物的影响

目前，微生物对金属文物的腐蚀作用还未受到足够重视。微生物对金属文物的腐蚀由金属文物材料微生物种类以及文物所处环境三个因素共同决定。其中，金属与其腐蚀产物的能量状态的高低关系至为关键，若前者高后者低，易被腐蚀；若前者低后者高，则不易被腐蚀。

（1）微生物对空气中的金属文物的侵蚀。主要表现为通过两个途径促进电化学腐蚀进行：①当金属文物处于潮湿环境中时，由于其表面粗糙、多褶皱，易于吸附尘埃和水蒸气，滋生微生物会产生大量的有机酸代谢产物，这些酸接受金属腐蚀产生的电子后会发生化学反应，促进金属电化学腐蚀的阳极反应；②有一些微生物自身具有接受电子的能力，如硫酸盐还原菌、厌氧菌等都能使硫酸盐还原而获得生长繁殖的能量。

（2）微生物对地下埋藏金属文物的腐蚀。主要表现为在地下缺氧的环境下发生微生物腐蚀。硫酸盐还原菌在金属已经发生电化学腐蚀的阴极区能有效利用氢还原土壤中的硫酸盐为硫化物，造成金属腐蚀破坏。在土壤中存在一种嗜硫菌，它在适宜条件下，可以氧化硫元素或硫化物、亚硫酸盐、硫代酸盐、四硫代酸盐及硫化氰酸盐，产生硫酸盐，为硫酸盐还原菌、铁细菌的腐蚀破坏提供方便条件。

（3）微生物对壁画材料变质及颜料变色的影响。壁画中的有机质材料（如动植物胶等蛋白质材料，草、麻、棉等纤维质材料）为异养微生物的生长繁殖提供了氮源和碳源，引起了壁画材料变质和颜料变色。有研究表明，铅丹的变色是在高湿度环境条件下，颜料中的蛋白质胶结材料在微生物作用下，分泌出强氧化剂过氧化氢，致使铅丹氧化为黑色二氧化铅。

（二）有害微生物的防治

1. 减少污染菌接触文物

主要是要保持文物库房内外空气的清洁程度，具体手段和措施包括：

第一，绿化文物保护区周围环境。有些植物能分泌大量的抗生素，如橙、柠檬、圆柏、黑核桃、法国梧桐等树木都有较强的杀菌作用。

第二，使用空气净化过滤器。由于空气中微生物的大小一般为 $4\sim28\mu m$，平均 $12\mu m$，因此过滤器孔径越小越好；过滤器材料可用棉花、石棉、玻璃纤维等。

第三，保持库内清洁卫生。一般而言，库内空气中的微生物比库外多，低层空气中的微生物比高层多，因而库内地面、四墙、天花板都滋生了许多菌类，必须经常扫除库内灰尘，特别要求保持墙和地面的光洁度，有条件的还应在墙面涂上防霉涂料。

第四，保持工作人员的清洁卫生。人的皮肤、毛发、衣服都与外界相接触，能将大量污染菌带入库内，如人体的表皮上一般每平方厘米就有102~105个微生物，鞋子上的微生物更多。

2. 严格控制库内温度、湿度

库内温、湿度是微生物生长的重要的环境因子，因而严格控制温、湿度是预防的关键。表3-4给出了微生物生长发育适宜的温度范围。[①] 细菌有中温型和高温型两种。霉菌多为中温型的，所以，一般在20℃以下，大部分有害微生物生长速度降低；10℃以下，发育更加迟缓，甚至处于休眠状态。因此采用低温保存文物的方法，有利于防止微生物侵蚀作用。但也必须指出，一般程度的低温只能抑菌而不能灭菌，有些低温型微生物，如灰曲霉的最低生长温度为-8℃，青霉、镰刀菌、芽枝菌、荧光假单胞菌可在-4℃~-5℃下生存。同时，适宜温度与相对湿度之间也存在密切关系。

表3-4　各种微生物的适宜生长温度（℃）

微生物类型	最低	最适	最高	举例
低温型微生物	0℃以下	10~20	25~30	水和冷藏物中的微生物
中等温型微生物	10~20	25~37	40~45	腐生微生物
高温型微生物	25~45	50~60	70~80	温泉、堆肥中的微生物

表3-5列出了各类微生物发育对湿度的要求。[②] 在对纸、丝织物有危害作用的微生物中，几乎所有的细菌、放线菌、酵母菌以及霉菌中的毛霉、根霉都是湿生微生物，在相对湿度65%~70%时就能繁殖生长，因此，将相对湿度控制在65%以下，就能抑制此类微生物的正常生长发育。

表3-5　各类微生物发育对湿度的要求

微生物类型	要求的最低相对湿度	生长适宜的相对湿度
湿生（好湿性）微生物	90%以上	接近100%
中性（中湿性）微生物	80%~90%	98%~100%
干生（低湿性）微生物	80%以下	95%~98%

3. 采用安全有效的防霉剂

防霉剂的主要作用是影响微生物的形态构造、代谢过程和生理活动，从而达到抑制微生物大量繁殖的目的。高浓度的防霉剂也能杀菌。对防霉剂的要求是：抗菌效力高，即低浓度就有抑菌和杀菌作用；毒性小、安全性好，在使用浓度范围内不伤害人体；稳定性好，即有效期长，在较长时间内不易分解；无副作用，无色无臭无腐蚀性，不影响文物制

[①] 王成兴、尹慧道：《文物保护技术》，安徽大学出版社，2005，第58页。
[②] 王成兴、尹慧道：《文物保护技术》，安徽大学出版社，2005，第58页。

成材料的强度、色泽和耐久性。能用于防霉的药剂很多，在文物保护中应用较多的主要有香叶醇长效抗霉灵、五氯苯酚钠、麝香草酚等。

第一，香叶醇长效抗霉灵。香叶醇长效抗霉灵是一种具有玫瑰香并略带甜气息的含氧单萜类化合物，具有较强的广谱杀菌作用，无副作用，且易挥发，对人体无害。它对杂色曲霉、产黄青霉、黑曲霉、高大毛霉、黄曲霉等常见霉菌的气熏有效剂量为 60ppm，直接杀菌有效剂量为 78~312ppm。

第二，五氯苯酚钠。五氯苯酚钠是由五氯苯酚和氢氧化钠化合而成的白色粉末，易溶于水。使用时可将牛皮纸浸入 1% 五氯苯酚钠溶液中 15 秒钟，晾干后用于包装文物，具有毒性小、药效长、效果好的特点，且使用安全，对铜、铁等材质无腐蚀性作用。

第三，麝香草酚。麝香草酚为白色结晶粉末，熔点 48℃~51℃，沸点 233℃，微溶于水，溶于乙醇、氯仿、乙醚等。用吸墨纸放在 10% 麝香草酚乙醇溶液中浸透后，晾干即成防霉纸，可用于纸质、纺织品等文物的防霉。也常用于纺织品、纸张的熏蒸消毒，灭菌效果良好，也能杀死霉菌孢子。可供选择的具有防霉作用的化学药品很多，选用任何一种药剂，均应先试验，然后才能作为文物材料的防霉剂。

（三）对有害微生物的杀灭

如果文物材料已被微生物侵染，则必须将其隔离，并采取果断的灭菌措施。所谓灭菌，就是运用理化方法，将物体上所有的微生物细菌体、细菌芽孢、放线菌和霉菌的孢子全部杀灭。

1. 物理灭菌法

物理灭菌法是利用物理因子对有害微生物的作用，使有害微生物死亡的方法。常用方法如下：

第一，冷冻真空干燥灭菌。虽然微生物忍受低温的能力很强，但如将温度逐渐降至冰点，菌体原生质内的水分就会形成许多小晶体，使原生质的胶体状态遭到破坏，机械地挤压或刺伤菌体细胞，造成菌体破裂死亡。干燥还能引起菌体脱水和盐类浓度增高，阻碍细菌生长或使其死亡。

第二，微波灭菌。微波是频率范围为 300~30 万 MHz 的无线电波。微波灭菌主要是利用微波的加热作用，由于有害微生物自身的含水量比文物材料的含水量高，当它们同时受到微波辐射照时，有害微生物自身的温度比文物材料的温度高得多，菌体就会脱水，从而造成蛋白质凝固而致其死亡。此外，微波还能直接作用于有害微生物的酶系统、染色体和细胞膜，使其结构分子发生改变而导致死亡。

第三，γ射线灭菌。γ射线是一种波长短、能量大的电磁波，具有很强的穿透力，并能使受照射的物质产生电离作用。高剂量的 γ 射线照射可使菌体表面的水分子电离，生成具有强氧化性的 H⁺和强还原性的 OH⁻，直接作用于菌体细胞本身；电离时产生的电子还可与环境中的氧结合，氧化菌体内酶的一些化学基因，使酶失去活性；γ 射线辐射出的高能量可导致微生物体内的 DNA 降解及其他物质分解。所以，γ 射线具有杀菌作用。

2. 化学灭菌法

化学灭菌法是利用化学药剂来杀灭有害微生物的方法，一般最适用的是熏蒸灭菌法。常用的灭菌剂有甲醛和环氧乙烷。

第一，甲醛。甲醛是具有刺激性气味的气体，极易气化。甲醛灭菌的效能主要在于它的还原作用，它与蛋白质的氨基结合使其变性，从而破坏了菌体细胞的膜和壁，也破坏了某些酶系统。

第二，环氧乙烷。是一种简单的环醚，低温时为无色透明液体，沸点 $10.8℃$。环氧乙烷杀菌广谱性好，对细菌及其芽孢、病毒、真菌及其孢子等都有较强的杀伤力。其杀菌机理是由于它的烷基的取代性质。菌体蛋白质中的氨基、羟基、酚基、巯基与环氧乙烷相结合后，会对菌体细胞代谢产生不可逆的破坏作用，还有抑制氧化酶和脱氢酶的作用。

使用环氧乙烷要求在温度为 $38℃ \sim 50℃$ 的条件下进行，相对湿度维持在 $30\% \sim 50\%$，用药量一般为 $15 \sim 30 g/m^3$，熏蒸时间根据浓度、温度确定，一般要密闭 $12 \sim 24$ 小时，且最好与二氧化碳按 $1:7 \sim 1:10$（以重量计）比例混合使用。

文物种类不同，其载体材料也不同，性能自然存在多种差异，因此在进行有害微生物的预防和杀灭时，必须针对不同文物的特点和要求，采取相应的方法、措施，以取得最好的效果。

六、有害昆虫

昆虫是生物界种类最多的一个类群，现已记载的有 78 万种以上，占已知动物种类的 $3/4 \sim 4/5$。昆虫有极强的适应能力，即使在冰冷的北极、酷热的赤道都有昆虫的存在。对自然和人类有益的昆虫称益虫，对自然和人类有害的昆虫叫害虫，其中害虫又分为农业害虫、林业害虫、卫生害虫和仓库害虫。文物害虫属于仓库害虫，是仓库害虫的一部分。文物有害昆虫是指能够在文物存放环境中完成其生活史或生活史的一个阶段，并对文物制成材料造成一定危害的一类昆虫，简称文物害虫。

（一）有害昆虫的特征

1. 耐干性

主要体现在虫体体壁的蒸腾作用和通透性等方面。由于其表皮具有不透水性，文物害虫具有惊人的抗干旱的能力，它能够只吸收空气和寄生物中的正常含水量，就满足生存的需要。如粉蠹科的个别虫种能在完全干燥的木器中生存，皮蠹科的个别虫种能在含水量2%的纸中生存。因此，采取控制相对湿度的方法来预防和杀灭害虫，往往收效甚微，甚至适得其反，即昆虫仍然存活（如花斑皮蠹在35℃~40℃、相对湿度为35%~50%时，死亡率仅10.5%），而文物由于环境的干燥又出现新的损坏。

2. 耐热性与耐寒性

文物害虫是变温动物，其体温随外界环境变化而变化；同时，它的生长发育和新陈代谢速率也会随外界变化而改变。因此，其耐高温与耐低温能力都很强。比如，对木器文物危害极大的谷蠹在35℃~40℃、相对湿度为50%~60%的条件下能正常发育繁殖；黑皮蠹、裸蛛甲等能在-6℃~-10℃的低温下继续生活；烟草甲在-14℃下经过14天才死亡；花斑皮蠹幼虫在-5℃左右可存活数月，在-18℃可存活3天。

3. 耐饥力

文物害虫的耐饥能力是其他任何昆虫所不能比的，即使在完全无食的情况下，大多数虫种也能存活相当长时间，并且一旦有了食物，它们能迅速恢复正常活动。比如，对纸质和皮革文物危害极大的花斑皮蠹的幼虫断食四年之久不致死亡；在断食三年半以后，体长由7~8mm缩到仅1mm。个别虫种能缩到原来的1/600，当供给食物后又能很快恢复原态。

4. 杂食性

文物害虫绝大多数属杂食昆虫，几乎所有的有机质文物材料都能被其咬食。比如，花斑皮蠹能咬食皮革、丝绸、塑料、尼龙等160种仓储物；烟草甲能危害40多种储藏物品，甚至将整架的图书咬穿；更有甚者，有些害虫能咬食金属，如药材甲能咬食锡箔，还能把很厚的铅板咬得千疮百孔；黄蛛甲能把涂在镜子背面的水银吃光。

5. 繁殖力

文物害虫的繁殖力很强，有些虫种的成虫期可达数年，繁殖期能维持三年之久；有些虫种的成虫期虽只有1~2个月，但一生能产卵百粒以上，且多数都能孵成幼虫。如烟草甲在25℃环境中时，每只雌虫能产卵103~126粒，孵化率为68%~82%，一般一年可产卵3~6代；寒冷地区1~2代，炎热地区可达7~8代。裸蛛甲虽然一年只产卵一次，但一只雌虫可产卵524粒，孵化率72%，幼虫成活率76%。白蚁是繁殖能力最强的一种害虫，大白蚁的蚁后一天就能产卵 6000~7000 粒。

（二）有害昆虫对文物的危害

1. 危害文物的害虫种类

能给文物造成危害的害虫种类很多，仅档案记录害虫就有 51 种，分属于 6 目 19 科。其中，鞘翅目 13 科 41 种，蜚蠊目 2 科 5 种，等翅目 1 科 1 种，缨尾目 1 科 1 种，啮虫目 1 科 1 种，鳞翅目 1 科 2 种。当然，随着研究的不断深入，可能还会不断有新的种类发现。害虫对文物危害最为广泛的是纸、竹木、丝毛、皮革、棉、麻等文物材料。

2. 危害文物材料的机理

文物害虫危害文物材料的机理是害虫由于生长发育等生活活动的需要（补充营养和能量）而咬食文物材料，它至少会引起文物材料三种有害变化：一是改变了文物材料的结构，使文物材料的机械性能和理化性能下降，严重影响了文物的保存使用寿命；二是文物材料经咬食后，洞孔丛生，严重影响了文物的原貌；三是昆虫的排泄物不但严重影响文物的外观，而且成为微生物侵蚀文物的新的源泉。

（三）文物害虫的防治与杀灭

1. 文物害虫的预防

（1）库房建筑防虫。库房建筑防虫的具体措施是：库房建在地势较高而又干燥的地方，同时远离粮库、饭店和医院；库房的封闭性能要好；地基采用钢筋水泥或石质结构；地板、墙面、屋顶等处不留孔洞、缝隙。

（2）清洁卫生防虫。清洁卫生防虫的具体措施包括：清除库房周围杂草、垃圾、下水沟杂物等；做好库内清洁卫生；建立健全库内外清洁卫生制度，并认真贯彻执行；进入库内的装具用品清洗杀虫；库房门窗应严密；库房周围最好铺设水泥或沥青地面，搞好环境绿化；库内严禁吸烟、饮食等。

（3）控制温度、湿度防虫。文物害虫喜温畏寒、喜湿畏干，一般温度应控制在 15℃ ~ 18℃，相对湿度 65% 以下。

（4）做好文物藏品入库前的检疫与处理。由于文物来源于社会各个方面，文物遭受虫害的可能性和大小程度均有差别，加之害虫及其卵蛹均很小，不易发现，因此入库前的检疫和杀虫是十分必要的。

（5）对文物进行定期检查。通过定期检查可以达到两个目的：一是及时发现虫害，及时处理；二是破坏害虫的生存环境。

（6）药物（驱虫剂）防虫。常用的主要包括：①萘，俗称"卫生球"。易挥发，具有强烈的气味，可防棉、麻、丝绸、毛、皮革、竹木器、纸张等上的害虫。②樟脑，为双环单萜酮类物质，白色结晶体，极易升华，其作用与卫生球相同。③防蠹纸，是具有驱虫功效的一类纸，常用的有黄柏纸、铅丹防蠹纸（万年红）。此外，还有像芸香、麝香、莽草等天然药材也可用来防虫驱虫。

2. 文物害虫的杀灭

（1）化学杀虫法。化学杀虫法是使用化学药剂引起害虫生理机能严重障碍以致死亡的方法。化学杀虫法有杀虫速度快、作用时间短、杀虫彻底、方法灵活、受客观环境因素影响小等优点，缺点是可能会造成环境污染，对人畜有一定的危害性。化学杀虫剂种类很多，按药剂的形态可分为固体、液体、气体三种，按化学性质可分为无机杀虫剂、有机杀虫剂和植物杀虫剂，按药剂侵入虫体的途径可分为胃毒剂、触杀剂和熏蒸剂，按毒杀的作用方式可分为原生质毒剂、呼吸毒剂和神经毒剂。

化学杀虫剂应用于文物材料必须具备三个条件：一是对文物无副作用，保证文物材料安全及不受不良影响；二是杀虫效率高，能杀死从卵到成虫的各个阶段虫态，同时对环境污染小，对人畜毒性小；三是具有良好的渗透性，能够把隐藏在文物材料深处的害虫（包括卵蛹）全部消灭。应用于杀虫的熏蒸剂较多，主要包括以下方面：

第一，溴甲烷。常温下无色、无味，属无警戒性气体。难溶于水，易溶于乙醇、乙醚、苯等有机溶剂。能溶解脂肪、树脂、橡胶、颜料及漆，对金属、棉布、丝毛织品、木材等没有影响。溴甲烷对文物害虫的各个发育阶段都有较强的毒性，侵入虫体后，因水解而产生麻酸性毒物使害虫发生累积性中毒；亦可刺激害虫神经，使之兴奋致死。同时，溴甲烷会抑制害虫的呼吸酶，使其呼吸率受抑制减弱。须注意的是，由于溴甲烷无警戒性，中毒可潜伏和累积至 2~3 天或数星期、数月才有反应，所以对人来说特别危险。

第二，硫酰氟。常温下是无色、无臭、不燃、无爆炸危险的气体。400℃以下时化学性质稳定，150℃以下几乎不水解，但在碱性溶液中则迅速水解。硫酰氟蒸气对金属、纸张、皮革、纺织品等无腐蚀性。硫酰氟是一种惊厥剂，最小致死浓度为 650ppm，毒性较溴甲烷低。

第三，环氧乙烷。杀虫力较强的一种熏蒸剂，它进入虫体后转变为甲酸，并与组织中蛋白质上的氨基结合，抑制体内去氧化酶、去氢酶的作用，使害虫中毒死亡。

化学杀虫法的杀虫效果会受到多方面因素影响：①熏蒸剂的理化性质，如挥发性、扩散性、渗透性、燃烧性及比重等。②熏蒸环境条件，如密闭程度、温度、湿度、物体的吸附性等。③害虫的不同虫种、虫态和生理状态等。如不同虫种对药剂的敏感程度存在很大差异，卵、蛹抵抗力较强，而幼虫、成虫抵抗力较弱；处于越冬期、休眠期的害虫抵抗力较强，而处于春、夏季节的害虫抵抗力较弱。④害虫对化学药剂的抗性。

（2）物理杀虫法。物理杀虫法是利用物理方法破坏害虫的生理机能，使之死亡或不育的方法，它具有方便简洁、无残毒、不污染环境等优点。物理杀虫法主要有高低温杀虫法、射线辐照杀虫法、缺氧杀虫法等。

第一，高低温杀虫法。高温杀虫的原理是：高温时，害虫体内水分蒸发，新陈代谢急剧加快，呼吸率不断提高，体内氧过度消耗；高温使虫体内酶的活性消失，蛋白质凝固。高温杀虫一般可采用红外线辐照或微波辐照。低温杀虫的原理是：长时间的低温会中止害虫的新陈代谢活动，在低温致死区内，害虫细胞内的游离水会溢到细胞间隙而结冰，造成细胞膜受到机械破坏，原生质脱水浓缩以致凝固。

第二，γ射线辐照杀虫法。γ射线能杀灭害虫的主要原因是促使害虫的行为反常，破坏机体组织，导致畸形变异，破坏胃肠功能引起新陈代谢失调而致死亡；另一个原因是可以造成雄性不育。

第三，缺氧杀虫法：就是将空气中的各种气体的正常比例加以调整，使氧气减少，氮气或二氧化碳增加，从而使害虫的正常活动受到抑制，直至害虫窒息死亡。目前经常采用的方法有真空充氮、置换充氮、二氧化碳杀虫等。

第四节　文物所处的博物馆环境

一、博物馆文物的保存环境

博物馆文物的保存环境，也称为博物馆环境，主要是指博物馆、纪念馆、考古所、美术馆、图书馆等文物收藏单位的库房、陈列室、储藏柜、展柜等处的环境。与文物本身直接接触的环境因素主要有温度、湿度、氧含量、污染气体种类和浓度、光辐射强度、虫和霉菌等，这些环境因素对文物能否长久保存有着至关重要的影响。博物馆环境的稳定性，主要是指控制温度、湿度的平稳性，防止出现较大幅度的波动。博物馆环境洁净程度依赖现代的环境和污染控制技术达到水平。

（一）博物馆的标准温度

博物馆室内空气的标准温度一般应为15℃～25℃，这对文物保存比较适宜。这个温度范围是对大部分文物而言的，有些质地的文物对温度有更严格的要求。博物馆内温度不允许出现骤变，不仅要求一年之内的变化不能超过规定的标准，就一日而言，气温的变化也不能过于剧烈，一般规定日气温差不得超过 2℃~5℃。

（二）博物馆的湿度条件

水是各种因素破坏文物的媒介，博物馆内湿度条件的优劣是评价博物馆环境的关键。博物馆内的相对湿度一般应控制在 45%~65%，在此数值范围内缓慢波动，对保存一般文物基本是合适的。相对湿度对文物的影响与文物的材质有一定的关系，不同材质的文物，其湿度控制范围不同。调节博物馆内湿度时，必须考虑馆内相对湿度与温度的密切关系。

（三）博物馆的大气环境

博物馆的大气环境包含多种物质成分，除了上述的氧气、氮气、水分外，还包括硫和氮的氧化物（酸性气体）、小分子有机挥发物、飘尘、微生物等。上述各种成分都会使文物实体材料发生氧化、水解等腐蚀降解反应，从而损害文物。

（四）博物馆的光照环境

由于光辐射特别是紫外线的辐射能够给文物实体质点提供能量，使质点活泼程度提升，更容易发生质点改变和质点位移运动。例如，光照可引起有机高分子材质文物发生一系列光化学反应，加速有机高分子材料的老化变质。因而，合理地选择光源、控制光源强度和科学选用光稳定剂、紫外线吸收剂等抑制光引起的光化学反应的措施是十分重要的。

（五）博物馆的微生物环境

微生物会使有机质文物霉烂、糟朽，因此消毒灭菌、防止微生物对馆藏文物的侵蚀和破坏是非常必要的。文物实体出现的霉烂只是微生物腐蚀的宏观特征，微观层面上，在微生物的作用下，文物实体质点发生了改变或被腐蚀，产生位移，脱离了文物实体，使文物实体产生破损等现象。因此，微生物控制工作对博物馆工作而言十分重要。

博物馆防治微生物的重点是预防霉菌的滋生繁殖，预防霉菌的基本方法是在库房创造抑制霉菌繁殖发育的环境。适宜的温度、湿度对霉菌的繁殖生长极其重要，没有适宜的温度、湿度条件，即使有足够的营养，霉菌也不会发育，把博物馆温度控制在 15℃~25℃，相对湿度控制在 65% 以下，有助于抑制霉菌。保持博物馆清洁无灰尘，可清除霉菌孢子发育的场所，对预防微生物的滋生繁殖也很重要。

二、博物馆文物的观众环境

博物馆是公共场所，人群密集。现代博物馆建筑空间密封性好，有利于温度、湿度的控制，但不利于空气流通，污染物容易集聚。实际上每位观众都是一个污染源，会释放出微生物、灰尘（无机物和有机物）、各种污染气体和大量二氧化碳等对文物实体有害的物质。个别观众还可能携带了病原微生物，易造成疾病传播。所以，观众环境是一种对文物污染比较严重的空间场所，也是流行病容易传播的地方。

（一）视觉要求

杂乱的色彩会引起视觉混乱，在杂乱无章的色彩环境里面，由于没有可以聚焦观察的物体内容，就会出现视觉饥渴。单一色彩易造成视觉疲劳，而"视觉污染"则是指环境污染在人视觉上的体现。人观察到那些杂乱无章、极度不协调、无秩序的事物，会产生情绪上的烦躁郁闷、感官上的倦怠等。博物馆是集中了大量同样成分的视觉环境，色彩要和谐统一，但是统一并不是单一，应与展览内容、博物馆建筑空间相协调。

（二）人体舒适度

影响人体舒适程度的气象因素，首先是气温，其次是湿度，最后是风向、风速等。对反映气温、湿度、风速等综合作用的生物气象指标，人体的感受各不相同。人体舒适度指数就是建立在气象要素预报的基础上，较好地反映多数人群身体感受的综合气象指标或参数。人体舒适度指数预报一般分为 10 个等级：10 级，稍冷；9 级，偏冷，舒适；8 级，凉爽，舒适；7 级，舒适；6 级，较舒适；5 级，较热；4 级，早晚舒适，中午闷热；3 级，中午炎热，夜间闷热；2 级，闷热，谨防中暑；1 级，非常闷热，严防中暑。

人体舒适度指数是为了从气象角度来评价在不同气候条件下人的舒适感，根据人类机体与大气环境之间的热交换而制定的生物气象指标。一般而言，气温、相对湿度、风速三个气象要素对人体感觉影响最大。舒适度预报可帮助人们对大气环境有所了解，对人们及时采取措施，预防疾病发生，减少因情绪而造成的工作、生活决策失误等具有积极意义。

第四章　博物馆文物保护人员与组织机构

第一节　博物馆文物保护工作者的职业要求

中国是一个幅员辽阔、历史悠久、文化序列完整的统一的多民族国家，大量的文化遗迹和遗存真实地记录了中华民族形成发展的历史进程。文物产生于特定的历史条件之下，携带着历史、文化、艺术、科技等多方面的信息，从不同侧面反映了各个历史时期人类的文明水平，是历史的真实见证，也是人类宝贵的文化财富。文物不但属于今天，更属于未来。将它们真实完整地流传下去，是每个文物保护工作者神圣的职责。

一、职业道德的概念及由来

（一）职业道德的概念界定

所谓职业，就是人们为了满足社会生产和生活的需要所从事的具有一定社会职责的专门的业务。道德是人类社会生活中特有的、由社会经济关系决定的、以善恶判断为标准的、调整人与人之间以及个人与社会集团之间关系的原则、规范、心理意识和行为活动的总和。

职业道德是职业伦理学的研究对象，指在职业范围内形成的比较稳定的道德观念、行为规范和风俗的总和，也就是指从事一定职业的人们在其自身的岗位上应遵循的特定的行为规范。职业道德是在出现社会分工以后才逐渐产生的，并随着社会的发展而发展着。1929 年，美国伦理学家赖特在他发表的《伦理学概述》中，最先提出了西方社会中的各种行业伦理学。他指出，行业伦理学的作用是对所有职业从事者提供明确的具体的指导，使其极为清楚地知道可以做哪些事，哪些事不可以做。职业道德是社会道德在职业生活中的特殊表现，是整个社会道德的重要组成部分。

（二）我国文博工作人员职业道德标准的由来

1986 年，国际博协第 15 次全体大会颁布的《道德准则》为全球范围内的博物馆实践提供了通常标准。2001 年 7 月，国际博协第 20 次全体会议通过了道德委员会提出的《职业道德准则》第四次修订本。2004 年 10 月，在国际博协第 21 次全体会议上正式通过了最新的国际博协道德准则。我国国家文物局也于 1997 发布了《国家文物局机关工作人员守则》（以下简称《守则》）和《中国文物、博物馆工作人员职业道德准则》（以下简称《准则》），并于 2001 年 12 月对之进行了重新修订和公布。《守则》和《准则》的公布，对文博工作人员的日常行为提出了基本原则，并为博物馆各项工作健康有序地开展提供了规范，同时也反映了社会公众对博物馆的期望，推动了博物馆的发展。但是应该看到，作为一种普遍适用性的准则，目前的《准则》和《守则》提出的职业道德规范的基本内容是高度概括性的、抽象的，需要在具体的工作实践过程中针对不同业务工作的自身特点不断深化、具体化，使之不断完善。

二、强调文物保护技术人员的职业道德是时代的要求

在本书中，文物保护工作主要是指狭义的文物保护，特别是藏品保护中的技术保护，主要包括藏品的修复、复制、保养、包装等。概括而言之，文物保护工作的内容是采用一切科学、合理的技术、方法、原材料、工艺、流程等，最大限度地保护、保存、还原文物的本体和由文物本体所承载的文物信息，维护文物本体和信息的完整性，并实现其存续时间最大化。

（一）文物保护工作面临的形势分析

随着各地基础设施建设项目的不断开工，愈来愈多的文物不断被发现，限于目前的文物保护技术和条件，文物濒临损毁的难题日益增多。

第一，有相当数量的一批状态危急、即将毁灭或残损严重甚至形存实亡的国宝级文物，需要紧急抢救。

第二，随着人民群众文化生活水平的不断提高和文化产业的发展，社会公众对文化产品——文物展览、文物艺术品等的需求不断增加，对文物保护工作提出了更高的要求。

第三，文物保护、收藏单位业务活动和科学研究工作的顺利开展，必须有文物保护技术工作作为技术保障。及时、充分地抢救、保护和发挥文物的价值，并使之长久地发挥作用是时代对每一个文物保护工作者的道德修养和业务水平提出的要求。

（二）文物保护技术工作存在的问题

第一，文物保护原则过于空泛，缺乏约束力。《威尼斯宪章》中规定"缺失部分的修补必须与整体保持和谐，但同时须区别于原作"；我国的文物保护遵循"不改变文物的原状"原则，但是，文物的原状到底是什么样的，我们又怎么去不加改变而加以保护呢？有鉴于此，"不改变文物的原状"原则本身难以准确把握。同时，由于文物保护技术人员的培养方式、所处地域、技术水平的不同以及他们的价值观、行为方式等诸多差异而在文物保护过程中出现无意识或有意破坏文物、造假文物，以及在文物保护过程中由于缺乏严谨的科学态度和科学方法等而造成文物历史真实性损失的事例并不鲜见。

第二，文物保护重结果而轻过程。我国的文物保护一般只重视文物修复以后的实际效果，文物修复前的整体性分析（包括性状、环境等分析）和保障性计划的制订并不多见，修复过程同样缺乏完整规范的记录。文物保护工作受个人主观性影响很大，难免造成对文物结构、材料一定程度的破坏和原有历史信息的改变。

第三，传统技术和材料需要深入研究。由于认识本身的有限性制约，我们的文物保护工作不可能超越我们的认识水平，大量的文物信息尚不为我们所知。文物保护就是要尽量保护和还原文物信息，现代物理、化学、生物方法比较直观有效，但传统的技术和材料正是保护和还原文物信息的一条重要途径。因此，一方面需要加强对传统的技术和材料的研究，另一方面在文物保护材料和技术的选择过程中应该遵循"可逆性"原则，为今后的进一步研究留下空间，避免一步到位的修复保护方法。

文物是历史上人们创造的或与创造活动有关的物质文化和精神文化的遗存，具有历史、艺术、科学价值，是重要的有形文化遗产。博物馆等文物收藏单位对所收藏的文物负有科学保护管理、整理研究、公开展出和提供利用的责任。文物保护工作者肩负着保护与传承优秀历史文化遗产的重任，必须在现有的观念和技术、技能上有所突破。这不仅是文物保护工作者对自身的要求，更是这个时代赋予他们的神圣职责。

三、文物保护工作者职业道德建设的加强对策

文物保护工作者的职业道德建设应该从两方面着手：一是职业道德的理念建设，二是职业道德的行为建设。思想理念对实践行为具有重要的指导作用。

（一）职业道德的理念建设

1. 文物保护工作的要素

文物保护工作的基本要素有技术人员、保护对象、法律法规、基础理论、技术路径、

基本工具以及保护方法七项。

文物保护工作要素构成文物保护技术人员必须在一定的基础理论指导和法律法规的约束下选择文物保护的技术路径，并由此选择基本工具（如计算机图形软件、统计分析软件、数据库等）和保护方法（化学方法、物理方法、生物方法等），对保护对象加以修复和保养。技术人员的能力在对保护对象进行修复保养的过程中和对最终的保护结果的不断总结中获得提高，基础理论和法律法规在实践过程中不断丰富和完善，从而更好地指导实践工作。

传统的文物保护观念基本上是一种点对点的思维方式，具体说就是针对需要保护的文物本身加以保护，对于体现于文物中的、文物形成的历史时期的文化要素、过程，以及文物之间的相互关系尚缺乏整体的认识；同时对于体现在文物上的不同民族的文化风俗、禁忌等因素，并未在文物的保护过程中充分重视，这也是文物保护人员职业道德意识的一个重要方面。

2. 文物保护工作的多学科综合性

文物保护以修复保养文物为中心，在继承总结传统文物保护实践经验的基础上，汲取引进其他学科的理论和技术，逐步形成自己的理论和研究体系。文物保护工作者必须认识到文物保护是一门综合性强的科学，也是社会科学、自然科学的各技术学科间相互交叉的边缘学科。文物保护涉及博物馆学、图书馆学、历史学、人类学、考古学、古文字学、古器物学、科学技术史、工艺美术史等社会科学领域的学科，还涉及化学、物理学、生物学等基础科学，以及分析化学、生物化学、核化学、微生物学、古生物学、动物学、植物学、材料学、药物学、信息技术、环境保护学及冶金、铸造、纺织、印染、造纸、涂料等各种技术学科。因此，文物保护工作人员的理论视野不能仅仅囿于一己之见或人云亦云，而是应该具备从不同学科的研究成果中汲取营养和多学科协同攻关的基本理念。

3. 文物保护工作的地位分析

第一，文物保护是文博单位日常工作的重要环节。

文物是重要的文化遗产，具有历史、艺术、科学三方面特征。文物是人类创造力和智慧的结晶，是人类社会发展的历史见证。中国有着光辉灿烂的古代文化，丰富的文化遗产是我国乃至世界文化宝库的珍贵财产。陈列展览和研究是博物馆工作的核心，收藏、保管是辅助展览的有效手段。文物保护为陈列展览、科学研究提供直观的、相对完整的、美观的标本，成为贯穿文博单位日常工作的基础工作，是服务于各项工作的重要环节。考古发掘过程中的文物保护是发掘工作正常进行的有力保障。考古发掘工作开展之前就必须考虑对可能出现的遗迹现象的保护措施和对出土文物进行保护的技术准备情况，众多的文物考古发掘工地都需要有文物保护专业技术人员在现场指导工作。文物保护工作可以说是一项承载着历史与文化重托的光荣使命。

第二，文物保护以服务社会公众为根本目的。文物保护产生于对艺术品和器物进行修整复原的原始修复工艺，服务于社会公众是文物保护的根本目的。从文物保护的功能角度来看，文物修复保护有三种不同的类型，分为研究修复、展览修复和商品修复；从文物修复的器物类型来看可以分为青铜器修复、书画装裱修复、陶瓷器修复、漆木器修复；等等。各种分类不一而足，但是不论分类方式如何，都只是侧重点的差异。无论是文物研究、文物展览还是文物复制，目的主要都是为了满足社会公众对文化产品的需求。

文物是全人类共同的财富，保护和利用好文物资源是对人类文化、文明的发展和延续负责。作为一种不可再生资源，文物保护的基本要求就是要尽可能长时间保存文物本体和信息，通过研究各种质地文物在内外因素影响下的变化规律，运用科学技术手段，对抗一切形式的质变（形变），阻止缓慢质变（形变）过程，控制降低质变（形变）速度，对文物的劣化进行综合防治，并由此来保存和传播人类悠久的历史文化和文明，使每一个社会公众都能从文物中感受到完整的、准确的、清晰的、相对连续的历史。

（二）职业道德的行为建设

1. 加强文物修复保护档案建设

文物保护档案是文物保护的重要基础性工作。文物修复保护的档案就相当于文物的病历，每一个文物保护工作者就相当于治病救人的医生。修复档案是所修复文物的基本情况的原始记录，应该包括总体状况描述、细节描述以及修复历史记录几部分。总体状况描述大体与文物总账和分类账相同，包括如入藏日期、文物名称、编号、时代、尺寸、重量、现状、级别、来源等信息。细节描述应该包括材料质地、器物的描述、详细的完残状态、专家鉴定意见、拟修复的部位、修复方案，以及文物照片、拓片、测绘图等。修复历史记录应该包括修复时间、参与人、修复部位、修复方法、修复条件、所用材料（包括组成成分、比例）、工具、对照照片等要素。

详细做好文物修复保护记录是做好文物保护工作的基本要求。例如陕西省考古所实验室对修复文物的保护情况、照片、成分的确定、编号、时代都有，保护时是怎么处理的，处理结果怎样，每一件、每一步都有规范的档案。广东某博物馆新馆筹建期间，有数件虽经多次修复但仍然残缺不全的要修复，为此，修复人员查阅了 30 年前的原始记录，终于为修复工作找到了依据。文物保护档案建设的重要性可见一斑。

2. 求是创新的工作作风

第一，文物保护必须实事求是。文物保护不能凭空想象，切忌无中生有，必须本着科学的精神和实事求是的态度，客观地分析问题、解决问题。在文物保护工作中，每一步都应该有依据。从程序上来说，无论是修复、复制还是保养，首先都必须掌握第一手资料，比如以上所谈到的馆藏文物档案和文物修复档案等资料。其次是获取科学检测资料、测绘图纸、照片，等等。实施文物保护操作之前，文物保护人员必须经过认真的观察和研究，制作出详细的修复方案与技术设计；这些方案与设计还需要经过专家评审，然后按规定程序依法批准以后才能开始实际工作。从具体操作来说，无论是修复还是复制，都应该与原件有所区别。特别是修复操作，必须结合器物本身的情况如形状、纹饰、时代、同类器物特点等因素进行，不能拼凑、臆造。若找不到依据则暂缓修复，待考证有确切结果以后再行修复。文物保护工作者在工作中应遵循"最低限度"原则，尽可能多地保留文物信息，尽可能多地保留文物原状。修复、保护材料的选择应该与需要修复和保养的器物尽可能一致。同时，还必须考虑到不同环境、条件对文物保护结果的影响。

第二，文物保护必须有创新精神。创新是一种科学的精神，以遵循客观规律为基本前提。文物保护是一项科学的事业，科学是需要靠不断的创新来推动的。创新精神是一种舍弃和创造精神。在文物保护工作中，我们强调掌握事实、理论基础和既有的方法，但我们更应提倡一种不断追求新知，不满足现有的方法、工具材料、理论，根据实际需要或新的情况，勇于改革和革新，不墨守成规，敢于探索新规律、新方法；坚持不唯心、不唯权、不唯书、只唯实的想法、说法和做法。坚持独立思考，说自己的话，走自己的路；善于综合运用多学科的研究成果是每一个文物工作者应该具备的能力。

创新也是一种不断学习的精神。这就是说文物保护工作的创新必须立足于对各种不同的文物保护理论、方法、技术的充分理解和融会贯通，否则创新就会成为空中楼阁。同时，创新强调独立思考，并非要我们闭门造车，而是要团结协作、不断交流，在思想的碰撞之中产生火花。要用全面、辩证的观点看待创新精神。只有具有创新精神，文物保护事业才能在发展中不断开辟新领域。

第二节　博物馆文物保护的组织机构

文物管理机构设置系指设置国家各级文化（文物）行政管理部门。各国文物管理机构的设置及称谓不尽相同。就中国而言，中央设有直属国务院领导的国家文物局，各省、市、县设有属文化厅（局）领导的文物局（处）或称文物管理委员会等，它们代表各级人民政府主管全国或本行政区域内文物保护管理工作，依照法律和文物法规行使对文物的保护管理权力。

国家文物局的主要职责包括：贯彻执行国家关于文物保护的方针、政策、法律和法规；组织拟定文物保护规定、办法、条例；组织制订文物保护的年度计划和近期与长远规划，督促检查这些计划执行；组织和协调文物研究、文物保护技术研究和文物教育事业；推广国内外文物保护的经验和先进技术；指导各省、市（直辖市）、自治区的文物保护工作；组织和协调文物保护、研究、宣传方面的国际合作和交流；统筹文物经费的开支等。

除了设置各级文化（文物）行政管理部门行使文物管理各项工作外，各级文物事业单位是文物保护、研究、宣传、教育的业务机构。这些单位受文化（文物）行政机构的委托，进行文物保护管理的具体业务工作。有的文物保护单位还专设保管机构（如保管所或保护小组等）。此外，中国还建立了一个由人民政府和有关部门的负责人及有关专家学者组成的文物保护管理委员会，以协助政府领导文物保护管理工作，督促、推动有关部门和社会各界贯彻执行文物法规，协调解决文物保护管理工作中的重大问题。

为了使文物管理内容付诸实施，达到保护好文物及充分发挥文物作用的目的，就必须采取相应的管理措施。在文物保护管理中，采用行政干预是其重要措施之一。如研究制定文物保护政策，计划及检查贯彻落实情况；运用行政权力审批、公布文物保护单位及其保护范围，提出保护要求；审批、公布历史文化名城，审批保护规划；审批考古发掘单位和领队资格；审批文物建筑维修设计单位和主持人资格；审批考古发掘计划、文物建筑维修方案与设计，统筹安排文物经费等。

教育措施是文物管理的重要措施之一。一般采用的措施主要有利用书报、刊物、布告、电影、电视、幻灯、广播、展览、讲座等多种宣传方式，向公众宣传文物法规、文物知识、文物保护知识、保护文物的意义，提高公民的文物保护意识；在高等学校及科研部门培养文物专门人才；在中小学教材中增加文物常识的内容；对各级文物管理部门的在职干部进行继续再教育，以不断地提高他们的素质等。

经济奖惩是文物管理的又一重要措施。这一措施的具体实施是：一方面对考古发掘获重大发现和重点维修项目及重大科研成果、重要文物收购、有识之士捐赠文物的物质奖励，另一方面是对破坏文物、损坏文物的单位或个人的经济制裁。对破坏文物、损坏文物者，依情节轻重予以警告、罚款，或令其赔偿等。

法制措施是强化文物管理的重要手段，即以法制管理文物。依法对严重破坏文物、损坏文物的单位或个人进行法办。如对盗窃文物、文物走私、盗掘古遗址和古墓葬、故意破坏国家保护的珍贵文物等违法犯罪行为追究其刑事责任，依情节轻重予以判刑，轻者判蹲监坐牢（有期徒刑），重者判极刑（死刑）。

技术措施把现代科学技术运用于文物保护是文物管理的重要任务，这方面工作既要充分推广文物保护技术的应用，又要严格控制违背保持文物原状的新材料和新工艺的使用，同时要及时推广卓有成效的文物保护技术成果和管理经验，积极开展国际文物保护技术的交流和合作等。

第三节　社会力量参与博物馆文物保护的思考

面对新时代文物保护工作的新要求，近年来社会力量参与文物保护的主体在不断扩展，保护的深度、广度也都进一步拓展，对社会力量参与文物保护的研究也成为文物保护领域的热点问题之一。

一、社会力量参与文物保护的现状及特点

从各地文物保护利用的实践来看，参与保护的社会力量主要有企业、社会组织与个人三种主体。这些社会力量参与文物保护呈现出以下四方面特点：

一是各类型企业深度参与文物的保护、展览运营、文化旅游等方面工作。文物系统对经济有巨大的贡献，这种贡献主要体现在文物系统保护维修支出、展览活动、文物旅游增加值、文创和餐饮等经营增加值、促进就业等方面。以博物馆为例，博物馆虽然是非营利性文化机构，但博物馆在馆舍工程建设、展览施工制作、文物安全保护、文物包装运输、文物修复、文化创意产品开发等方面，对社会的经济贡献极为可观。特别是在大额采购领域，均要按照政府采购流程，由具备相应资质的企业来参与。如今，社会企业实际上已经很深入地参与到文物保护利用的各个领域中。

二是公益性社会组织在文物保护利用中的作用越来越突出。公益性的社会组织是与文物保护工作在性质上较为契合的主体。文物保护方面的社会组织也得到政府和社会各界的重视，处于不断发展之中。例如，2019 年国家文物局在陕西和福建两省开展鼓励社会力量参与文物安全保护试点工作，其核心是借助当地的文物保护志愿者组织，开展文物安全宣传、巡查、走访、保护等工作。

三是民众主动参与文物保护的意识在提高。博物馆在鼓励民众主动参与文物保护方面发挥了重要的作用，主要体现在以下三点：首先是博物馆藏品捐赠工作，捐赠者可以通过捐赠藏品获得荣誉和奖金回报，这鼓励了民众主动参与到博物馆藏品征集、保护、展示等工作中来；其次是博物馆的志愿者队伍，有一批志愿从事文物保护工作的社会人士主动来博物馆从事展览讲解、文物宣传等工作，博物馆的志愿者队伍越来越庞大，自我管理也走向成熟；此外民众还可以通过舆论监督参与博物馆文物保护工作。但总的来说，博物馆在鼓励民众参与文物保护方面还没有形成较为成熟的机制。我国的不可移动文物保护单位和一批遗址类博物馆、纪念馆在解决民众参与保护工作的机制问题上已经采取了一些措施，但总体上也还不够系统、完善。特别值得指出的是文物保护员制度，这是各地普遍施行的

一类民众参与保护的制度性安排。山西、河南、甘肃、新疆等省、市、自治区已经基本建立了文物保护员制度。

四是社会力量参与文物保护的形式逐渐丰富。主要有以下五种形式：第一种形式是不可移动文物的认领认养，其核心是文物产权与经营、使用权分离，各地都有这种做法，其中山西省较为典型。企业出面认领认养文物保护单位并出资对文物修缮和利用，也可以因此获得一定的回报。第二种形式是社会力量捐赠，既有向博物馆捐赠藏品和资金，也有针对不可移动文物修缮捐赠资金。第三种形式是企业投资经营，主要集中在文化旅游开发领域，这种类型的企业投资属于政府与社会资本合作开发项目。第四种形式是文物保护志愿服务，主要是由志愿者巡查保护不可移动文物、宣传普及文保基本知识、组织开展相关公益活动、提供文物违法案件的线索等。第五种是互联网等多媒体技术手段在文物保护宣传、筹资等方面发挥着重要作用。

二、社会力量参与文物保护工作存在的问题

尽管社会力量越来越广泛地参与到文物保护工作中来，但是文物保护利用工作中还存在参与力量不平衡、不充分的现象，还存在着现有机制在一定程度上妨碍社会力量深入参与文物保护工作的问题。主要问题如下：

一是社会力量参与文物保护的自觉性和自主性还不足。由于文物保护工作还是以政府为主导，实行的是鼓励社会力量参与的政策，所以，在许多社会力量参与的文物保护工作中，政府主导性较强，企业、社会团体或个人需要借助政府的力量来完成文物保护工作。这种状态固然收到了很好的文物保护效果，但也会对社会各界参与文物保护的自觉性和自主性产生负面影响。如果要在社会上培育一支独立的能够自觉从事文物保护的队伍，就应当强调和培育社会力量参与文物保护的自主性。例如文物保护志愿工作，政府主导下的志愿工作有统筹的优势，但更应鼓励自主自愿的工作模式。

二是社会力量参与文物保护的机制还没有完全形成。在实际工作中不能想当然地认为社会力量参与文物保护仅仅是出于主体对文物的热爱，单纯是为了保护文物而进行工作。社会力量参与文物保护要付出时间、金钱成本，要付出人力物力，这些成本会产生对价。所以，应该对社会力量参与文物的对价问题进行专门研究。目前的情况是社会力量参与文物保护的途径、方式、回报缺乏成熟的制度化保障，特别是民众共享文物保护成果的内容和机制还很不明确。

三是社会力量参与文物保护利用的理论有待突破，形式有待创新。目前社会力量参与文物保护主要是认养、捐资、参与经营、志愿参与等几种形式，较为简单，效果和影响有

限。形式上难以创新的根源主要在于有关文物保护利用的理论没有突破，没有形成主导性的理念。通常来说，文物博物馆界对文物利用的底线是文物不能受到破坏，这当然是文物保护的应有之义，但这个底线往往会与文物所有权的问题混淆在一起。文物所有权转移会不会对文物保护造成根本的影响？文物的转让、租借、抵押会不会对文物保护造成根本的影响？文物是否可以设定有限的债权、担保物权、用益物权？对这些基础问题，我国学界目前在理论上还没有深入的阐述。从文物保护的角度来说，文物属于谁、文物被谁占有、文物在谁手上，与文物是否会受到损坏和灭失并没有必然的联系，没有因果逻辑的关系。如果相关法规健全完善，文物依法流转是可行的。所以，在理论上应该探讨文物所有权与使用权之间的关系问题，建立文物用益物权的制度，为文物保护利用工作松绑。

四是社会力量参与文物保护利用工作的上位法立法工作需要加强。目前一些地方的立法工作正在推进，最典型的是山西省颁布了《山西省社会力量参与文物保护利用办法》。但从文物保护利用的立法情况来，存在着明显的上位法立法不足的现象。法律层面上有《中华人民共和国文物保护法》（以下简称《文物保护法》），但是没有针对文物保护利用进行专门的立法，没有针对社会力量参与文物保护利用进行专门的立法，使得目前各种文物保护利用工作缺乏整体性，没有统一可适用的办法，既受到税收减免、补助等不同行业政策的影响，也受到各地不同政策和具体办事规则的影响。

三、社会力量参与文物保护问题的解决对策

要解决民众制度化参与度较低、大量文物处于无人保护的难题，我国还需要在增强公众文物保护意识、完善法律制度的配套措施、促进经费投入的多元化、推进国际合作等各方面付出更多的努力，而其中的工作重点是建立起社会力量参与文物保护的长效机制。

一是建立完善文物的用益物权制度。社会力量参与文物保护的法理基础是文物的所有权及用益物权的关系问题。根据《民法典》，所有权人可以在所有物上设立用益物权，他人可以对非所有物使用与收益。文物不是一般的物，受到《文物保护法》这一特别法的规制，《文物保护法》在文物的使用、利用上虽然已经有一些规定，但还不够系统和完整，导致文物的用益物权没有完全体现，需要在立法上补足。

二是在具体的文物保护措施上，明确社会力量进入的途径和方式。社会力量参与文物保护的途径和方式一直不够明确。对于企业来说，通过招投标等渠道可以参与到文物保护项目中来；对于社团来说，其活动机制可以成为一种渠道；对于普通民众来说，能通过什么明确的渠道参与文物保护，在实际工作中还很模糊。如志愿者、文物保护员队伍都吸纳民众参与文物保护工作，志愿者队伍是普通民众参与文物保护的主要渠道，但吸纳范围还

比较小；而文物保护员更多是由政府组织，民众参与不广泛的问题更加突出。这些具体的渠道和机制建设有待于进一步总结和探索。

三是借助新技术手段实现文物保护利用工作的创新。文物保护工作需要扩宽思路，利用互联网、人工智能、大数据分析、云计算等新技术手段，最大限度地让更多的民众参与到文物保护中来。一方面可以利用互联网等科技手段开展宣传；另一方面可以借助新技术手段创新机制，比如文物的网上认养、文物保护工程经费的众筹、人工智能和大数据分析下的精准保护、不可移动文物点的安防系统等。

四是建立文物保护利用的对价补偿机制。建立社会力量参与文物保护的对价补偿机制是促成文物保护利用良性循环的一个关键环节，这方面的制度需要从整体上考虑，在细节上落实，因为涉及文物管理、财税体制等方面，需要多部门多专业协作。有效的文物补偿机制可以对积极支持、参与文物保护工作的企业或个人进行一定的补偿和奖励，主要方式是在财税制度上予以更加明确具体的规定，在税收减免上予以更大的优惠，从而吸引社会资本进入文物保护领域。特别是在一些典型的领域，要制定、推广一些可操作性强的税收减免措施，而不是进行简单的原则规定。例如对于博物馆藏品的捐赠，如果涉及企业捐赠的回报，除了荣誉回报外，还要有明确的税收减免，使得企业能够实质获益；偏远地区的不可移动文物保护，如果有企业参与，也应考虑给予一定的税收减免或其他收益补偿；文化创意产业领域则涉及知识产权和利润分配问题，也需要建立明确的回报机制。

鼓励社会力量参与文物保护工作是文物保护体制机制改革中亟待解决的政策理论问题，也是文物保护工作实践中面临的难点问题。总的来说，新时代文物保护体制机制改革的重要方向是进一步拓展社会力量参与文物保护的广度和深度，相信这方面的突破性进展会引起文物保护体制机制的深刻变化。

第五章 博物馆不同文物的保护研究

第一节 纸质和纺织品文物的保护

一、纸质文物的保护

我国有着数千年的历史，在这漫长的岁月中也孕育了数不清的文化。在这一过程中，"纸张的发明不仅仅是人类发展历史中的里程碑，更成为无数优秀文化的载体，对文化的发展与传承起到了至关重要的作用"。① 与此同时，纸张的特质也在一定程度上决定了其更容易受到损害。随着时间的推移，大部分纸质文物在流传过程中都遭受了不同程度的损坏，给现代考古和文物保护工作都带来了一定的挑战。纸质文物的保护与修复有着重要的历史意义，由于纸质文物易受到损伤，文物工作者需要及时发现纸质文物损害的原因并选择合适的保护和修复技术，才能保证文物的完整性。

（一）纸质文物的温度、湿度控制

1. 防热

第一，外围结构防热。室外的热源通过辐射热、对流热、导热传入库内，最好的隔热措施是利用导热系数小、热阻大的建筑材料。此外，还可利用加大墙体厚度、注意门窗密闭、使用遮阳板等防热措施。

第二，空调系统降温。空调系统是文物库房取得符合保护要求的气候条件的理想设备，降温效果良好。

---

① 陈潇：《浅谈纸质文物的保护措施》，《中国民族博览》2022 年第 4 期。

2. 防潮

第一，外围结构防潮。库内潮湿的因素主要包括地下水通过地面和墙体向内蒸发、雨水通过外围结构向内渗透、潮湿空气通过门窗缝隙浸入库内等。最好的防潮措施是在外围结构层中使用结构紧密、能隔断水分渗透的防水材料。此外，还要注意库房建筑的自身排水和防潮效果。

第二，去湿机除湿。库房内使用去湿机，可将空气中的水蒸气降温、结露、析出液态水。冷冻去湿机一般具有不需要冷却水源、使用方便、性能稳定可靠、能连续运行等优点。

（二）纸质文物的杀虫

1. 高温、低温杀虫法

环境温度因子对纸质文物库房滋生的害虫的新陈代谢活动影响很大，温度既可以加速或减缓害虫新陈代谢的速度，也可以使害虫代谢完全停止而死亡。

第一，高温法。40℃~45℃为昆虫生长的亚致死高温区，又称热休克区。昆虫生活在这一温度区域内，持续数天，就会因代谢失调而死亡。

第二，低温法。-10℃~8℃为昆虫生长的亚致死低温区，又称冷昏迷区。昆虫生活在这一温度区域内，持续数天，就会使代谢速度变慢、生理功能失调、体液冰冻和结晶、原生质遭到机械损伤而死亡。

2. 气调杀虫

空气是昆虫重要的生态因子，缺少氧气，昆虫便不能正常生长、发育、繁殖。在密闭条件下，将空气中各种气体的正常比例加以调整，减少 O_2，充入 N_2 或 CO_2 气体，使昆虫的正常活动受到抑制，昆虫窒息而死。

3. 化学熏蒸杀虫

熏蒸就是在密闭条件下使用化学熏蒸剂以毒气分子的状态穿透到生物体内，使其中毒而死。目前常用的熏蒸剂为磷化铝片剂，其释放出来的 PH_3 气体主要作用于昆虫的神经系统，使昆虫死亡，对成虫和幼虫均能达到100%的杀虫效果。

（三）纸质文物的防光

纸质文物最怕长时间被光照晒，尤其是紫外线对纸张有很大的破坏作用。达到地面波长 290~400nm 的紫外线是引发纸张材料发生光化学反应的主要因素，所以库房防光主要是防紫外线。

第一，合理确定库房照度标准。照度是指物体表面得到的光通量与被照射表面的面积之比，单位是勒克斯（lx），一般纸质库房的照度为 30~50lx，库内所用照明灯光不须过于明亮。

第二，限制日光的辐射强度，减少光通量。窗户是日光进入库内的主要通道，对窗户的位置、结构、玻璃、遮阳设备都应有合理的安排。窗户位置决定光通量：北窗<南窗<东窗<西窗。窗户结构决定光通量：无窗、小窗、狭长窗、多层玻璃窗、百叶窗都能限制光通量。窗户玻璃决定光通量：毛玻璃、花纹玻璃、吸热玻璃、茶色玻璃、彩色玻璃能限制光通量。窗户遮阳决定光通量：厚窗帘、遮阳板（水平式、垂直式、综合式、挡板式）都能限制光通量。

第三，涂布紫外光吸收剂。在窗户玻璃上涂紫外线吸收剂，如二羟基二苯甲酮类可吸收 400nm 以下紫外线，KH-1 型涂料对紫外光的滤光率可达 99% 以上。

二、纺织品文物的保护管理

遗存到今天的古代纺织品文物数量不多，其主要原因是麻纤维和棉纤维是由高分子化合物构成的，在一定条件下会起水解反应，聚合度下降，纤维强度和质量降低；而高分子化合物内含有的活泼基团在一定条件下也会发生氧化、中和、光解、光敏等反应，其耐久性不如无机质文物。

（一）纺织品文物的保护

纺织品文物的来源主要有两类：一类是传世珍品，如故宫博物院收藏的御用龙袍、锦被、地毯等，由于所处的温、湿度条件相对稳定，较少暴露于强光下，因此织品的老化速度较缓慢；另一类是出土织品，在中国西北部地区，埋藏环境干燥，密闭条件好，织品基本保持古代原貌，易于提取，但污物泥垢仍要暂时保留，对叠压成块状的织品要整体提取。

如果埋藏环境温度高、湿度大，土壤酸碱度对织品腐蚀严重，导致纺织纤维和染料的化学性质和结构改变，发生断裂、酥脆甚至矿化腐烂。在此情况下，取出纺织品时要掌握时机，防止织物因急剧干燥而更脆弱。方法是：在织品尚潮湿的情况下，于其表面敷贴棉纸，依靠棉纸的强度，将纺织品取出。如织品已腐烂成团，整体取出后，放置在衬有棉纸的木板上，再覆盖棉纸，装入塑料袋中密闭，带回实验室进行揭取、清洗、灭菌、固定等保护技术处理。

出土之后纺织品所处环境温度、湿度升高、见光、遇氧，迅速激起各种理化变化。在考古现场经常遇到刚打开棺盖时的那种质地优美、色彩艳丽的织物不久后就会变得面目全非，不仅色泽褪变，而且质地也迅速地炭化。所以，有经验的考古人员在发掘出织品后会及时地将其置于低温环境中，并绝对避光保存。

法门寺唐代地宫的发现震惊了世界，该地宫内珍藏了大量武则天、唐懿宗、惠安皇太后等御用的丝绸文物。由于没有良好的保护技术和条件，这些国宝至今仍放在冰箱里低温、密闭、避光保存。

1. 纺织品文物的除污

出土的纺织品文物一般不可避免地黏附有大量泥土杂质，去除这部分杂质是对纺织品文物进行保护的首要步骤。

（1）除尘。大多数的陈年纺织品上面都附有许多灰尘，可使用洗耳球轻轻从中间向四周吹去微尘。大一些的杂质选用镊子小心钳去，镊子须尽可能拿得平稳，动作要轻，因金属尖头极易碰伤表面纤维。

（2）除泥垢。出土纺织品文物大多附有难以去除的泥垢，可用酒精（CH_3CH_2OH）将其溶解，黏土和酒精都是极性分子，容易相互溶解。采用酒精替代蒸馏水是因为其张力小于水分子，可避免使炭化纤维造成塌陷。用小羊毫毛笔蘸75%酒精溶解泥垢，当露出织品以后，羊毫笔尖要向同一个方向移动，否则会使泥浆嵌入织品的纹理中去，造成织品图案模糊不清，从而影响观赏效果。

2. 纺织品文物的消毒

出土的纺织品文物一般要先进行消毒，一方面避免人体接触受到病毒和有害菌的感染，危害人体健康；另一方面也可以消除或减少有害微生物对出土纺织品文物的进一步损害。一般采用的方法是在发掘取出纺织品文物后，立即放入准备好的复合塑料袋，通入配好的环氧乙烷与二氧化碳混合气体（环氧乙烷与二氧化碳的重量比为1：9），然后把塑料袋封好，放置24小时后取出。也可将出土的大批纺织文物集中放入一密封熏蒸室，然后通入环氧乙烷与二氧化碳混合气体，密闭12~24小时后取出。

环氧乙烷杀虫灭菌广谱性好，对细菌及其芽孢、病毒、真菌及其孢子等都有较强的杀伤力，对纺织纤维无腐蚀作用，也不会使染料褪色。它有很强的穿透力，不仅对纺织品表面的微生物和害虫有杀灭效果，而且能穿透到纺织品内部。环氧乙烷灭菌机理是其烷基能与菌体蛋白质内的氨基、羟基、酚基、巯基结合，造成菌体细胞代谢产生不可逆的破坏作用。

3. 纺织品文物的清洗

（1）清洗前试验。对有色织物进行清洗前，必须进行局部点滴掉色试验，以判断水或其他溶剂对色素的溶解程度。其方法可以在有颜色的次要部位滴上一滴试验溶剂，湿润1分钟后，用棉球或吸湿纸沾拭，若发生颜色释移，这种现象称为"流淌"，表明这种溶剂能使织物掉色，应改用其他溶剂。也可以用5%的NaCl水溶液或2%~5%的醋酸溶液先进行颜色固定，必要时可以增大醋酸浓度，最高可达20%。然后再做点滴试验，经固色后若无流淌现象，方可使用此种溶剂。

蛋白质纤维对于碱性溶液很敏感，而植物纤维对酸性溶液很敏感，水洗过程中一般不加入其他化学试剂，有时为了固定颜色可采用1%的NaCl水溶液。在水洗过程中，必要时应加入表面活性剂，一般以非离子表面活性剂为好，有时也可加入阳离子活性剂。通常加入表面活性剂量在0.2%左右，对溶液的酸碱性影响不大。

（2）水洗。出土织物由于自然界的综合腐蚀作用，纤维已变得非常脆弱。纤维的抗拉强度、耐折度都很小，再加上黏结成团，必须用大量的水才能清洗干净，但又不能直接放入水中清洗，可用托网和斜面平台托衬糟朽织物，避免织物进一步损坏。

托网清洗法：托网是采用木质边框的尼龙网。清洗池可用平底搪瓷浅方盘或不锈钢浅方盘，采用去离子水或蒸馏水清洗织物，而不直接用自来水，以防止自来水中残留的氯或次氯酸盐对织物产生侵蚀和漂白作用。水温保持在25℃~30℃之间，水洗法对棉、麻、丝、毛织物均可。清洗时将托网在水中轻轻晃荡，但不能用力过猛，每次托网入水和出水时都要缓慢。利用托网清洗时，对于质地较好的织物，可以利用两张托网对扣的办法，将织物从一张托网转移到另一张托网上，来回转洗织物的另一面。目前已将超声波方法应用于古代丝织品的水洗过程，应使用能量较小的超声波波源，因为有些织物老化得很厉害，过分的振荡会加速纤维的断裂。

斜面平台清洗法：对一些老化严重的织物，应将其放在脱脂纱布衬垫的斜面玻璃平台上，在上面薄敷一层棉花或纱布，用温热蒸馏水把污渍浸湿，使污物溶解被底垫吸收，直至玻璃上流下来的水干净时为止。还可利用高温水蒸气的强穿透力熔化黏结物，使块状织物变软、脱胶而慢慢疏解开来，每通一次蒸汽流，织物上的污物就会落在棉垫上。其方法是用纱布和脱脂棉铺成薄片做底垫，将待洗的织物放在底垫上，织物上面再覆盖同样的棉垫，然后通入蒸汽流清洗，这样每清洗一次，织物上的污物就会落在棉垫上。然而此法温度较高，会对古代织物本身产生一定的影响。

（3）干洗。点滴掉色试验表明不能水洗的织物可换用有机溶剂清洗（同样须做掉色试验），常用的有机溶剂有丙酮、石油醚、四氯乙烯、四氯化碳等，也可采用几种有机溶剂混合液清洗。无论用何种方法，清洗污垢后，一般不得采用烘晒的方法，而应置于通风阴凉处晾干，以避免古代织物的热氧老化、光氧老化。

4. 纺织品文物的加固

（1）丝网加固。所谓丝网加固，就是将涂有树脂胶黏剂的蚕丝网热压覆盖在织物上，从而起到对破损织物加固的作用。丝网亮丽透明，薄而轻，手感好，加固后对织物的原始纹理及图案影响不大。具体方法：先将丝网平铺在毛毡上，然后把织物放在丝网上，再在织物上铺上一层丝网，形成一种三明治结构，最后将织物和丝网一体物放在两张聚四氟乙烯薄膜中，用可调温电熨斗（温度设在丝绸档，约80℃）稍用力有顺序地移动，将丝网与织物紧密地粘在一起。丝网加固实际上是一种改进的树脂"热加膜法"——用蚕丝树脂网加固脆弱薄型纸张。树脂不只是黏结剂，更是主要的成膜物质，与一般树脂膜相比，它不是密膜，而是网状膜。由于蚕丝的理化性能较植物纤维素低，是一种不耐久的天然纤维材料，现国内外多采用合成纤维来做衬托。

（2）高分子化合物渗透加固。高分子化合物渗透加固是应用浸泽、喷雾或软毛笔蘸溶液涂刷等方法，将某些高分子材料涂布于织物表面，逐渐渗透进入织物纤维内部，以达到增加其强度的一种方法。

高分子加固剂性能要求。所用的加固剂应符合以下要求：①化学性质稳定，耐老化性能好，不黄变，不会加速织物材料的老化或褪色；②具有柔韧性，并能增加织品的强度；③无色透明，不会改变织物的色泽、质地和外观，不会使纤维膨胀；④尽可能具有可逆性，分解时不会产生有害产物；⑤黏度适中，以确保良好的渗透性，不发黏，不吸尘。

高分子加固剂种类。①聚烯烃及其缩醛类：聚乙烯、聚乙烯醇、聚乙烯醇缩丁醛等。②丙烯酸酯类：聚甲基丙烯酸甲酯、聚甲基丙烯酸丁酯、丙烯酸丁酯等。③聚酯类：聚对苯二甲酸乙二酯。④纤维素类：乙基纤维素、羧甲基纤维素、醋酸纤维素、羟丙基甲基纤维素等。在上述加固材料中，以聚甲基丙烯酸丁酯和羟丙基甲基纤维素性能优良。丙烯酸酯类具有透明性好、耐热、耐光和耐氧化降解的特性，而且通过调整丙烯酸及其共聚单体的种类、比例、聚合物的分子量以及聚合工艺等一系列措施，可制得性能和应用范围非常广泛的高分子材料。聚丙烯酸酯类纺织品加固剂能够形成柔软且富有弹性的薄膜，聚合物中的酯基具有相当强的氢键结合力，对织物产生一定的黏附性，使其能固化在纺织品上。

有机硅高分子加固剂：某些高分子加固剂有其难以克服的弊端，如低分子量聚乙烯醇会使纺织品颜色加深，发黏、吸湿性增强，易于吸尘及粘上其他污物。用聚乙烯醇或聚乙烯醇缩丁醛处理的织物发硬，织物会受到老化后坚硬、开裂的加固剂锋利的边缘的摩擦损伤。近年采用一种有机硅改性的丙烯酸树脂加固糟朽丝织品。有机硅改性的丙烯酸树脂材料具有良好的理化性能，在一定程度上减小了加固剂对织物的不利影响。通过向丙烯酸酯乳液中引入有机硅的方法而制得的有机硅改性丙烯酸酯乳液也称为硅丙乳液，其耐候性远优于纯丙烯酸树脂。其中有机硅起到改性丙烯酸酯的作用，提高其耐沾污、耐老化和耐水性能。

（3）接枝加固。接枝加固是利用接枝反应达到增强文物材料强度的一种方法。接枝反应的研究始于 20 世纪五六十年代，其反应机理一般认为是自由基链式加聚反应。在加热条件下，引发剂分解，产生初级自由基，进而引发单体形成自由基，然后与丝素大分子发生接枝共聚反应。通过接枝反应，一方面将能改善材料性能的分子或基团结合到丝纤维上，另一方面使线状纤维彼此间发生交联，增加织品的强度。

丝织文物丙烯酰胺接枝加固以丙烯酰胺作为丝纤维的接枝单体，以过硫酸铵为引发剂，按单体用量 4~6g/L，浴比 1：50 配制反应液，将丝织品投入恒温水浴锅中升温至 70℃~75℃，按 1.5g/L 比例加入引发剂过硫酸铵，恒温反应 120 分钟左右，然后用温水清洗，漂净后置于通风干燥处晾干。对两件清代传世的和一件出土的明代的、颜色分别为蓝色、橙色、棕色的织品进行接枝加固，处理后颜色未见变化，三件织品的接枝率分别为 10.4%、37.7%、29.3%，重量有所增加，但质感较好，强度增大，而且可以清洗。

（4）丝胶加固。生丝主要有丝素和丝胶组成，丝胶是丝素的保护物质，具有黏合和维持丝素强度的功能。一般桑蚕茧中的丝胶含量占生丝总量的 20%~30%。可从生丝中提取丝胶，利用其黏合特性加固糟朽纺织品文物，此种加固既可以提高颜料的附着力，又可增加织物的强度。具体方法是将未脱胶的生丝洗净，放入烧杯加入蒸馏水，水浴法加热，温度控制在 90℃~100℃之间，数小时后，外层丝胶溶解，加入 30% 乙醇蒸馏水液体，配置成丝胶含量 1%~1.5% 的混合液。将混合液装入手捏式喷枪中，均匀喷涂织物表面。喷涂同时保持一定的温度，以防丝胶冷凝。

（二）纺织品文物库房保管的环境要求

纺织品文物的强度降低及颜色褪变，除本身的材料、染料结构等内在因素外，还受到外界温度、湿度、光线、空气污染物等自然因素的影响。为营造出一个适合纺织品文物保存的小环境，阻止或延缓文物的劣化变质而采取必要的防护措施，最大限度地减少文物糟朽，是永久保存文物的一项重要工作。

1. 库房温度的控制

织物材料在自然环境中起化学反应，就意味着文物受到损害。而化学反应的速度与温度有关，一般认为温度每上升 10℃，化学反应的速度加快 1~3 倍。纺织品文物的保存环境要求以低温干燥环境为最好，文物库房温度以控制在 16℃~20℃之间为宜，夏季不高于 25℃，日温度变化控制在 2℃~5℃，高于 25℃库房则会有害虫繁殖、霉菌滋生。

2. 库房湿度的控制

纺织品文物的含水量与相对湿度有关，纺织品文物在高湿环境下，纤维会发生水解，且颜色褪变速度增快。沙漠干燥地域出土的染织物色彩鲜明，说明低湿环境对保持色泽有很大作用。文物库房应配备去湿机，一般情况下，库房相对湿度应控制在 55%~65% 之间，日湿度变化不应超过 2%~5%，空气过于干燥会引起织物失水而开裂脆化，过湿会加速织物老化和褪色。特别重要或糟朽较严重的织物应放置于干燥器内，干燥器下面平铺硅胶、无水氯化钙、氧化钙等吸湿剂，也可将包有吸湿剂的纱布袋放置于存放织物的箱柜内。

3. 避光与防尘

纺织品文物属于对光特别敏感的文物，要求照度标准应小于 50lx，年总曝光量低于 12000lx，即一年只允许陈列 30 天（每天 8 小时）。光源的紫外线含量比值应小于 75 微瓦/流明。纺织品文物无论存放库房，或陈列于展厅，都要注意将其展开放平，绝对不要折叠，且严格防止采光中的光线照射，尽可能减少曝光时间和降低照度。紫外线波长短、能量大，是造成纺织品文物糟朽的主要原因之一，因此在保管过程中，应对环境进行滤紫外线处理，较为理想的滤光措施是在窗户玻璃和荧光灯管上涂布紫外吸收剂。

灰尘对纺织品文物的危害极大。灰尘是固体杂质，形态不规则，且多带有棱角，落在织物上，在使用过程中会引起对文物的摩擦，使织物产生机械损伤和污染。灰尘一般易吸收空气中的水分，在文物表面形成一层相对湿度较空气为高的灰尘层，它能吸附空气中的有害化学杂质，落在织物表面上可产生酸解、碱解、变色、褪色及酥脆等破坏作用。灰尘是各类微生物的载体，是霉菌孢子的传播者，是微生物寄生和繁殖的场所，可使文物霉烂、腐朽。因此，洁净的环境是做好纺织品文物保护的关键。

减少文物库房颗粒污染含量的有效措施就是在库房的通风口设置空气过滤器，过滤器按微粒捕集的位置可分为表面过滤器和深层过滤器。表面过滤器有金属网、多孔板等形式，微粒在表面被捕集。用纤维素酯、聚酯等制成的化学微孔薄膜，厚度一般在几十微米，表面带有大量的静电荷，均匀分布着 0.1~10 微米的圆孔，平均每平方厘米上有 10^7 ~ 10^8 个小孔，孔隙率高达 70%~80%。比孔径大的微粒通过这些孔时，可 100% 被截留在表面，甚至只有孔径 1/15~1/10 大小的微粒也可被滤膜截留。

深层过滤器又分为高填充率深层过滤器和低填充率深层过滤器两种，微粒的捕集发生在表面和内层。高填充率深层过滤器结构多样，有颗粒填充层、各种多孔质材料、各种厚层滤纸等，这些孔隙在厚度方向相当于毛细管。低填充率深层过滤器有各种纤维填充层过滤器、薄层滤纸高效过滤器和发泡性材料过滤器等，深层过滤器捕集微粒的效果比表面过滤器好。

4. 防有害气体与虫害

有害气体是指人类活动和自然过程引起某些物质进入空气中，呈现足够的浓度达到足够的时间改变了大气正常组成。当其达到一定浓度时，就会对物质产生不利影响。有害气体对文物产生的危害日益严重，尤其是硫化物具有腐蚀作用，对纤维素、蛋白质等均起腐蚀破坏作用，并对染料褪色有重大影响。

由于空气中的有害气体多呈酸性，因此可以让其通过碱性材料，经过中和作用使其生成盐类而从空气中分离出来，这样就会使进入库房的空气中含有有害气体的浓度降低。可将空气通入 NaOH、Na_2CO_3 溶液中，使其净化后再导入库房。也可与去尘措施结合在一起进行，如在滤层中放入碱性物质，这样既能消除空气中的有害气体，又能阻止大气尘通过，经过这种处理的空气就比较洁净了。

纺织品纤维原料主要成分纤维素和蛋白质是微生物和害虫的理想营养源，纺织品文物保管库房环境污染，温、湿度控制不当，就会发生霉烂虫蛀灾害。纺织品文物入库前要进行消毒处理，入库后须定期检查，发现发霉生虫隐患应及时处理。

第二节　金属文物与石质文物的保护

一、金属类文物保护

金属类文物包括青铜器、铁器、金器、银器、锡器和铅器等。除了金银器，大多数金属类文物在外界不利的物理、化学、生物条件影响下，内部结构都会发生较大改变，随着时间的推移而发生各种腐蚀现象。这些腐蚀现象或发生在器物表面，或发生在实体内部。金属被腐蚀后，其体积、色泽、重量、强度、形状同原来相比会发生不同程度的变化，文物的科学、艺术价值和历史价值也随之降低。

铁器的出现标志着新的生产力的产生，促进了人类历史文明的进程。铁器、锡器、铅器类文物与青铜文物相比，现存的数量不多且腐蚀严重。因此加强对这些金属文物的研究和探索，弄清其腐蚀机理，对锈蚀产物进行分析，研究保护方法刻不容缓。金器和银器贵重稀有，化学性质稳定，无论是出土还是传世的金银器，腐蚀程度均不严重。

（一）铁器文物的保护

在我国古代人类历史文明长河中，春秋战国时期生铁冶炼技术的成功标志着社会生产力又一飞跃发展。生铁性脆，强度不够，开始只能用于制造铁铲、铁锛等工具。目前秦皇陵兵马俑出土的 4 万余件兵器中，只有铁矛 1 件、铁镞 1 件和铁铤铜镞 2 件，其余都是铜兵器。到了汉代，将生铁中的碳含量和有害杂质进一步降低就炼成了钢。自南北朝以后各种钢制农具、工具、兵器和生活用具大量出现，炒钢、百炼钢、灌钢工艺技术进一步改进，钢的质量明显提高。铁器的化学成分及结构决定其不稳定的理化性质，所以出土铁器文物数量不多。

1. 铁器文物出土的预处理

根据铁器的腐蚀机理和锈蚀构造，出土铁器文物的预处理程序一般为：

（1）观测记录。采取必要的手段，如摄影、测量等，以记录下该器物的出土原貌。

（2）检测腐蚀程度。在保护一件出土铁器以前，首先要检测它的腐蚀程度，以便为下一步的保护措施提供依据。铁器的锈层一般较厚，组织松散无规则，仅凭肉眼是不能判断锈蚀的程度的。检测铁器锈蚀程度的方法包括：

第一，X 射线法。目前最好的检测方法就是采用 X 射线法。X 射线的穿透能力和物质密度有关，铁基体和各类锈蚀物的密度是不同的。通过 X 射线可以清楚地知道锈蚀的分布和范围，并能看出锈蚀孔洞的深度，还可以探明锈层下面的器物纹饰或文字。

第二，探针法。刚出土的铁器锈蚀严重，无法明晰内部铁芯的情况，此时起取要极为慎重，可用一根细探针逐段、逐片向下刺探，既可以探明锈层的厚度，还可以了解铁芯的坚牢程度以及锈层下面是否有纹饰或镶嵌物。

第三，磁性测量法。金属铁的最大特点是具有磁性，而铁的腐蚀物没有磁性。用磁铁测试铁器的磁性，可以了解铁器的腐蚀程度和区域分布等。

第四，密度测定。金属铁在标准状况下的密度为 $7.86g/cm^3$，而铁的氧化物在 $5.24 \sim 4.90g/cm^3$ 之间，铁的氯化物的密度则更小。如果铁器的密度在 $6.5g/cm^3$ 以上，可以断定锈层较薄；如果密度在 $2.5g/cm^3$ 以下，可以断定铁器已经完全腐蚀。

第五，HNO_3-$AgNO_3$ 溶液测氯。检测锈蚀层中是否含有氯化物非常重要，因为氯化物会加剧已经锈蚀的铁器继续反应。如器物表面有氯化物，在潮湿的环境中，就会渗出棕色水珠。也可以先将器物在蒸馏水中加热浸泡，取出浸泡液，加几滴 2mol/L 的 HNO_3 溶液，均匀摇动使之酸化，再加入几滴 0.1mol/L 的 $AgNO_3$ 溶液，若有白色絮状物沉淀出现，则说明含有氯化物。如果 $AgNO_3$ 的加入量大于 2ml 仍然没有沉淀出现，即可认为锈蚀中不含氯化物。

（3）强制干燥。铁锈本身容易吸潮，出土后的铁器必须及时干燥，以防止铁器在空气中继续腐蚀。干燥处理方法有三种：

一是高温干燥。在恒温干燥器中，用 105℃ 的温度干燥铁器 2 小时左右。这种方法简便易行。

二是紫外线干燥。在 105℃ 温度下用紫外灯光干燥。如果铁器有木质、纤维等附着物时，温度应在 40℃~60℃ 范围内慢慢干燥，以免损伤附着物。

三是物理化学吸附干燥。在密封的容器里放入铁器，用变色硅胶吸水。这样虽然处理时间很长，但安全可靠，对铁器绝无损害，变色硅胶可以重复使用。

2. 铁器文物除锈

铁器上的有害锈主要是氯化物 $FeCl_2$、$FeCl_3$、H_2O、$FeCl$、$6H_2O$ 和铁器上酥松锈蚀 $\gamma-FeO(OH)$。铁器文物除锈主要有以下五种方法：

（1）机械除锈法。先用刀子、凿子、锤子、剔针、钢丝刷等金属工具剔、凿、拨、挑、锤、震去除铁器表面较厚的锈层和锈块。对于较硬的锈层可以用煤油和石蜡调成的糊状物涂敷在腐蚀铁器的表面软化铁层，然后剔除。

（2）试剂除锈法。第一，弱酸溶液除锈。常用除铁锈的溶液有醋酸、柠檬酸、草酸等弱酸和碳酸钠、柠檬酸铵、草酸钠、醋酸钠、葡萄糖酸钠等弱酸盐。去锈液可用10%醋酸溶液，也可用5%~10%柠檬酸液或草酸液，将铁器放入其内浸泡加热，当发生去锈反应时会出现沉淀物，应及时更换新鲜去锈液。去锈后可用氢氧化钠或碳酸钠稀溶液中和酸，并用蒸馏水洗净。柠檬酸钠、草酸钠、醋酸钠、葡萄糖酸钠等一些弱酸盐类，也可以用来除锈，使用浓度为3%~30%。第二，碱性溶液除锈。用10%NaOH 或 LiOH 溶液浸泡铁器，去氯锈后可用蒸馏水清洗。第三，水洗法。用蒸馏水浸泡铁器，一段时间后用冷水，一段时间后用98℃的热水。这种冷热交替的清洗法可快速将氯锈去净。

（3）等离子体除锈法。等离子体除锈机用以去除古铁锈，其原理是将铁的氧化物和氯化物还原成铁。所谓等离子体就是当气体电离后产生数量相等、电荷相反的离子和电子，这两种离子既相互吸引又相互排斥，存在于一个等离子的统一体中，等离子体呈电中性。在等离子体除锈机中，供气系统供出 H_2 等离子体，就可除去铁锈。用等离子体机处理过的铁器能保留器物原始表面上原有的痕迹和图案，甚至用手工方法也无法保留下来。等离子除锈还不会引起器物结构上的变化。

（4）电化学去锈法。电化学去锈法分为电化学还原和电解还原两种方法。第一，电化学还原。采用锌皮或铝皮包在铁器的表面，置于10%氢氧化钠溶液中，并适当加热以加速反应，直到没有气体逸出为止，取出器物用蒸馏水冲洗干净，除去残渣，如此反复。由于在反应中会有大量的刺激性气体产生，所以此法一定要在通风橱中进行。第二，电解还原。电解还原去锈法就是用被处理的铁器作为阴极，用不锈钢作为阳极，以10%氢氧化钠做电解液，通入直流电，控制电压和电流密度进行除锈。

（5）激光除锈。激光除锈机理主要是基于物体表面污染物吸收激光能量后，或汽化挥发，或瞬间受热膨胀而克服表面对粒子的吸附力，使其脱离物体表面，进而达到清洗的目的。大致包括激光汽化分解、激光剥离、污物粒子热膨胀、基体表面振动和粒子振动四方面。

3. 铁器文物缓蚀封护

出土的铁器文物经过干燥后，经检测无有害锈的情况下，即可使用缓蚀剂来进行缓蚀处理。存在有害铁锈的，先进行除锈处理，然后再进行缓蚀封护。铁器缓蚀处理是指通过化学方法在铁器的表面形成一层致密的保护膜，以隔绝 O_2、SO_2、H_2O、O_3 等有害气体及霉菌、灰尘等污染源，同时这层保护膜不能影响文物的质感和外观。这层膜又叫钝化膜，铁器表面生成完整的钝化膜的过程叫作钝化过程。铁器缓蚀剂要求无色透明、常温下干燥并且涂层要薄、耐气候性和老化性要好、有较强的附着力、对人体和环境无公害等。

丙烯酸树脂无色透明，使用方便，常温下固化迅速，耐光、耐热、耐腐蚀，在大气中及紫外线照射下不易发生断链、分解、氧化等化学变化。因而丙烯酸涂料能有效地防止大气中的有害物质腐蚀文物，能基本上使文物保持原有的面貌，如果封护膜长期暴露在空气中遭到破坏，还可以重新涂刷。

4. 铁器文物的加固与黏结

对于脆弱的铁器，因强度小而不利于保存和展出，可用合成树脂来渗透加固，如用 30%~40% 丙烯酸酯类乳液浸渗，通常采用降压渗透法（10~20mm 汞柱）。如树脂浓度较高，可能会在器物表面留下光泽，这时可在器物表面裱上吸水能力很强的美浓纸或滤纸，纸层可以吸附器物表面多余的树脂而不在器物表面留下光泽，可以保持艺术品的原有风貌。破碎成碎块的铁器需要整形时，可用黏合剂（如硝基纤维素、环氧树脂等）拼对黏结。整形时，常在一细砂箱中进行，以便使各个残片按照需要的角度保持其形貌，待黏合剂干燥后黏结即可告成。腐蚀较轻的残片还可用软焊锡焊接。

（二）金银器文物的保护

金银器通常指金质或银质的器物，有装饰品、生活用品、货币等类。金银器文物稀有贵重、造型多样、光泽美丽、工艺精湛，是文物中的精品。据史书记载，我国在殷商时代就有淘金和加工工艺。殷墟中出土重达 50g 的金块，还有反复锤打加工的金箔。春秋战国时期我国金银器制造工艺水平十分精湛。唐代出现的金银器数量较多、品种齐全，如壶、碗、杯、铛、盘等餐具，盒、盃、炉等用具，簪、环、镯、坠等饰品等。形体之庞大，数量之繁多，技艺之精湛，在国内考古发现中实属罕见。其中绝大多数都是国家一级文物，如八重宝函、鎏金银熏炉、金银丝结条茶笼子、鎏金银龟盒等。金银器文物有的纯度很高，但有的是以合金形式出现，因而性能也各不相同。对于金银器的保护应区别对待。

1. 金器文物的保护

金的化学性质非常稳定，不产生电化学腐蚀和微生物腐蚀现象，有的纯金器物虽然在地下埋藏千余年，只是受泥土挤压而变形，仍呈现黄色，不需要特别的除锈和保护。对于合金来说，情形就有所不同，金的合金中含有一定比例的 Ag、Cu、Fe 等金属，金的合金在硬度、色泽等理化性质方面与纯金有不同程度的差别，因此金的合金是容易腐蚀的。

（1）纯金文物的保护。发掘出土的纯金器物体质很柔软，通常与泥垢、石英和沙砾等结合一起，金质并没有被腐蚀。但观察到的器物表面往往覆有红色锈，这是由于地下铁的氧化或者埋藏地点附近铁器氧化的影响，很容易清除。第一，去除金器表面石灰质沉积物，可用一根棉签蘸 5% 稀 HNO_3 做局部涂布来去除；第二，去除金器表面有机类的污垢，可用 2% 的 NaOH 溶液浸泡几分钟，使其软化酥解，再用牙签、软刷或剔刀小心去除；第三，去除金器表面灰尘，可用软毛刷刷除，也可用乙醚、苯、中性肥皂液或 10% 氨水洗涤，随后用蒸馏水洗净烘干。

（2）合金文物的保护。古代金器文物中掺少量 Ag、Cu、Fe 等成分是为了增加金体的硬度和耐磨性，但也改变了金的性能和颜色，产生了腐蚀的可能性。如 Au-Cu 合金会出现绿色的铜锈，Au-Fe 合金会出现红色的铁锈。对金的合金制成的文物，应根据渗入金属的种类进行针对性的处理。常用氨水或者酸类除去绿色的铜锈，用 HCl 去除红色的铁锈。由于金化学性质的稳定性，酸、碱、盐等溶剂除锈后对金质不会造成损伤。

（3）鎏金文物的保护。鎏金文物就是指以其他金属和材料做内胎，在其外覆盖一层金质材料的文物。鎏金文物出土和传世的数量是较多的。鎏金文物的胎质比外层更容易腐蚀，所以处理方法必须谨慎。尤其不能用还原方法进行处理，因为锈蚀产物的还原金属会覆盖到鎏金表面上，有损器物的外观和价值。

例如处理损坏的青铜鎏金文物，可以使用碱性酒石酸钾钠溶液来清除锈层。如果鎏金层的腐蚀物夹杂在中间，就只能用机械方法来去除了，即在双筒显微镜下，用钢针挑除锈蚀物，当露出鎏金层时，就用 1% 的稀 HNO_3 将其表面进行清洗，但要谨慎耐心，防止鎏金层脱落。保护鎏金文物，稳定胎质是一种非常必要的手段，通常的方法是采用青铜或铁的缓蚀剂来防止胎质的腐蚀病变，也可以使用较稀的高分子材料从边缘的缝隙中灌入，从而加固鎏金层和胎质，起到保护的作用。

2. 银器文物的腐蚀与保护

银具有比较好的化学稳定性，但仍然存在着不同程度的腐蚀现象，影响了文物的艺术价值和历史价值。银器的腐蚀与保存环境密切相关。银器的腐蚀物主要有 AgCl、Ag_2O、Ag_2S 等。

（1）银的氯化腐蚀。埋藏在潮湿的含有氯盐的土壤中，银的表面即转化成 AgCl（角银），这是一种类似于泥土状的黏附物，微带褐色或紫色。腐蚀的过程中常伴有体积膨胀、强度下降、器物外形和颜色发生变化等现象。如果银器氯化不严重，只在表面生成薄薄的 AgCl，AgCl 呈现出的一种悦目的古斑，增加了器物的艺术魅力，是年代久远的象征，一般不必去除。

（2）银的氧化腐蚀。银在空气中一般不会氧化，紫外线作为外加能源时，既可促使银离子化，加速银与腐蚀介质的反应，也可以分解氧气分子，产生活化态的氧，活化态的氧和离子化的银一起反应形成氧化银。

（3）银的硫化腐蚀。银在活化态的 O、O_3、H_2S 同时存在的情况下，生成发黑的 Ag_2S，银器失去光泽而变暗。在银器表面上的黑色 Ag_2S 薄膜虽然不足以观赏，但性质比较稳定，可以减缓银的进一步硫化。如果银的硫化过程严重，器物变得又黑又脆，银本体便不复存在。

（三）锡铅器文物的保护

锡和铅是人类较早利用的金属，两者某些理化性质有相似之处，早期人们在冶炼中还不能将锡和铅区分得很清楚。目前，在我国发现的最早的锡器是在商代，如小屯殷墟中的块锡，大司空村殷墟出土的锡戈等。到了周代，锡壶、锡烛台之类的锡器就已很普遍了。先秦古籍《考工记》就记载了我国高超的炼锡浇铸技术。由于白锡在一定环境中会变成粉末状的灰锡，所以出土文物中纯锡器皿并不多见。现存的锡器文物大多是明清晚期和民国时期的传世品，由于锡器廉价易得，加工简单，因此广泛流行于市井和广大农村。

1. 锡器文物的腐蚀与保护

（1）锡器的腐蚀

第一，"锡疫"现象。许多古代有历史文化价值的锡器没有保存下来，主要原因是发生"锡疫"。用于制造锡器的白锡对温度非常敏感，当温度低于 13.2℃ 时会逐渐发生相变，缓慢变成性质非常脆弱的灰锡，锡由银白色变为灰色，器物的体积增大，外貌发生变形，机械性能下降，易发生一定的散碎，最后变成粉末状。因此，锡器在保存时，温度绝不能低于 18℃，以防发生"锡疫"现象。在锡中附加 0.5% 的铋（Bi）可以防止"锡疫"。

第二，锡的腐蚀物。出土的锡器由于长期埋于潮湿地下，表面一般会失去光泽，生成一层粗粒状、暗灰色的氧化亚锡（SnO）。如果继续腐蚀，则进一步转化为白色的氧化锡（SnO_2）。锡器内有铜成分的文物，其锈层上还会有绿色（碱式碳酸铜、碱式氯化铜）和红色（氧化亚铜）的铜锈。

（2）锡器的保护

一是还原法。对于轻微锈蚀的锡器可采用电化学还原法或者电解还原法进行处理，常用 NaOH 作为电解质溶液，Zn、Pb 或 Mg 作为阳极。但器物上有铭文或纹饰时，处理要极为慎重，不宜采用电化学还原法，而是用 Zn 粉、NaOH 进行局部还原法处理。对于"锡疫"现象严重的锡器，先要在热水中处理 1 小时左右，再进行还原法处理。

二是嵌埋法。长期埋藏在地下的合金锡器会受到盐类局部的腐蚀，器物的表面出现肿胀的锈蚀物。锈蚀物如果呈硬皮状，说明锡器还处在相对稳定的时期，此时锈蚀物不宜剔除。脆弱的锡制品可以使用嵌埋法保存，即将锡器嵌埋在透明的塑料颗粒中保存，或者嵌埋在甲基丙烯酸酯类的树脂里，以隔绝空气中的有害成分。如果锡器需要取出时，可将器物浸泡在四氯化碳（CCl_4）有机溶剂中，将树脂逐渐溶胀除去。

三是密闭法。锡器性质柔软，要尽量避免机械碰撞或挤压，一般需要放在特别的布套或盒子里。

2. 铅器文物的腐蚀与保护

（1）铅器的腐蚀。铅器在潮湿空气中，其表面会很快氧化，形成一层氧化膜。铅的氧化物形成的膜是致密的，可以防止铅器继续被氧化，具有一定的保护作用。而出土的铅器长时间受到各种盐类、地下水中的 O_2 和 CO_2 等的腐蚀，形成一层白色锈壳［碱式碳酸铅 $PbCO_3 \cdot Pb(OH)_2$］。由于锈壳的自身膨胀而影响器物的原貌，应当除去。铅器还容易受有机酸（如乙酸、鞣酸等）和油脂等物质的污染而产生腐蚀现象。

（2）铅器的保护。第一，$HCl-CH_3COONH_4$ 除铅锈。先将器物浸泡在 50 倍于自身体积的 1.2mol/L 的稀盐酸中，直到不再有气泡出现为止。将器物取出，滤干酸液，用大量的煮沸蒸馏水清洗除酸，反复洗涤三次。然后再将器物浸泡在 25 倍于自身体积的 1.2mol/L 的乙酸铵中，直至铅器表面无锈蚀物为止，用大量的蒸馏水清洗残存的溶液。最后在常温下阴干，也可浸于酒精或丙酮后晾干。第二，离子交换树脂除锈。一些小型的铅币、铅章等文物，可与离子交换树脂放在一起，互相接触，并浸泡在温热的蒸馏水中，更换多次树脂后，铅锈消失，铅本体不受任何影响。第三，封护。对一些有文物价值的铅器可浸泡在石蜡溶液中，进行表面封护。第四，密闭保存。铅器应保存在密闭的盒子或封套中，减少与 O_2、水蒸气、灰尘、有机酸、油脂、空气污染物等接触。脆弱的铅器也可以使用嵌埋法保存，效果很好。铅器不能放在橡木制的橱柜或抽屉中，因为橡木分泌出的鞣酸会腐蚀铅器。

二、石质文物的保护

石质文物受地下埋藏环境的污染或地表风化因素的影响，会发生粉化、变色、生霉、酥碱破裂、蚀孔等。因此仅进行必要的灌浆修补加固是不够的，还需要采取表面封护等保护措施，以延长石质文物的寿命，减缓风化过程。对石质文物进行保护处理一般应遵循以下原则：①只有在十分必要的情况下，才对文物实施保护性处理；②不改变文物的本来面貌，保持石质文物表面的美观；③兼具有效性和持久性；④保护材料具有可逆性，以便将来的再处理；⑤符合生态要求，在选择保护材料的同时，必须考虑施工条件和对周围环境的影响。

（一）石质文物的清洁

在对石质文物进行封护前，有必要对表面进行彻底的清洁，因为它直接关系到保护的效果。石质文物的一般性污染物包括尘土、烟垢、生活垃圾污染等，清除这些污染物可以采用水洗的方法。开始用普通水洗涤，然后换蒸馏水或去离子水，每天换水。在水洗不掉的情况下，也可以使用化学溶剂进行清洗。

1. 雨迹水痕的清洗

水痕的形成是由于雨水中含有大量尘埃，在石质文物表面防风化层的作用下，落在石质文物表面的雨水不能再铺展开，而始终沿固定路线流淌，时间一久，雨水中的尘埃在这些部位逐渐沉积，形成水痕。清除水痕首先用去离子水淋洗，除去易溶于水之污物。雨水冲刷之痕迹用 5%Na_2［Na_4（PO_3）$_6$］水溶液清洗；若雨痕太重难以清洗时，将浸润 5%Na［Na_4（PO_3）$_6$］水溶液的多层手工纸贴敷在石质文物表面，让其充分接触，络合而除去水痕，3~4 天后即可除去，多次循环效果更好。最后用去离子水冲洗石质文物，以清除残留在石质文物上的清洗剂。

2. 油烟菌类的清洗

用 14%的 NH_4OH 和 5%~10%的丙酮溶液清洗，效果十分明显，油烟、霉菌全部清洗掉，若清洗之处特别潮，为了防霉可用 0.02%的霉敌乳剂处理，以在石刻表面形成一个防霉、透气、无光的保护膜。还可以使用去离子表面活性剂对石质文物上的油烟污物进行清洗，除去大面积上沉积或吸附得不太紧密的和不很牢固的炭黑和其他成分。对吸附牢固之物，再使用辛烷基酚聚氧乙烯醚或壬烷基酚聚氧乙烯醚清洗剂进行局部氧化、渗透、腐蚀清洗。

3. 苔藓低等生物的清洗

石质文物的表面经常处于潮湿状态时，则容易生长苔藓等低等生物，这些生物的根系使石刻表面剥落，其生长过程释放的酸性物质对石质文物造成腐蚀，一旦它们死亡，即会产生炭化，使石质文物表面发黑。这些作用的结果，使石质文物表面文字消失，降低了文物的价值。石质文物表面生物污斑可先用清水浸湿污物，然后用 50%丙酮溶液清洗，再用 14%的氨水清洗，最后用 0.4%的霉敌乳剂做杀菌、防霉、防苔藓、地衣处理。

（二）石质文物的脱盐

石质文物长期受化学污染物的作用，表层含有许多盐分，如氯化物、硫酸盐等，尤其是处于海边和工业区的文物更易形成盐污染层。这些盐分会对石质文物产生严重侵蚀，对文物造成危害。特别是曾埋藏在地下的，可溶性盐类的影响相当严重。由于可溶性盐具有吸湿性，在温度和湿度变化的条件下，可结晶析出或又重新溶解，如此反复周期性变化，必然伴随着体积变化，以致引起石刻的崩溃、解粉和剥落，因此除去石质文物表面及渗入内层的有害盐分对石质文物的保护十分必要。

1. 脱可溶性盐类石质文物

清除石质文物内部可溶性盐类，最常用的方法是先用普通流水冲洗，再用蒸馏水或离子交换水浸洗，且每 2~3 天换一次蒸馏水或离子交换水，直至洗到用 $AgNO_3$ 测定不再含氯离子为止，或只含极微量的氯离子。对那些庞大的石像或大石头，不宜用上述浸洗的方法来消除盐类，一般用纸糯糊敷的方法。其操作方法是用蒸馏水将柔软的纸浆煮沸并捶成纸糯糊，冷却后敷在石质表面，将器物完全用纸浆包裹起来，水分被石头吸收并溶解了器物中那些可溶性盐类，从器物内部深处借毛细管的作用向表面层挥发，当纸浆干燥时，盐在纸饼中结晶析出，过 20 天左右，小心揭下干燥纸浆饼，这样可以消除一部分盐。再敷上新的纸浆饼，如此反复几次，直至揭下的纸浆溶于蒸馏水中，用 $AgNO_3$ 溶液检查不含氯离子为止。

2. 脱硅酸盐类石质文物

花岗岩、玄武岩石质坚硬无孔隙，理化性质稳定。花岗岩含有 66% 以上氧化硅，是一种酸性岩石，玄武岩则是一种盐基性岩石，氧化硅含量不到 52%。在恶劣的地下环境中，这两类文物的表面会沉积一层碳酸类或氧化铁和氧化硅等物质的黑色硬壳。洁除工作中，可用硬毛刷蘸 9∶1 的四氯化碳、甲苯溶液刷洗，使黑色硬壳软化后再清除，然后以蒸馏水冲洗药液。可溶性盐类的去除，可在细流水中较长时间浸洗，再用蒸馏水加热至 45℃ 左右浸泡，放入超声波清洗器中，可以快速洗除。最后以微晶石蜡渗渍封护。

3. 脱碳酸盐类石质文物

碳酸钙类石质慎用酸液处理，如必用酸类软化盐壳，可先将周围石面用清漆或三甲树脂封护。如难溶的石膏、硫酸钙类玻璃结晶状盐壳，可用电烙铁给盐壳加热，使结晶石膏物质受热膨胀解体，但温度不可过高。灰岩类石器受热过度会生成石灰，不可用此法。大理石是一种灰岩变质而来的，不可用带有油脂和酸类的溶液洁除，清洗剂可以采用中性溶液，如氨皂液，用 100ml 蒸馏水配 10g 医用软皂和 1% 的氨水。另外，还可以采用 2% 的硼酸或 2% 的氯亚明，以及 5%~10% 的氢氧化铵溶液清洗大理石质的文物器表。器面坚硬锈壳可用清漆将周围封护，弱酸软化锈壳后用机械方法剔除，洗去酸液，去除周围的清漆。

4. 脱多孔类石质文物

砂岩和灰岩都是比较多孔的，表面腐蚀主要是由可溶盐类的结晶形成硬沉积物，会使石面雕饰及文字模糊难辨认。可用流水浸洗法或纸糨糊敷法洁除。另外，石面酥解或有贴金彩绘情况，必须先加固，可用各 50% 的乙酸戊酯和丙酮溶剂配 2% 的硝基纤维素溶液，给石面涂刷加固，把酥松的砂粒粘紧，彩绘固定后，采用纸浆包糊法提取可溶盐类物质。难溶盐壳则可用 5% 的稀盐酸做局部软化，而后用机械方法剔除。

（三）石质文物的封护加固

1. 封护加固的选材原则

严重风化酥解的石质文物在采用化学加固封护时，选用的加固材料须满足以下要求：加固材料对酥化层加固应有较深的渗透力，成膜性好；采用的材料加固石器后应具有较好的透气性和防水性，确保石质内空气、水分可以透出来，有一定的"呼吸"能力；所用材料不应有亮光感，不会改变石器外观，与石质中的水和盐适应，耐老化性能好。

2. 石质文物封护加固的方法

（1）微晶石蜡封护法。石蜡是由石油中得到的含有 20 个碳以上的高级烷烃，熔点较低，在常温常压下是结构紧密的固态，化学性质稳定，在空气中不易变质。大理石为材料的石质文物由于风化作用，表面常会出现白色粒状物，用手指可以掐落石粒。这类文物可用红外灯烘烤，灯的距离在 1m 以上，趁热涂微晶石蜡与石油醚软膏。软膏熔化，被疏松和多孔石质吸收，石油醚被挥发掉，直至文物表面不再吸收石蜡为止。

（2）有机硅氧烷封护法。

第一，有机硅氧烷聚合物特性。有机硅氧烷聚合物集无机材料特性与有机聚合物功能于一身。作为封护膜它有以下特性：无色透明；疏水性好；成膜性好，能起到防潮、防 CO_2 和其他有害气体的作用；不易老化，化学性质稳定，耐高温和低温；电绝缘性好；能保持文物原貌。不损害或基本不损害石质材料对空气和水蒸气的透过性是它的最大优点，因而最适合作为石刻表面封护剂。

第二，聚有机硅氧烷封护加固。如果石质文物保存较好，石质表面风化程度较轻且强度较好，采用有机溶剂乙醇稀释聚有机硅氧烷，降低黏度，涂渗石质表面后，有机溶剂挥发，有效的有机硅氧烷树脂留在石刻上形成无炫光的透明封护膜，起到防护作用。常用的有聚甲基三乙氧基烷硅、聚甲基三甲氧基烷硅、聚四乙氧基烷硅、聚四甲氧基烷硅等。

第三，有机硅氧烷单体——纳米材料封护加固。如果石刻风化较严重，用有机溶剂稀释的聚硅氧烷树脂，虽然可渗入风化层，但因有机溶剂挥发而剩下的有效固体物不多，起不到胶结风化松散物的作用，封护效果差。这种情况下应选用有机硅氧烷单体，如甲基三乙氧基烷硅 $CH_3Si(OC_2H_5)_3$、甲基三甲氧基烷硅 $CH_3Si(OCH_3)_3$、四乙氧基烷硅 $Si(OC_2H_5)_4$、四甲氧基烷硅 $Si(OCH_3)_4$，在高活性引发剂的作用下缓慢聚合，渗透深度可达 3~5cm，达到胶结风化松散物的目的，既有效地加固了风化层，又能起到很好的表面封护作用。有机硅氧烷由于分子中既有烷基又有硅氧键，是一种介于有机高分子和无机材料之间的聚合物。因此既具有一般高聚物的抗水性，又具有透气性，以及与石质之间良好的相溶性，因而两者之间有很好的结合力。而且它还能通过化学反应形成比物理结合强得多的化学键力，可将风化的石质表面疏松颗粒结合成一个整体。在有机硅封护液中加入 Al_2O_3、TiO_2、SiO_2 等纳米粒子，可显著改善浆液性能，增大石质对浆液的吸收，并且封护膜具有更好的耐老化特性。

（3）氢氧化钡封护法。氢氧化钡加固石质文物的原理就是 Ba^{2+} 与 Ca^{2+} 交换而产生不溶性碳酸钡和可溶性氢氧化钙，氢氧化钙与空气中二氧化碳作用，又生成不溶性的碳酸盐。轻微风化的石灰石和大理石制品，可将其浸渍于 50℃ 的恒温氢氧化钡水溶液中一昼夜，取出后让其自然干燥，经处理后的石器表面强度会增加，表面不再酥化掉粉。

（4）氢氧化钙封护法。对于剥蚀得不成形的酥松结晶体，可以用氢氧化钙溶液浸渗进孔隙内，每隔几天渗一次，共处理三次。氢氧化钙与空气里的二氧化碳反应，会在大理石的多孔区及孔隙里生成碳酸钙，其成分与大理石的成分本身一样。少量粉化晶体可以刷掉。干燥后用 10% 的可溶性干酪素加固形成一层酪酸钙和碳酸钙薄膜，使粉化石粒凝结起来。

（5）聚甲基丙烯酸酯减压浸透封护法。质地疏松的小件石刻艺术品，可用减压法浸渗。将器物放在用有机溶剂稀释的聚甲基丙烯酸酯类溶液中浸泡，然后置于真空干燥器内处理，开启真空泵，造成干燥器内减压，使气泡从浸泡溶液的石器中排出，直到气泡完全停止。

（6）微生物转化法。碳酸盐岩石表面由于空气中二氧化硫和碳微粒的作用生成易脱落的硫酸钙层（$CaSO \cdot 2H_2O$），造成石质的风化。对这类石质文物的保护可用含有硫酸盐还原性的细菌——脱硫弧菌属细菌溶液处理表面的硫酸盐，处理后的石质表面形成方解石（$CaCO_3$），在形成方解石时，微生物起净化大理石表面的作用。

（7）其他材料封护法。石质文物表面封护还常用低黏度的环氧树脂、甲基丙烯酸酯类、尼龙材料、氟碳树脂、氢氧化钠-尿素等高分子材料做表面保护剂，用喷涂或涂刷的方法，使这些材料在石质表面形成一层防护层，防止空气中的水分及有害气体等侵蚀石质文物。

（四）石质文物的黏结修补

石质文物出土时破碎、残损器物的黏结，通常采用 GJ301 快干胶，三甲树脂、热熔胶、聚醋酸乙烯酯、聚甲基丙烯酸酯类材料，丙酮稀释黏结。黏结方法是先洗净要黏结的断面，待半干后，合对断面，对好后轻轻用力片刻，固定放置使其固化即可，用小刀剔除或用丙酮擦去挤出之余胶。采用上述胶黏剂不仅黏结效果好，而且可逆性强，万一黏结时断面未接好而有错面，可以用丙酮浸泡溶解胶黏剂，然后重新对接胶黏。

石质文物有部分残缺时，需要修补。常用修补剂有：纤维素加熟石膏、颜料；丙酮、乙酸戊酯混合，10%硝基纤维素，拌300目白砂粉，调成油质膏；以丙酮、聚醋酸乙烯酯乳液加岩石粉及无定形二氧化硅、颜料调成修补膏。刮填修补石器的黏结缝和残缺面，干燥即可。

第三节　陶瓷文物与青铜器文物的保护

一、陶瓷文物的保护

陶瓷文物在出土前，多在地下埋藏数百年乃至数千年，由于陶瓷文物本身脆性大，加之年代久远，出土时大多都已破碎成片，而且充满各种污染物。因此，出土陶瓷文物一般都须经过修复处理，然后才能入馆保藏。陶瓷文物的保护管理技术一般都经过清洗、拼对、黏结、补配、加固、作色及做旧等步骤。

（一）陶瓷文物的清洗

清洗是进行陶瓷文物修复的第一步，其目的是将被修复器物表面及断裂部位的各种泥土、杂质和污垢去除干净，使陶瓷文物露出本来面目，为后道工序的修复提供条件。

1. 陶器文物的清洗

出土陶器文物的污染物主要有三大类：一是可溶性盐类；二是钙类、硅类难溶物；三是腐败物。陶器文物的清洗主要就是去除这三类污染物。

（1）可溶性盐类清洗

陶器中所含可溶性盐类与器物出土地域的地质状况有密切关系，一般主要为$NaCl$、KCl、Na_2CO_3、$MgSO_4$以及这些金属阳离子的氢氧化物。若是含盐分高的陶器文物，时间稍长（2~3年）器物表面就会泛白，且被盐结晶长出无数小花点，造成器物表面粗糙，釉陶甚至可使釉面剥落，同时使得器物内部松脆容易碎裂，因此，陶器中盐分必须去除。一般可采用水洗涤的方法。但须注意器物表面装饰物（如彩绘）能否经得住清洗，否则应先进行加固保护，然后才能清洗。

素陶：指器物表面没有其他材料装饰的器物。这类器物一般用洗涤法除盐即可。具体做法是：把器物放入流动的水中，洗涤一两天，除去大量的盐分后，再换用蒸馏水浸泡洗涤。除盐程度的判断既可利用电导仪测量洗涤液的电导率，也可利用 2% 的 $AgNO_3$ 溶液测定洗涤中 Cl 浓度。

彩陶：彩陶是在坯体未干时将彩料绘于器物表面，经打磨压入器表，和器物结合很牢固，如马家窑文化时期的彩陶。此类器物可直接用洗涤法去除盐类。对虽经打磨，但因制作粗糙而使颜料图纹高于器物表面且很松散的彩陶，如甘肃玉门火烧沟文化类型彩陶，须先对其表面加固，后再用洗涤法除盐。常用的加固剂有 2% 的硝基纤维素丙酮溶液、2% 的可溶性尼龙酒精溶液、3% 的乙基纤维素酒精溶液。

还有一些器物由于本身非常脆弱，虽经高分子材料加固表面，仍不能用洗涤法除盐，可用纸浆包裹法。具体做法是：先把滤纸或吸墨纸撕成碎块，放入盛蒸馏水的烧杯中，加热搅拌使其成为纸浆；再把纸浆涂在器物表面且使纸浆干燥时，由于滤纸毛细管吸出作用，液体和盐类就会从器物内部转移到器物表面，并且在敷纸上结晶，如此反复数次，即可除去盐分。

彩绘陶器：这类器物由于地下潮湿环境作用，颜料中的胶结材料已老化失去作用，出土后在干燥情况下彩绘颜料脱落起甲。此类器物应先整修，进行表面加固后视其强度选择洗涤法或纸浆包裹法除盐。

釉陶：釉陶烧成温度较高，如著名的唐三彩素烧温度高达 1100℃，其强度比一般陶器高，加之其表面覆盖有一层玻璃质石灰釉或铅釉层，故其稳定性也比一般陶器要好得多；但若釉层不全或不完整时，盐类也会渗入陶体内部，在温、湿度变化时由于盐类结晶作用造成釉层剥落。对此类器物，若釉层与器物结合牢固，可直接用洗涤法除盐，若二者结合很松散应先加固，再视强度情况选用洗涤法或纸浆包裹法除盐。

（2）钙类、硅类难溶物清洗

钙类、硅类此类难溶物在博物馆条件下很稳定，对文物也无任何损害，一般情况下不予去除，但若其掩蔽了彩陶文物的花纹图案，则必须将之清除。去除方法包括：对石灰质覆盖层，视其厚薄，分别配制 1%、2%、4% 的稀盐酸溶液擦洗，有时也可加入 0.5% 的乌洛托品试剂作为缓蚀剂；等图案花纹快出现时，用 5% 的六偏磷酸钠溶液浸泡，以除去剩余石灰质。覆盖层除去后，再用大量清水冲洗。

（3）食物腐败物、烟熏污迹清洗技术

对于有机脂类污垢，可采用脱脂棉蘸酒精、丙酮、乙醚或二甲苯等有机溶剂擦洗去除；对于油烟类污渍可用 5% 的碳酸钠加 0.5% 的十二烷基苯磺酸钠的热溶液擦洗清除；对于炭黑，可用 3% 的过氧化氢溶液擦洗，使其氧化去除。

2. 瓷器文物的清洗

清洗瓷器的方法很多，常用的方法包括：①清水去尘、除泥。对残片上的泥土、灰尘和旧缝中存有的黄、黑垢迹，可用清水、洗洁精、漂白粉等浸泡，用刷子、竹签、刀子手工清洗。②机械去污。有些坚硬的附着物用小型超声波清洗或电动刻字笔等清洗。③化学去污。瓷器上的 $CaCO_3$、$MgCO_3$ 等盐类物质可用 5% ~ 10% 的稀盐酸、甲酸或醋酸等清洗。

在上述清洗过程中必须注意的问题：①无论采取何种清洗方法，均应以不伤害文物为基本原则。无此把握的方法必须先经过试验，取得满意效果后再使用。②陶器的质地较酥松，且吸水率高，故须尽量减少用水量及其他有害溶液的浸泡。对风化严重的低温陶器和彩绘陶器，严禁采用水洗方法，酸液除垢浓度也要低。③清洗瓷器的釉上彩时须格外小心，因其年深日久极易剥落，有的对酸液敏感，易被腐蚀掉色。④陶瓷文物并非清洗得越干净、越彻底越好。相反，有些器物上的异物应予以保留或保护：凡黏附在器物表面的各种历史遗迹应予以保留，如丝麻织品或其他印痕以及必要的各类锈蚀等；既有年代特征，又能反映品种特点的锈蚀应予以大部分保留，如汉代的所谓"银釉"；在不影响观看和鉴赏的基础上，应在不重要的部位上保留少部分能反映文物年代特征的各类锈蚀。

（二）陶瓷文物的拼对与黏结

1. 陶瓷文物的拼对

拼对是陶瓷文物修复中的重要环节之一。破碎不严重的器物拼对较易，关键是破碎严重的器物，对此，在拼合对接前，应仔细观察残件（片）的形状、颜色、纹饰，大体分一下类，初步确定其所在部位，然后再逐块进行试拼对并编号。同时，设计和做好黏结前的各项准备工作。

2. 陶瓷文物的黏结

黏结是修复陶瓷文物中难度较高的工序，黏结时一定要兼顾上下左右的关系，原则是由小到大，顺序可从底部往上黏结，也可从口沿部分开始黏结，但都务必做到每一片须整合的陶瓷片不能有丝毫的错位，否则，破损缝隙将无法复位。修复陶瓷器，黏结剂的选择是关键。常用的适合于陶器黏结的有硝基纤维素三甲树脂、环氧树脂黏合剂、聚醋酸乙烯酯、乙烯-醋酸乙烯酯共聚物等，其中，环氧树脂黏结剂种类很多，有多种胶可用于修复瓷器。

（1）直接对粘法：这是应用最多、最基本的黏结方法。操作过程是：首先将黏合剂均匀地涂敷在已清洁干净的断面上；然后将两断口正确地吻合拼对在一起，用力按实；再用脱脂棉蘸取少许溶剂并挤成半干，将溢出断缝外的黏合剂擦拭干净。黏结拼合后的部位须加以固定，直至黏合剂完全固化后，除去固定用具和用品。此法适宜在环境温度 20℃ ~ 22℃、相对湿度小于 85% 的条件下操作。

（2）灌注黏结法：是让需要黏结的各部位先各自就位，然后再将黏合剂灌注到断裂的缝隙中去的黏结方法。其基本做法是：将准备黏结的部位调整固定好位置，再用橡皮泥或打样膏把断口两侧和下面的缝隙堵严，以防灌注时胶液外流；然后将配制好的黏合剂从断缝上方灌入；待黏合剂完全固化后，把橡皮泥去除干净即可。此法适用于经拼核发现裂缝间隙较宽的器物、各类非完全性断折者，以及用直接黏结法后而接缝尚有小部分缺损，又不必进行补配修复的器物。

（3）快速黏结法：是对破损不太严重的器物进行应急修复的一种方法。常用"502"瞬干胶或热固型环氧树脂胶进行黏结。

（三）陶瓷文物的补配与加固

1. 陶瓷文物的补配

若一件陶瓷器的破损部位不存在了，不能通过黏结将其形体完全复原，此时就需要对其进行补配修复。常用材料有石膏粉、水泥、聚醋酸乙烯乳胶、钛白粉、滑石粉、虫胶清漆、丙烯酸清漆、白炭黑及环氧树脂黏合剂等，应根据修复对象、要求等的不同选择其中的某些材料进行配方。补配的主要方法有填补、塑补和模补三种。此外，还有陶补法、瓷补法及插接法等。

2. 陶瓷文物的加固

陶瓷文物的加固分为机械加固和黏结加固两类。前者是指陶瓷文物在运输与展览过程中的保护性加固，多用于大型器物或易损器物；后者是利用黏合剂或涂料的联结力及其固化物的性能来提高器物表面或局部的牢度、强度和硬度。既可起到保护性、预防性作用，又可防止风化器壁及剥落彩绘和釉层的继续风化和剥落，应用较为广泛。根据不同对象，常用的加固方法有喷涂加固法、滴注加固法、浸泡加固法和玻璃钢加固法。

（1）喷涂加固法。喷涂加固法是将黏合剂或涂料稀释后，直接喷洒或涂覆在加固处的表面。适用于风化较轻的器壁、欲剥落的彩绘和釉层以及对补配部位的强化处理。常用的材料有环氧树脂黏合剂、丙烯酸清漆或三甲树脂等。

（2）滴注加固法。滴注加固法是利用"502"黏合剂渗透性强的特点，对器物上非受力部位的裂缝、冲口以及黏接修补后尚不牢固者进行加固的一种方法。

（3）浸泡加固法。浸泡加固法是把整个器物直接放入涂料液中，浸泡一段时间后，取出器物放到一个装有少量溶剂的加盖玻璃容器中，使其在饱和溶剂蒸气条件下缓缓干燥。适用于整个器物风化侵蚀严重的低温陶器的加固。加固涂料可用三甲树脂稀释剂或丙烯酸清漆；溶剂可用 1∶1 的甲苯、丙酮溶液。

（4）玻璃钢加固法。玻璃钢加固法采用压层工艺把环氧树脂黏合剂和玻璃纤维布制成性能优良的玻璃钢，再利用它来加固大型易损的陶器。仅用于展览修复，且仅限于器物的非暴露部位，如大型马俑的内腹、器物的内壁等。

（四）陶瓷文物的作色与做旧

1. 陶瓷文物的作色

为了便于展览或其他需要，对某些陶瓷器须作色，这也是最难的一道工序。对于涂釉的部位和器物，作色往往还要与仿釉工作同时进行。作色首先应根据器物的原色，选择好颜料，可从色彩、遮盖力、着色力、黏度、比重、分散性能、耐旋光性、耐热性、耐酸碱性、耐溶剂性等方面考虑。其次应拟订作色方案，并根据方案进行调色。最后着色，可根据不同情况采取不同的着色方法，如喷涂法、刷涂法、擦涂法、勾画法、粘贴法、吹扑法等。

2. 陶瓷文物的做旧

出土的陶瓷器物由于长期埋藏在地下，受到地下的自然侵蚀，大多失去光泽，年代越久，光泽差异越大；有些瓷器表面有一层极薄的透明膜，俗称"哈光"，观其釉色有一种散光现象，如唐三彩上的"蝇翅纹"就是其中的一类。对此，根据不同情况及需要分别采用压光法、抛光法或罩光法达到做旧目的。

（1）土锈：指由于陶瓷文物长期深埋地下，有些泥土变得坚硬板结，牢固地附着在器物表面，凝固成不同形状的土疤。可用扑撒法做旧：用"502"强力黏合剂或漆皮汁（虫胶酒精溶液）、清漆等喷在需要做锈的部分，然后将研好的黄土（发白的土锈可将黄土中加白粉子）撒在上面，干后即成土锈。也可将胶与泥浆混合，用牙刷弹、蹾、刷，做出点状或斑状土锈。

（2）水锈：长期埋在地下的陶瓷文物的表面多附着一些白色沉积物，多呈水痕形状，俗称水锈。它们的主要成分是 $CaCO_3$、$MgCO_3$ 盐类物质，有些还杂有 Fe_2O_3 或 $CuCO_3$ 等物质。水锈做旧可采用扑撒法，即将清漆、漆皮汁喷或刷在需做水锈的部位，然后将滑石粉或其他体质颜料粉末扑撒在上面，等涂层完全干燥后，清除干净浮粉即成。也可用复分解法，即在需要做水锈部位涂一层硅酸钠水溶液，待其干燥后，再用5%的稀盐酸在涂层表面刷涂一遍，盐酸遇硅酸钠后发生复分解反应，生成白色盐类物质并附在器壁上。还可用"502"黏合剂滴涂在需做水锈的部位，胶液未固化前用水及时喷洒或冲洗有胶部位，胶遇水后即泛白并固化。

（3）银釉：出土的铅绿釉器表面常会发现一层有银白色金属光泽的物质，俗称银釉。它主要是处于潮湿环境中的铅绿釉面受到轻微溶蚀，溶蚀下来的物质连同水中原有的可溶性盐类沉积下来的沉积物。这种银釉以汉绿釉陶器上最为常见，在唐三彩和其他彩釉器上有时也能见到。其做旧可采用清漆中加银粉刷喷的方法；也可采用云母粉硅酸钠溶液刷涂，然后再涂稀盐酸，硅酸钠与稀盐酸发生分解反应产生一层带云母光泽的盐类物质，反复几次即可出现银釉的效果；还可采用"银镜反应"制取出氧化银中的银，或用银箔中的银粉，然后用清漆调匀，喷刷在器物上。

陶瓷文物的日常保护主要是为其创造适宜的外部环境条件，包括建设一个选址科学、环境优美而无污染的库房建筑；控制好库房温、湿度，按我国制定的标准，温度应在18℃~24℃，相对湿度应在50%~60%，且日变化幅度应分别不超过5℃、5%；陶瓷器都易破碎，要避免碰撞及成堆累放；应保持库房干燥，以免陶器受潮；对各类彩绘陶器应当进行必要的表面加固等。

二、青铜器文物的保护

（一）青铜器文物保护原理及方法

我国青铜器文物出土数量极大，种类繁多，器物类别复杂，即使同一时期、同一地区出土的青铜器由于所含成分不同，其锈蚀程度也有很大差别。如秦兵马俑出土的青铜剑，剑刃锋利如初，光亮如新。但有些青铜器出土后仅短短几年，腐蚀剥落就极其严重，这就给文物保护工作者提出一个重要的任务，那就是在弄清青铜器文物的化学组成、锈蚀机理、锈蚀产物的情况下，采取科学有效的保护措施。

1. 青铜器文物的除尘与清洗

（1）除尘去垢

第一，清水除尘去泥垢。土颗粒物中含有酸、碱、盐等物质，遇到潮气会腐蚀文物，可以先用毛笔或软毛刷拂去青铜器上的尘土。如果青铜器上粘有泥垢，也可用毛笔蘸蒸馏水软化干硬泥土，泥斑主要含黏土和杂质，是极性分子，水也是极性分子，根据相似相溶原理，两者异极互相吸引。清水除尘去泥垢效果较好，水洗后可用软质吸水纸吸除清洗下来的泥水。

第二，醋酸去泥垢。用8%~10%的醋酸做松土剂，软化铜器上的干硬泥土。醋酸既是缓蚀剂，又易挥发产生气体而起到松土作用。

（2）超声波法清洗黏土沉积物

青铜器由于长期埋于地下环境中，表面附有锈蚀产物和黏土矿物的混合物，黏土沉积物含有石英、高岭土等，并混杂绿色锈状物，既影响美观，又为长期保管留下隐患，必须清洗去除。

第一，蒸馏水-超声波清洗。对于表面有钙、硅质沉积物的青铜器，可先在50kHz超声波清洗仪中用蒸馏水振荡清洗 5 分钟，取出晾干，再进行修复。

第二，六偏磷酸钠溶液-超声波清洗。对于青铜器中有 Ca^{2+}、Mg^{2+}、Fe^{2+}、Ba^{2+} 等沉积物，还可采用六偏磷酸钠溶液中超声波振荡清洗。六偏磷酸钠 $\{Na_2[Na_4(PO_3)_6]\}$ 是无色透明玻璃状粉末，在水溶液中徐徐水解后形成正磷酸盐，水解后有微弱的还原性，对 Ca^{2+}、Mg^{2+}、Fe^{2+}、Ba^{2+} 等的配合效果好，吸附于固体表面，充分发挥分散性的作用，有很好的洗涤效果。

一般用 1%~2% 的六偏磷酸钠溶液清洗，在清洗时加入 0.5% 的十二烷基苯磺酸钠，这是一种阴离子型表面活性剂，它的加入可以提高溶解性、渗透性及分散性，加快清洗速度。

2. 青铜器文物的除锈

除去腐蚀产物有许多方法，如机械去锈法、还原去锈法、化学试剂去锈法、置换去除氯离子法等，利用有些方法去锈后，文物的外观改变了，失去原来的特征，故必须选用对严重粉状锈去除有效、处理后对青铜器的颜色质感无明显影响的方法。因此，对不同青铜器除粉状锈时必须谨慎地选择不同的方法。

（1）双氧水溶液氧化去锈。为彻底清除器物上深浅不同的粉状锈和氯离子，可用 10% 的 H_2O_2 反复涂刷，使锈蚀产物中的氯离子氧化成氯气而除去。H_2O_2 在有金属离子存在的情况下，会很快全部分解，对器物不会有任何影响，处理时间较短，去氯较彻底。

（2）倍半碳酸钠溶液去锈。将纯的碳酸钠（Na_2CO_3）与碳酸氢钠（$NaHCO_3$）以等摩尔数混合后，溶解于蒸馏水中，一般配制成 5% 的溶液。浸泡处理前，先用针剔刀刮的方法将表面粉状锈去除，并用氨水刷洗干净。对于大件青铜器而言，浸泡法处理费用较为昂贵，可以采用脱脂棉蘸 5% 倍半碳酸钠溶液或用 5% 倍半碳酸钠溶液浸渍过的纸浆敷到有"青铜病"的地方。这种方法很平稳，但费时很长，有时需 1~2 年时间才完成一件器物的去锈。此外，由于将 $CuCl$ 转化成 $CuCO_3$，加之其他一些铜盐也转化成难溶的 $CuCO_3$，故处理后的器物色调较处理前有加深加绿。

（3）柠檬酸和硫脲混合溶液去锈。柠檬酸属有机酸，为无色晶体，用 5% 硫脲和 5% 的柠檬酸混合溶液涂刷锈蚀处，柠檬酸可与锈蚀物中二价铜形成稳定的配合物，硫脲对一价铜的配合能力较强，混合使用效果好。在含有碱式氯化铜的腐蚀产物中，要使氯离子顺利地通过腐蚀层向外扩散，就借助硫脲与比它疏松性差得多的 Cu_2O 的反应而溶解，使氯离子释放出来，对须显示表面铭文和花纹的青铜器效果很好。

（4）氨水溶液去锈。将 14% 的氨水溶液用软毛笔刷于青铜器的锈层上，让其充分反应，铜锈因和氨水反应形成深蓝色铜氨铬合物溶液。此法除锈经济、安全、快速，特别不伤害铭文及精致的花纹，除锈后的器物表面有一层红色的 Cu_2O 膜，较稳定，清洗效果较好，花纹、图案十分清楚。

（5）乙腈水溶液去锈。用50%的乙腈水溶液去除氯化亚铜效果非常好。此法速度快，去氯离子多，是从腐蚀产物中去除氯化亚铜的最好办法，但浸泡时需要良好的通风环境和密闭措施。

（6）Zn 粉-5%NaOH 溶液去除铭文周围的铜锈。锌粉是一种很好的还原剂，当锌粉与 $CuCl_2$、$CuCl$ 混合一段时间后，锈蚀中的 Cl^- 与锌粉反应生成 $ZnCl_2$，还能生成 Cu_2O 保护膜。在干燥或潮湿环境中均可发生反应，同时生成的 $Zn（OH）_2$ 又是一种胶状物质，也能够起到封护作用。有的青铜器上有铭文，但铭文被铜锈掩盖，要使铭文显现出来，用以上方法，操作简便，除锈速度快，如青铜器处在一个相对湿度较高的环境里，锌粉除有害锈更为有效彻底。

（7）复合法清洗除锈。对于锈蚀较为严重的大型青铜器，往往单用一种方法保护处理效果不好，需要几种方法复合使用，才能得到满意的效果。

3. 青铜器文物的封护与缓蚀

大部分的青铜器出土时都染上青铜病，如果锈蚀区面积小，一般可采用一些特殊的化学试剂使其表面形成一层保护膜，阻止铜体的进一步腐蚀，此法可称为"封护"，其中有些方法只封护不除锈，有些方法既封护又除锈，采用后一种更为有效。

（1）氧化银局部封护法。当青铜器有害锈尚未蔓延开来时，可将有害锈剔除干净，并在露出新鲜青铜基体前提下，让 Ag_2O 和 $CuCl$ 充分作用成膜，达到封护目的。把氧化银粉状物用乙醇调成糊状，仔细擦入孔穴内，效果较好，此法可重复操作。用 Ag_2O 保护处理的斑点，外观呈棕褐色，与青铜器的其他铜锈也能和谐一致。但此法不宜处理大面积有害锈。

（2）苯骈三氮唑（BTA）-乙醇溶液封护法。苯骈三氮唑是铜的优良缓蚀剂，简称BTA，为白色结晶粉末，能溶于乙醇等有机溶剂。BTA 可与铜及铜合金形成不溶于水及部分有机溶剂的透明覆盖膜，生成的膜比较牢固，很像高聚物的线状结构形式，能有效地阻断各种腐蚀介质与铜体的接触，使器物得到保护。在全面去除铜锈、污垢和油脂的前提下，将器物浸于浓度为3%~5%的 BTA 酒精溶液中 24 小时，然后用酒精棉签清洗擦干器物表面，以去除留在器表的 BTA。此法可重复操作，直至不见腐蚀产生为止。

（3）$BTA-Na_2MoO_4-NaHCO_3$复合配方封护法。在缓蚀剂的使用中，复合缓蚀剂往往比单独使用其中任何一种缓蚀剂效果要好得多，这种发挥各成分作用的效应称为缓蚀剂的协同效应。采用 $0.5\%BTA+0.5mol/LNa_2MoO_4+5\%NaHCO_3$ 的复合配方有较好的缓蚀效果。钼酸钠溶液会使金属的钝化膜抵御氯离子的能力提高，并降低某些金属点腐蚀小孔中氯离子的富集作用，随钼酸钠浓度的增加作用会越明显。

（4）AMT 保护法。AMT 是五元杂环化合物，分子式为 $C_2H_3N_3S_2$，常温下为浅黄色针状晶体，水溶液呈微酸性，能与多种金属离子形成微溶盐。利用 AMT 处理青铜器表面，与铜锈中 Cu^+、Cu^{2+} 形成络合物而结膜，以多层吸附的方式覆盖在青铜表面，层与层之间交叉排列，使保护膜非常致密，保护膜是由线性单元结构组成，每个小单元由 3~5 个五元杂环化合物构成。据有关研究，膜中含 N、S、C、O、Cu，不含 Cl，说明 AMT 能够完全除去粉状锈，使用 AMT 除锈后，青铜器文物膜下的花纹和铭文依然清晰可见，且青铜器文物的颜色基本不变。

（二）青铜器文物的修复方法

大多数青铜器深埋地下几千年，出土时腐蚀严重，被厚厚的铜锈覆盖，变形开裂；少数青铜器残缺不全，腐蚀孔洞严重，或留有一些残片。这类青铜器必须进行修复，其目的在于使破碎或变形的青铜器通过整形、焊接（或黏结）、补配和填实等步骤，再进行修饰和做旧，以使器物恢复其原来风貌。在修复前应采样进行金相分析和成分分析，并作为研究资料存档。继承和运用传统的修复技法仍然是最为有效的方法。

1. 变形青铜器的整形方法

由于青铜器自身性质决定在一定外力作用下会产生变形，因此，一些扭曲形变的器物必须进行整形。

（1）锤打法。对韧性强的铜器进行矫形有良好的效果。如果铜器弧度向外扩张，可在变形部位先垫一个凹形的铅毡子，再用铅锤从内壁轻轻锤打，也可用半球形的铅毡子，垫在铜片弧壁内侧上，向内或向外反复捶打。

（2）模压法。对铜胎较薄、韧性好、腐蚀轻的铜器整形有良好的效果。用锡制成内模和外模两片模具，合成一套，把变形的铜片按照合适弧度置于模具之间，与模具形状相对，然后加压，直至铜器变形部位恢复为止，去掉压力后如仍有小的变形，再用锤打的方法整形。

（3）锯解法。对胎壁厚、弹性较差的铜器，一般使用锯解法。先从铜器内壁用钢锯锯开一条缝，锯缝深度约为铜器厚度的三分之二，其余三分之一用台钳夹开，锯下的各块，先矫形，然后再补合起来。

2. 残缺青铜器的补合方法

在挖掘青铜器时，尽管考古工作者小心谨慎，但青铜器往往已经损坏得很严重，到了碎片脱落的程度，失去了原有的价值，必须将青铜器的残片补合起来才能成为一件完整的器物。

（1）传统烙铁钎焊法。烙铁钎焊法是依靠烙铁头部积聚热量熔化钎剂，并将它推进到焊件的缝隙，同时加热金属钎焊处，完成钎焊接头。钎焊使用的主要是锡铅钎剂和氯化锌钎剂，烙铁头部在积聚热量熔化钎剂的同时，也熔化了部分的青铜，凝固后钎剂与青铜器以晶态融为一体，利用分子间的作用力，将青铜器残片焊接在一起。由于铜器的残损部位、铜胎厚薄及腐蚀程度等情况不同，故应采取不同的焊口形式。

（2）高分子材料黏结法。这一方法是利用高分子材料的热固性和胶黏性，对残缺的青铜器进行修补。高分子材料黏结法的优点是不用锉焊缝和使用钎剂，从而避免了含氯类钎剂对青铜器的腐蚀，延长了青铜器的寿命，符合了文物保护的原则，而且对氧化严重已没有铜质的青铜器也能黏结。

3. 残缺青铜器的补配方法

（1）补洞。青铜器上有小面积的残缺或孔洞需要及时修补，可用环氧树脂调和铜粉做成补料，粘补到青铜器上。环氧树脂作为黏合剂具有较强的黏着力，是热固性树脂中热胀系数最小的一种，受冷热温度影响极小，并且化学稳定性高，耐水、耐有机溶剂、耐酸、耐碱，并具有操作方便、韧性高的优点。

（2）补配。那些表面已经矿化，胎内金属已变成了氧化物、碳酸盐和其他盐的青铜器，必须补成整体的形状，才能使文物结实稳固。填补材料是玻璃纤维织物，将其浸渍在染上颜色的环氧树脂或聚酯树脂上，进行整体加固。文物修复专家进行精心修复，先用不同形状的刮刀和软刷清除铜锈和痂状物，用超声波清理痂皮；把铜盒放在 6%BTA 溶液中浸泡处理 5 小时，取出后用酒精清洗掉 BTA 残液；涂上一层保护漆；通过仔细锤打敲击金属整形，将花纹线条清晰显露出来。

第四节　角骨牙器和琥珀文物的保护

一、角骨牙器文物的保护管理

骨、角、牙器的损坏主要表现为翘曲开裂、发黄变色、酥解粉化、生虫长霉、表面结成风化物等，对此需要进行加固和处理。

（一）角骨牙器文物的清洗漂白

1. 清洗

骨器、象牙雕刻品出土后，可用软毛刷蘸清水洗去沾染的污物和泥土，如污物难除，稍加一些肥皂水，清洗时间不宜过长，清洗后可用95%乙醇溶液浸上三次，然后用纸巾或吸墨纸吸干。

2. 漂白

由于蛋白质的变性，骨、角、牙器一般都会发黄或变黑，若要恢复其本来面目，对泛黄的骨角牙器漂白，可分三种情况来处理：

第一，对泛黄不严重并不影响器物欣赏价值的不需漂白，因为没经过漂白的骨器比漂白过的骨器更耐久。比如象牙制品，自来旧的黄色对器物无害，不要轻易去除，以免伤害器物。

第二，如需要漂白的，可用10%～15%的H_2O_2来清洗漂白，并多次用清水将残留液除去。

第三，颜色变得很厉害的褐黑色器物，可用2%的草酸溶液或2%～5%的次氯酸钙溶液来漂白清洗。

(二) 角骨牙器文物的去锈与除霉

1. 角骨牙器文物的去锈

所谓角骨牙器的锈，是指器物表面黏结的复合无机矿化物。

(1) 除去骨器风化物。出土骨器，包括甲骨文物，如质地尚好，可先在热水中浸泡加热（100℃以下），后浸入冷水中，以热胀冷缩原理使锈壳松动自动脱落，也可用小刀细针轻轻剔除。如有锈点可用1%～2%的稀盐酸（HCl）或甲酸（HCOOH）使其软化，再用竹刀剔除，并用蒸馏水和乙醇反复冲洗，直到器物的酸碱度呈中性为止。

(2) 除去牙器风化物。象牙雕刻品如生有土锈必须先在蒸馏水中瞬间浸泡4～5次，然后用80%乙醇浸泡30秒，再用90%乙醇浸洗2次各30秒，最后放在乙醚中浸1分钟，整个过程不宜超过3分钟，避免有机溶剂浸入牙质内部对器物造成损坏。

2. 角骨牙器文物的除霉

骨、角、牙器表面上的霉斑，可用2%～5%的草酸溶液或柠檬酸液清洗，再用稀氨水中和，并用蒸馏水冲洗。霉斑清除后应将器物放在玻璃器皿或塑料袋中，使器物缓慢均匀干燥，以免变形或开裂。

(三) 角骨牙器文物的整形

对于尚有一定弹性的变形骨、角、牙器，可在3%～5%的醋酸溶液中浸泡，软化后用蒸馏水冲洗，并放在预先准备好的模具内，使其干燥定形。如果质地比较脆弱，可在蛋白胶液中煮过再整形。弯曲变形过大的器物，须逐步间歇进行整形，以免造成断裂。

（四）角骨牙器文物的加固黏合

1. 角骨牙器文物的加固

对于质地疏松脆弱、表面酥粉的骨、角、牙器，可用 2%～3% 的三甲树脂（MMA）、甲基丙烯酸丁酯（BMA）和甲基丙烯酸（MA）的共聚体的甲苯、丙酮溶液渗透加固，也可用 15% 聚醋酸乙烯酯的甲苯、丙酮溶液作渗透加固剂。加固要多次进行，以获得一定强度和表面不显光泽为宜。表面残留的树脂流痕，可用丙酮溶液去除。此外还可用 2%～5% 聚乙烯醇缩丁醛、乙醇溶液渗透加固。一般用滴渗或注射法加固。若用减压渗透法加固，效果更好。

2. 角骨牙器文物的黏合

对饱水的破裂骨、角、牙器，可用较稠的三甲树脂、聚氨酯漆以及硝基清漆等进行修补结合。对干燥的破裂折断骨、角、牙器，可用 502 黏合剂或聚醋酸乙烯乳液黏合。对牙器进行加固时，为提高象牙表面的透明度，可将其浸入用松节油和乙醇溶解的白蜂蜡中，进行渗透、加固，然后用细布揩擦。

（五）角骨牙器文物的修复脱层与残缺

已经出现脱层和残缺的骨、角、牙器，可用蜂蜡、松香、乳香胶的混合物加热修复，也可用稀释的聚醋酸乙烯乳液调和石膏修补。为了使补配部分与原有部分协调一致，可以在以上两种材料中添加适量的颜料。

二、琥珀文物的保护管理

琥珀是古代针叶木的石化树脂。我国琥珀数量不多，主要产地在东北和云贵高原等地。

（一）琥珀文物的修复

1. 琥珀文物清洗

琥珀文物在出土后或日常保管中，容易沾染污渍、油垢等，必须对其进行清洗。对于保存完好的琥珀，去污可用蒸馏水浸泡，再用稀盐水或柚叶清洗干净，必须用柔软白布抹干以免液体渗入裂缝在材料内部形成物理张力，不能用刷，以防磨损表面。对于表面光滑但轻微变质的琥珀可用非离子清洁剂清洗。若琥珀表面有钙质硬壳物质，可用10%EDTA（乙二胺四乙酸）水溶液清洗，在清洗后必须用蒸馏水冲掉残留的混合液。

2. 琥珀文物加固

琥珀的加固主要用合成材料。目前加固琥珀的最有效材料是溶于有机溶剂的合成树脂中的丙烯酸树脂三氯乙烷溶液，浓度从1%~3%不等。另外溶解于矿物松香油的微晶蜡效果也不错，但它只适用于保存完好的琥珀。在溶于水的合成树脂中，尚在使用的加固剂是10%的丙烯酸乳剂（PRIMAL AC33）蒸馏水溶液，主要成分为乳化的丙烯酸盐和乙丁烯酸盐。

3. 琥珀文物黏结与修补

琥珀是天然树脂类有机物，若有裂缝最好的修复材料，应采用与琥珀相似成分和性质的物质（天然树脂或合成树脂）。树脂是热塑性材料，可以用来黏结和修补琥珀。修补断裂琥珀最好的胶黏剂是加拿大香脂（一种天然树脂），它的折射率同琥珀相同。修补表面已退质的棕黄色的琥珀，可采用如下配方：松香2%、白蜂蜡（$C_{15}H_{31}COOC_{30}H_{61}$）9%、地蜡9%、石蜡10%。这些成分在67℃时熔化，然后加35%的生石膏融为一体，这种混合物是较好的修补材料；形状完好的透明琥珀可用松香油或者乳香树脂加松香进行修补。

对于考古发现的琥珀而言，琥珀已破坏比较严重，不再透明，内部布满裂缝。这类琥珀可用意大利一家修复公司提供的一种溶液，它主要是由玻璃粉末（微球体）、微量的氧化硅和浓度为30%的Paraloid B-72构成的混合物，可添加修复所需的油漆颜色，获得希望的色调。此外，为了减缓琥珀的氧化速度，可以在琥珀的表层涂盖二甲苯溶液或甘油溶液进行封护，但日久会在外表层形成一层不透明体，影响琥珀的美感。

（二）琥珀文物的日常保养

第一，防热，防紫外线。阳光中的紫外线和热能会加速琥珀表层的氧化和干裂，使琥珀质地变得粗糙，甚至不透明，失去原本的宝光和温润。库房照明光源不得超过150lx，特别不能使用含紫外线的日光灯。

第二，防干燥。冬季空气干燥，相对湿度可能经常在50%以下，故附近可放一小杯清水，以防琥珀发生龟裂。同时，环境的相对湿度应当维持在50%~60%之间，浮动范围不超过5%。

第三，防机械损伤。琥珀性脆，硬度低，在日常保养过程中要防止琥珀之间的碰撞以及失手的跌落。硬度较低的琥珀要特别防止人的指甲划伤，因为这些都有可能导致琥珀的脆裂。

第四，防尘。可用聚乙烯盒包装，盒内填满不含酸的物质，避免沾染灰尘。若沾染了灰尘，应以温水清洗，再用柔软的布吸干水渍，最后以少量的纯净橄榄油轻拭。另外，琥珀是有机宝石，应远离酸碱；挥发性、腐蚀性的物质会对琥珀产生不利作用，使用后可用湿布轻轻擦拭；避免接触喷雾型产品，如发胶、杀虫剂、香水等。

第五节　竹木漆器与琉璃珐琅的保护

一、竹木漆器文物的保护管理

（一）竹木漆器文物的特征

古代的竹木漆器长期在地下水中浸泡，含有大量的水分。由于材质经过水解、氧化、纤维素分解酶和微生物的作用，其大分子结构遭到破坏变为小分子材料，有些通过漆膜破裂处流失，有些则与水以氢键方式结合。水的浸入占有了原有的木质素、半纤维素和纤维素的位置，支撑着木材原有的外形结构，使器物出土后仍保持着原有的器形。主要特征如下：

1. 含水量高

古代饱水竹木漆器的一个最重要的特征就是含水量很高，一般绝对含水量都会超过150%，有的甚至高达700%～1900%。而砍伐下来的新鲜竹木材的绝对含水量只有40%左右。

2. 机械强度低

饱水竹木漆器内胎的主要化学成分是纤维素，纤维素结构又分为结晶区和非结晶区，它们维持着器物的外形。但是这些器物在地下埋藏了千百年的漫长岁月，地下水使纤维素遭到破坏，成链状的多糖物质内的糖苷键发生断裂，纤维素大分子变小，使器物在宏观力学性能上大为降低。同时，器物内部的木质素、半纤维素、可溶性胶质等成分由于解离而增加了溶解度，这使得纤维束与纤维束之间（微纤维和细纤维）的氢键结合力减弱，所以出土的古代饱水竹木漆器在外力的作用下很容易破碎或成为粉末。

3. 漆膜起皱脱落

古代漆器的漆膜是由生漆与油类混合后涂刷而成。在千百年的地下环境影响下，化学性质比较稳定的漆膜网状结构破裂，发生老化；加之内胎质地的老化，从而使漆膜出现开裂、皱缩、胶化、脱落等现象。

（二）竹木漆器文物的脱水加固

古代出土饱水竹木漆器由于制作工艺不同，使用材料的质量各异，加之出土前地下环境、出土时代的不同以及地区差异等方面因素的影响，不同的竹木漆器出土时的饱水情况及破坏程度也不相同。对此，只能根据不同的对象和情况，采用不同的脱水定形处理方法。

1. 竹木漆器文物的干燥脱水

所谓干燥是指将饱水竹木漆器的含水量降到对器物本身无害的标准，并非不含任何水分。

（1）自然干燥法。自然干燥法就是将饱水器物密封在一个湿度比较小的环境中，使器物内部的水分极其缓慢地蒸发，以达到脱水的目的。具体的做法可将饱水器物放在干燥沙子或密封的玻璃器皿内，或用塑料薄膜包裹放在地下室阴干。这些方法简单易行，特别适合于质地较好、含水量不是很高的器物。对那些体积大、材质厚的器物，也只能用自然干燥法，但要注意定期检查，一旦发现干裂、霉变或腐烂时要及时处理。

（2）硅胶干燥法。硅胶是无色半透明至乳白色的固体，多制成颗粒状，无臭，无腐蚀性，不溶于水，化学组成成分是 $mSiO_2 \cdot nH_2O$。硅胶空隙率为70%，吸湿能力为自重的30%。硅胶可分粗孔、细孔、原色、变色等类，粗孔硅胶吸湿速度快，易饱和；细孔硅胶吸湿速度慢，但维持的时间长，一般在文物保护上都用变色细孔硅胶。变色硅胶为蓝色颗粒，内含无水 $CoCl_2$，吸饱水分后，水合 $CoCl_2$ 为粉红色，所以根据硅胶颜色的变化可以判断吸水程度。

硅胶干燥法就是将小型竹木器物与硅胶密封在同一个玻璃干燥箱内，利用硅胶的吸湿性来吸附器物内的水分，硅胶要不断更换。饱水硅胶经过干燥处理后还可以重新使用，硅胶干燥处理饱水器物的方法不仅操作简单，而且费用低廉。安徽省文物保护机构的专家曾用此法脱水处理了几件两汉时期的木胎漆器，效果较好。但是腐朽严重的饱水竹木漆器采用此种方法进行脱水的效果很差，需要采用其他方法进行处理。

（3）加热真空干燥法。加热真空干燥法是在真空环境下控制影响木材内部脱水的三个主要因素，加热和减压都能提高蒸发速度，温度以 45℃~70℃ 为好。

（4）冷冻真空干燥法。将饱水器物放置于低温条件（−40℃~−20℃或者更低）下冷冻，使器物内部的水分全部结成冰，然后在真空状态下使冰不经过液态情况下直接气化，变成水蒸气，再用真空泵将水蒸气抽出，从而使器物脱水。

（5）醇—醚连浸脱水法。此法由于脱水处理效果很好，所以被广泛采用，但它需要有机溶剂的量较大，要做好防毒、防火措施，以防出现意外事故。国外的文物保护工作者在采用一种有机溶剂浸泡器物脱水后，再进行冷冻真空处理，使渗入器物内部的有机溶剂气化，再把蒸气抽出，也可使饱水器物脱水。

（6）超临界液体干燥法。超临界液体干燥是近年来迅速发展起来的一种新技术，此种技术也开始应用于饱水文物脱水。它是利用气体在临界温度以上无论加多大压力都不能液化的特性，控制饱水文物内部的液体在临界点之上，使气、液界面消失，在无液相表面张力情况下进行的干燥过程。

与前面五种传统脱水方法相比，超临界液体干燥法这种技术具有消除干燥应力、缩短处理周期、提高脱水效率、消除填充剂、降低对文物的远期损害等优点，还能使杀菌和干燥同时完成。这种技术虽然目前仍处在对小体积饱水文物干燥的探索性应用和针对具体干燥过程的经验积累阶段，但具有良好的发展前景。

2. 竹木漆器文物的加固定形

加固定形是指在一定条件下使用一些有机或无机材料逐步渗入饱水器物内部起填充加固作用，使得饱水器物在脱水时能保持其外形的稳定。

（1）无机盐渗透法。利用明矾等无机盐在较高温度的水溶液中溶解度大的特点，将器物浸泡在无机盐的热水溶液中，使盐类逐步渗入器物内部起填充作用。但使用明矾填充后，由于空气中的温、湿度变化，可能有少量盐分析出，需要加以改进或结合其他方法并用。

（2）单体树脂浸透法。将饱水器物浸泡在单体树脂溶液中，因单体树脂液分子量小、渗透性强，会很快渗入器物内部。

（3）聚乙二醇充填法。聚乙二醇（PEG）是一种水溶性的小分子聚合物，平均分子量在两百到几千不等，其机械强度一般随分子量的递增而加大，熔点也随之升高。PEG 不受微生物的侵害，易溶于水和其他有机溶剂，无色无臭，蒸气压低，是一种稳定的水溶性聚合材料。用 PEG 溶液浸泡脱水过的竹木器，是目前国内外常用的一种方法，而且评价较高。在较高温度下，PEG 在水中有较高的溶解度，所以可采用各种不同分子量、不同浓度的 PEG 水溶液浸泡或喷涂不同器物，使 PEG 渗入器物内部，从而起到加固作用。

PEG 法的操作要点：先将待处理的器物进行表面清理，根据器物重量、尺寸、腐蚀情况选择不同平均分子量的 PEG 溶液进行处理；溶液的选择要由小分子量的 PEG 渐次过渡到大分子量的 PEG，以便逐步缓慢填充。第一次处理用 5%~15% 的 PEG400 溶液浸渍 2~3周，第二次处理用 5%~15% 的 PEG1500 溶液浸渍 2~3 月，第三次处理用 5%~15% 的 PEG4000 溶液浸渍 6~12 月。此法浸透直到器物重量不变，溶液不能再渗入为止，最后进行真空冷冻法干燥。经过较严格的 PEG 浸渍和真空冷冻干燥的漆器，器形能得到良好的控制，漆膜与胎木之间渗入的 PEG 固体还有一定的黏结作用。为了防止漆膜受外界的温、湿度变化的影响而起翘卷曲，一般还需要对器物内外表面进行封护处理。

（4）蔗糖浸透法。采用蔗糖法对木质文物进行保护已经十分广泛，蔗糖浸透法最早是在 1903 年提出，现在得到各国研究学者的广泛认同。

蔗糖法的具体做法是：将器物在室温条件下放在 5% 的蔗糖溶液中，然后慢慢地升温至 50℃，且一直保持这种状态，每隔两个星期按 5% 的比例递增浓度至 45% 为止，不断地称量器物的重量直到器物的重量不再增加为止。然后按 10% 的比例递增浓度至 100%，两个星期后将器物从溶液中取出放在空气中进行自然干燥。

使用蔗糖法的注意事项：由于蔗糖是霉菌和害虫的营养体，尤其是在对蔗糖溶液进行加热的情况下，糖溶液很容易滋生霉菌，这会给本已腐朽的文物带来致命的危害。因此在采用蔗糖法对饱水木质文物进行保护处理时，一定要选择合适的防虫、防霉措施，一般在处理过程中可在蔗糖溶液里加入适量的防霉剂。除蔗糖外还可使用葡萄糖水溶液和其他二聚糖，如麦芽糖、乳糖等。

3. 竹木漆器文物的脱水加固综合法

综合法就是将几种脱水加固的方法综合起来使用，对于一些饱水器物往往能达到比较好的效果。

（1）醇-乙醚-树脂法，此方法又叫溶剂-填充法。对古代饱水竹简的脱水处理较好，这是因为若竹简腐烂程度很严重，仅采用溶剂法是不够的，还必须与树脂填充结合起来。所用树脂一般以天然树脂为主，如松香、乳香胶等。为了使树脂渗入器物内部，浸泡液的树脂浓度必须由低向高增加（间隔时间视器物质地情况而定）。树脂的用量应控制在 10% 以下，常用的树脂量是浸泡液重量的 3%~5%。加入过量的树脂会使浸泡液的黏度增大，影响渗透效果，反而达不到填充加固的作用。

（2）冷冻-真空-树脂法，也是常用的一种综合法。当器物内部脱水和有机溶剂挥发以后，在真空状态下加入含有树脂的溶液，使树脂渗入器物内部，达到脱水加固的目的。

（三）竹木漆器文物的修复

对出土漆器或传世漆器，由于受物理、化学、生物等不利因素影响，其内胎和漆膜产生不同程度的破损和残缺，需要进行补缺和恢复，以恢复文物的原有面貌，增加强度，延长使用寿命。

器物修复的关键在于选择良好而适用的黏合剂，既要保证黏结牢固，又不能影响器物的外观，还要使用方便。

1. 竹木漆器文物的除污与脱色

（1）除污。一般出土竹木漆器都会带有泥污和霉斑，可先用蒸馏水洗去污泥，再用较稀的 H_2O_2 溶液或 2% 的草酸溶液清洗暗黑的斑点，用清水多次漂洗干净。

（2）脱色。有时候出土后的竹简因为不适应外界条件变化而发生变色，导致字迹辨认不清。要使器物色泽变浅，字迹清晰，可在修复开始前先用蒸馏水将竹简清洗干净，浸入5%的草酸溶液中，等到竹简色泽变浅、字迹清晰时，再用蒸馏水将竹简上留存的酸溶液漂洗干净到中性。

2. 竹木漆器文物的补缺

对已残碎的木器和断裂的竹简的修补主要是补洞和黏结。

（1）补洞：用环氧树脂调拌木屑填补空洞。木屑须预先经高温消毒，或用氯化铝等杀虫灭菌剂处理。修补后可再适当做旧，做到新补的部分同旧物原貌一致，浑然一体。

（2）黏结：可用溶于甲苯或丙酮的聚醋酸乙烯酯溶液或聚醋酸乙烯乳胶液，将碎片小心对接在一起。若内胎较为糟朽，先用4%的乙二醇聚乙烯醇水溶液，将器物里外两面进行涂刷，待干燥时，器物便具有良好的弹性和光泽。

3. 竹木漆器文物的漆膜的修复

漆膜必须在干燥情况下进行修复，修复漆膜要根据膜的损坏程度分别采取相应的有效方法：

（1）漆膜的回软。漆膜是漆器彩绘图案的载体，也是文物精华的所在，由于保存不妥，许多竹木漆器漆膜发硬发脆，一触即破；也有些漆膜翘曲卷边。在不改变漆膜化学性质的前提下，可选用水、乙醇、丙三醇、丙二醇做回软剂。这些溶剂具有极大的吸湿性和热稳定性，与许多化学物质不起作用，不水解，不变质，不变色，可用作增塑剂和软化剂。经过比较，将温度控制在40℃～60℃，以水、乙醇、丙三醇的回软性最好。处理过的漆膜有很好的塑性和弹性。

（2）漆膜的补缺。第一，细小裂纹可用树脂胶乙醇溶液灌注填充，也可用硝基清漆加稀料稀释后渗入裂缝直到饱和为止，还可用稀释的树脂渗入灌注，溢出的液体要及时擦掉。第二，黏结残破漆膜和填补较大裂缝可用环氧树脂。漆膜上残缺的花纹图案，须用中国漆修补，每涂刷一遍，干后用砂纸打磨，再打蜡抛光。第三，对木胎糟朽严重、漆皮尚存的器物，可采用更换木胎的办法，即先将卷曲残碎的漆膜从朽烂的旧胎上剥离下来，按旧物形状和大小仿做一个新胎骨，再采用黏结剂或蜂蜡、树脂液将漆皮粘上复原。第四，内胎尚好、漆皮脱落的器物，可采用乳香胶、松香、石蜡或蜡90份，聚环己酮树脂9份，榄香树脂胶1份配比后，加热熔化，作为胶黏剂，再把脱落的漆皮热贴到破损部位。在漆皮上放几张棉纸，在棉纸上加热加压，待黏合剂冷却，漆皮便牢牢地贴在胎骨上。

除了小型的竹木漆器外，还有许多大型的涂漆木质文物，在保管条件较好的情况下，寿命很长。例如北京天坛的祈年殿，建造已经400余年，木结构的屋顶和六根圆柱依然完好无损。故宫的太和殿作为目前我国现存最大的木结构殿宇，至今仍是金碧辉煌、光彩夺目。由此可见，木质文物如果保存环境适宜，寿命可以长达成百上千年。

二、琉璃珐琅器文物的保护管理

（一）琉璃珐琅器文物的修复

有些珐琅器由于保管不善等产生了不同程度的损坏，需要对其进行修复。

1. 整形补釉

珐琅器釉面较厚，一般为 3~4mm，是普通瓷釉的几倍，类似龙泉窑的厚釉。如果内胎有形变情况存在，在修复时就用小型木质榔头轻轻敲打将铜胎整形如初，然后用黏结剂将残片复原。在釉面缺损处须调配鲜艳透明的合成珐琅料补缺。如果内胎完好，只是表面珐琅料发生了损坏，就可直接调配珐琅釉料进行补缺。修复珐琅器一般不须进入窑炉复烧，以防原器物的成分丢失，失去文物价值。补缺处的釉料干燥后须用喷笔接气调色，略微做旧，使修复处与原器浑然一体。

2. 描金

损坏的珐琅釉面需要做描金处理，应该用真金块打磨成的金粉末进行修复，24K 纯金是化学性质最为稳定的金属，耐腐蚀性能好，一般 10 年之内不会变色褪色，但价格昂贵。因此可用进口金粉替代 24K 纯金，修复效果也较好。进口金粉分青金和红金两种，青金泛青犹如 14K、18K 金，红金类似 21K、24K 赤金。在珐琅料上描金，一般可选用红金粉兑入少量青金粉，加黏结剂配制而成，用描笔以原器纹饰为范本手工描绘，使图案完整。对于贵重的珐琅器，描金不能使用铜粉代替，因为铜粉在半年左右便会氧化生锈，颜色变得灰暗泛绿。

（二）琉璃珐琅器文物的保护

珐琅器的日常保护就是不让釉质遭受破坏，因为釉质无渗透性，是内胎的最佳保护膜。在日常的保护过程中应做到以下方面：

第一，保持空气洁净无污染，低温干燥。

第二，避免阳光直射。

第三，防止机械损伤。

第四，用软毛刷或羚羊皮轻轻擦拭珐琅器上的面灰，不能用粗糙的物品擦拭，以免产生划痕，也不能用水洗，以免水分子从细微裂缝处进入内胎引起生锈。

第六章　博物馆文物管理与创新研究

第一节　博物馆文物管理现状及改进

现阶段，人们对精神文明方面的需求越来越高，对国家文物和博物馆的关注度也越来越高。文物管理作为博物馆管理过程中非常重要的一个环节，发挥着非常重要的作用。博物馆内的文物是人们了解历史发展的主要途径之一，虽然外部环境对博物馆进行文物管理的要求越来越高，但是，博物馆在进行文物管理的过程中仍然存在一些问题，主要包括博物馆文物管理制度不完善、文物管理手段和方法传统且落后、缺少专业性人才和完善的人员管理制度、文物管理细化程度低、法律法规不完善等。为了加强对博物馆文物的管理和保护，需要相关部门对管理现状进行综合分析，探索出科学合理的博物馆文物管理改进措施，从而推动博物馆文物管理工作的开展。

一、博物馆文物管理的重要性

博物馆是一种非营利性机构，是主要用于收纳人类文化和自然遗留下来的产物的场所。其主要责任不但包括对文物进行管理和维护，还有着向社会宣传历史文物相关知识的责任。文物管理工作是博物馆管理中非常重要的一部分，博物馆内的历史文物价值都非常高，它们具有非常丰富的历史价值和艺术价值。由于博物馆内的文物来源于不同历史时期和区域，同时其也是后人了解历史发展情况的主要途径之一，因而博物馆内的文物具有较高的研究价值，这就需要加强对博物馆文物管理工作的重视程度，对博物馆文物管理的发展现状采取相关改进措施予以解决，对文物进行保护和管理，以减少博物馆内文物发生损坏的概率，推动博物馆文物管理的顺利进行。

二、博物馆文物管理的现状分析

（一）管理制度有待完善

在博物馆文物管理的过程中，容易出现管理制度不完善的问题。在源远流长的人类历史发展过程中，存留下来的文物不但种类复杂且多样，而且这些文物所涉及的历史时期和地区范围非常广，所以对博物馆来说，进行文物管理是一项非常艰巨的任务。在博物馆的管理过程中，文物管理工作是一项系统性的工作，它并非要对这些历史文物进行简单的整理和分类。这一工作相对复杂，由于每个博物馆内的历史文物的种类不同，再加上部分博物馆的管理资源稀缺，使得博物馆在进行文物管理时管理制度不完善；根据博物馆内历史文物自身的具体情况，博物馆相关管理部门需要制定系统性的管理制度，加强对博物馆文物的系统化管理和精细化管理。在经济建设发展过程中，由于我国的经济建设起步相对较晚，且进程较慢，就使得之前我国将建设重心放到了经济方面，忽略了我国社会主义文化建设的发展，只注重提高人们的生活水平和质量，忽略了人们在精神上的需求，对博物馆文物管理的重视程度较低，使得博物馆缺少系统完善的文物管理制度。

（二）管理手段相对落后

在博物馆文物管理的过程中，由于管理手段相对落后，在一定程度上影响了博物馆文物管理的进程。

首先，虽然近年来我国加强了对精神文明建设的重视程度，进而在一定程度上推动了我国博物馆文物管理进程的发展，并且使得我国博物馆具备了基本的文物管理能力和手段，但是，由于精神文明建设起步相对较晚，博物馆仍然需要依靠人工管理手段进行文物管理，这样的管理手段不但在人力、财力、物力上增加了博物馆文物管理的成本，而且在一定程度上使文物管理工作的工作效率大大降低，同时也阻碍了博物馆文物管理的发展进程。

其次，博物馆的文物管理方法传统且落后，文物管理方法更新速度慢，而且无法跟随社会发展的脚步，满足不了社会发展的需求，无法对博物馆文物进行有效管理，在一定程度上增加了博物馆文物管理的难度。

最后，在管理人员进行文物管理的过程中，由于没有引进先进的现代化设备，容易出现因设备出现故障而对文物造成损坏的现象，这对博物馆和国家来说都是一项巨大的损失。

（三）缺少专业性人才

在博物馆文物管理的过程中，由于博物馆内缺少专业的管理人才，缺少完善的人员管理制度，在一定程度上阻碍了博物馆文物管理工作的进程。由于博物馆文物非常重要，所以对进行文物管理的人员的专业性要求也非常高，但是，很多博物馆不但缺少专业性的管理人才，而且文物管理制度也存在各种问题。

一方面，博物馆内大部分管理人员都是以保安的形象进行现场秩序维护，这些管理人员并不具备良好的管理能力或专业技术能力，对博物馆文物的保存环境并不熟悉，也不具备专业的判断能力和分析能力，容易把博物馆的文物放在可能具有破坏性的环境中，这在一定程度上提高了文物受损的可能性，从而可能给博物馆和国家造成不可磨灭的损失。

另一方面，管理人员在面对突发情况时不具备随机应变的能力，没有解决突发情况和问题的能力，无法对突发情况进行有序处理和解决，会对博物馆文物管理产生一定的影响。

总之，专业性人才的稀缺使得博物馆文物管理工作的进程较慢，再加上缺少完善的人员管理制度，使得博物馆文物管理的整个过程没有得到规范的监管和控制，容易造成博物馆文物损坏甚至盗窃等问题，对博物馆和国家而言有非常大的威胁。

（四）文物管理细化程度有待提升

在进行博物馆文物管理的过程中，最重要的就是细节问题。部分博物馆在开展文物管理工作时，容易在细节方面出现问题，如出现细节管理不到位、管理细化程度较低、细节管理落实程度低等问题。特别是对于博物馆内一些非常珍贵的文物来说，在进行文物管理和保护工作时需要特别注重细节，如果出现文物管理的细化程度较低的问题，会在一定程度上影响文物管理制度的可实施性和有效性。

（五）法律法规有待完善

国家制定法律的最初意图是用于调整和规范关系，而单单依靠道德无法实现关系的调整和规划。在博物馆文物管理的过程中，容易出现法律法规不完善的问题。因此，在制定博物馆法律法规的过程中，需要将国家制定的博物馆管理方法作为规范。由于博物馆在文物管理过程中缺少相关法律法规的规范，使得博物馆不能健康合理地进行文物管理工作；同时，博物馆在制定规章制度时，如果不根据博物馆自身的特点进行相对应的分析，会导致博物馆文物管理工作不规范。

三、博物馆文物管理的改进措施

（一）建立完善的文物管理制度

首先，建立文物管理制度时要与现在社会发展的需求保持一致，对文物管理的实际情况和变化趋势进行有效结合和综合分析，加强对文物管理制度的改进和完善，对文物管理过程进行规范化约束，科学地引导相关管理人员进行制度化管理，从而在一定程度上提高文物管理工作的效率。

其次，要加强对文物管理制度的有效落实，对文物管理工作的相关法律法规进行有效落实和完善，各级、各部门加大对制度的宣传力度，同时可以通过网络等媒体形式进行宣传，使广大群众认识到博物馆文物管理工作的重要性；在进行文物管理工作时，必须严格遵循规章制度和法律法规，加大对文物管理工作的监管力度。

最后，为博物馆文物管理各部门制定责任机制，确保各级各部门明确自己的管理责任，同时，博物馆进行文物管理还包括向博物馆的参观者普及文物管理常识，从多个方面对文物进行管理和维护，以推动博物馆文物管理工作有效进行。

（二）加大国家的支持力度

为了解决博物馆文物管理过程中出现的管理方法和手段落后的问题，国家需要加大对博物馆文物管理的支持力度。首先，作为非营利性机构，博物馆文物管理工作在设备和资金方面都需要国家的支持，不只是文物管理方面，博物馆的其他日常运作方面也需要资金支持。为了满足博物馆对资金和设备的需求，国家需要加大对博物馆管理工作的支持力度，为博物馆文物管理提供先进的管理设备。其次，博物馆相关部门可以向国家和政府申请先进的管理模式和资金设备支持，在进行文物管理的过程中，应用先进的管理模式和信息化技术，这样不但能有效地减少资源的投入和消耗，减少成本，而且能在一定程度上提高博物馆文物管理的工作效率。最后，采用先进的管理模式可以实现对博物馆文物信息的系统化管理，对博物馆文物信息进行录档、分类和整理，这样，参观人员就可以查询到所有文物的电子版档案，方便对文物进行了解和认识，也方便博物馆文物管理人员开展文物管理工作，从而大大提高文物管理工作的效率和质量。

（三）加强对专业性人才的培训

为了解决博物馆文物管理工作中出现的专业性人才短缺的问题，并满足博物馆对专业性管理人才的需求，相关部门需要加强对专业性人才的培训和引进。

首先，为了满足现代社会对人才的需求，可以加强对文物管理工作人员的专业性培训，定期对培训内容进行专业性考核，对考核结果比较理想的员工进行适当的奖励，对考核结果不理想的员工则需要重新培训或给予一定的处罚，这样不但能有效地提高员工的工作积极性，而且能在一定程度上提高管理人员的专业素质，这种培训方法不但花费的成本较低，而且培训的效果比较明显。

其次，博物馆文物管理工作方面的人才短缺问题仅仅靠专业性人才培训是无法完全解决的，还需要加强对专业性人才的引进，加大对专业性人才的招聘力度，通过良好的福利政策吸引广大专业性人才投入博物馆文物管理工作中。如通过校企合作的模式，博物馆机构与各大院校进行合作，院校为博物馆提供相关专业的优秀学生，博物馆为学生提供良好的学习机会，把学生培养成为博物馆文物管理的专业性人才，从而满足博物馆对人才的需求。

（四）对文物管理的措施进行细化

由于博物馆内所有的文物都是不可再生的，且这些文物都具有一定的历史价值，因此，博物馆文物管理工作非常重要，这就需要相关部门对文物管理的措施进行细化。由于博物馆内的文物种类复杂多样，涵盖不同历史时期和不同地域，所以在进行文物管理工作时就需要进行大量的细节管理工作，且对细节管理工作的要求非常高。

首先，需要在一定程度上对博物馆文物管理的各项管理措施进行细化，充分发挥各项管理措施的指导价值，并且将各项管理工作具体落实到个人身上，使其明确自身岗位需要承担的责任和义务，只有这样，才能最大限度地保护博物馆的文物，有效地提高博物馆文物管理工作水平。

其次，在博物馆进行文物管理的具体操作过程中，提高对博物馆珍贵文物保护和管理的重视程度，学习先进的与文物保护和管理相关的专业技能，能够有效地避免因管理人员专业性较差而使文物管理在细节上出现漏洞的问题。

最后，需要根据博物馆文物管理的具体情况，制定系统化的文物保护系统，从多个细节角度对文物进行管理和保护。将博物馆内文物的保管权与所有权进行分离，可以使一些不符合文物保护条件的难题得到有效解决，不但可以在一定程度上对文物管理的具体措施进行细化，而且能够对博物馆的文物资源进行有效整合，同时还能将整合任务分区域完成，从而能够有效地实现博物馆之间的文物资源共享，对博物馆的资金进行有效集中，进而为博物馆的文物管理和保护提供资金支撑。

（五）完善相关法律法规

在博物馆文物管理相关法律法规的建设过程中，博物馆需要基于操作性强、应用范围广、科学合理、重点突出等方向，加强对博物馆文物保护技术标准体系的建立和管理，制定系统性的框架，加强对博物馆文物管理工作的指导和规范，确保管理工作标准化和规范化。

第一，我国的博物馆在文物管理过程中，主要将国家制定的法律法规作为管理依据，并结合博物馆自身的特点和需求，制定科学合理的文物管理办法，以确保文物管理的各项工作都将法律法规作为依据，必要时，还会在博物馆文物管理的法律体系中加上地方性的法律法规和部门规章制度，这样能够有效地解决相关管理人员分工不明确的混乱问题。

第二，在博物馆文物管理法律法规的执行过程中，加大对法律法规的宣传力度，可以使博物馆文物管理相关法律规定在管理人员和参观人员中得到普及。博物馆不但需要对相关文物管理人员进行法律法规的普及和规范，还需要让公众在一定程度上了解和熟悉文物管理保护的相关内容，有效地激发公众保护文物的积极性，从而从多个方面规范文物管理工作，推动文物管理工作的顺利进行。

综上所述，在博物馆管理过程中，加强对文物管理工作的完善和改进是非常有必要的。在社会发展的过程中，不但要推动经济建设的发展，还需要为人们提供充足的精神食粮。面对博物馆文物管理过程中出现的问题，相关部门需要采取相应的改进措施，建立完善的文物管理制度，加强国家的支持和对专业性人才的培训，对文物管理的措施进行细化，完善相关法律法规，以充分满足现代化社会的发展需求，推动博物馆文物管理工作精细化发展。

第二节　博物馆数字化建设与文物管理

博物馆的馆藏以文物为主，其日常工作内容是加强对文物的保护、管理。随着我国信息化技术的飞速发展，借助网络技术可提升文物的管理效率，而加强数字化建设可进一步提升文物所处的环境，节省人力、物力，有利于博物馆发挥社会教育功能，弘扬我国灿烂文化。通过对文物进行研究，可挖掘出更多有关历史、政治、经济、文化等方面的宝贵资料，传统博物馆在文物展示上会受地域、时间等因素的限制，而数字化博物馆可打破时间和地域的制约，向世人展示我国灿烂的文明。

一、建设数字化博物馆的意义体现

在网络技术不断发展的今天，各个领域已实现互联互通。其中在博物馆文物管理中运用数字技术，使人们在参观博物馆时得到更高质量的服务，接受文化知识的洗礼，陶冶情操，深刻地感受到科学技术对博物馆发展的促进作用。建设数字博物馆的重要现实意义主要体现在以下三方面：

第一，数字博物馆是文化传承的媒介。博物馆陈列着诸多有价值的文物，其作用是对我国优秀文化进行传承。然而诸多文物和文化遗产受时间、自然环境等因素的影响，出现不同程度的损坏；很多非物质文化遗产也由于保护不力逐渐淡出人们的视野。而数字化博物馆的建立可以保护一些不易收藏或即将失传的文化，通过计算机技术将实物和其艺术形式建立数字化档案，保持文化原貌。

第二，数字博物馆是资源共享的平台。在网络技术的支持下，利用数字化技术可打造网络平台，将收集的博物馆文物信息进行整合，在便于文物研究、文化部门查询资料的同时，为学者进行学术交流提供了便利，有利于我国优秀文化的发扬和传播。

第三，数字博物馆促进文化的传播。建设数字化博物馆不仅可以更好地进行文物管理，实现资源共享，而且利于弘扬、传承我国文化。

二、建设数字化博物馆须注意的问题

加强数字化建设对博物馆的发展益处良多。因此，当前国内很多博物馆都在加快数字化建设进程，但在建设过程中须注意一些问题，具体表现在以下两方面：

第一，数据标准化。随着历史的发展，不同时代、不同地域都留下了诸多形式不同、数量庞大的文物。在对文物进行管理时须细致分类，保证数字化建设信息的准确；在对馆藏文物进行信息采集的过程中，须建立信息化数字管理系统；在录入文物信息时，要明确地展示出文物的编目、名称、类型、年份、价值、保存条件等，保证准确无误。数据的标准化是建立数字化博物馆的基础工作内容，也是体现文物保护价值的重要条件。如果数据信息不翔实或内容与实际不符，必然对文物研究工作的开展带来不利影响。因此，在数字化博物馆的建设和发展过程中，要高度重视数据标准化。我国文化历史悠久，部分藏品外部表现、形态近乎相同，但生产于不同朝代，有些文物不仅朝代不同，且称谓不同，对这些文物的信息必须进行精确整理。

第二，分类清晰化。对博物馆的数字化建设而言，不仅要加强数据标准化建设，还要把馆藏做到分类清晰化。在符合国家对文物管理标准的前提下建立藏品数据库，数字化的藏品分类要科学、简明、实用、清晰。如果分类不标准，没有条理可循，对学术研究和科学研究都会造成不利影响，甚至影响到整个博物馆的文物管理系统。因此在博物馆数字化管理中，必须做到藏品的清晰分类。

三、如何在数字化建设中加强文物管理

在建设数字化博物馆的过程中，需要结合博物馆的发展实际建立科学管理制度，逐渐完善管理模式，文物的存放、展览都要严格按照流程操作。数字化管理从根本上改变了藏品的管理模式，让文物是否需要做好防潮、防晒、防氧化、防辐射等措施的工作简单化。前来参观的游客要想获取文物信息，只需扫描二维码。在今后的文物保护工作中，需要做好以下几点内容：

首先，提高博物馆的科技含量。当前的数字化博物馆引进了大量科技设备，甚至可以在图像和音像中还原文物的前世今生。数字化的文物管理模式借助科技成果对文物进行收藏和传承，侧面促进了信息技术、数字化技术的进步。在数字技术的支持下，各种资源可在瞬间完成统计。如想查找商代的青铜器，只需输入年份、材质、用途等信息即可检索出。再如瓷器定名，按照"年代+窑口+特征+材质"的要求输入后，可查宋磁州窑白釉黑彩人物故事长方瓷枕。博物馆的工作人员也可以掌握近期的文物状况，如保养时间、进出库情况等。同时，部分文物易在空气中腐蚀和氧化，不便展出，可通过视频上传至网站上供观者仔细观摩。

其次，完善博物馆控制体系。在信息技术和数字技术的支持下，博物馆可更加便捷地管理文物，且借助信息技术可联网博物馆的内部管理系统，让文物原貌得以永久保存。博物馆控制体系的建设主要体现在两方面：第一，进行数字化信息管理，博物馆的整体安全性得到极大的提升，可有效防盗、防火、防震。近年来博物馆的文物失窃案时有发生，运用数字技术可提升防盗效果，对文物动向进行追踪。第二，运用互联网利于人们对馆藏信息进行了解，便于博物馆定期展览游客想要参观的文物。

再次，建立完整的信息数据库。博物馆最主要的作用是发挥社会教育的作用。传统博物馆管理效率不高，还有很多可提升的空间，也无法完全满足学术研究需要。博物馆使用先进的数字化管理系统可展示出文物的历史信息，不仅便于学者进行学术研究，而且便于人们利用网络对文物进行具体、全方位的了解，除了解文字介绍，还可了解相关音像、图片、视频、新闻资料。同时，建立信息数据库也有利于提升服务质量，如展开资料搜集、进行资料复制、修改文物信息、推送文物信息等。构建文物数字化管理系统有着诸多益

处，不仅可以提升管理效率，也有利于提升博物馆工作人员的素质，对博物馆的长远发展起到促进作用，利于博物馆发挥出良好的社会效益和作用。

最后，加强专业的藏品管理人才培养。加强博物馆的数字化建设，保护馆藏文物，都需要博物馆工作人员具有相关的管理能力和知识。博物馆的文物具有极大的文化和历史价值，一名博物馆工作人员需要具有文物管理、信息管理技术等知识。博物馆须定期对工作人员进行各种有关文物认定、系统操作的培训，使其对文物有更加深入的了解；通过藏品信息登录的操作培训，加强其自身对文物的了解，可为博物馆培养出熟悉工作流程的业务骨干，为博物馆发展宝贵的储备人才，这对我国博物馆的发展意义重大。

综上所述，博物馆是传播社会文化的摇篮，是社会教育的场所。在当前博物馆的文物保护过程中，利用数字化技术可实现文化传承、资源共享和文化传播，进而发挥出博物馆的真正价值。在今后的博物馆发展中，要提高博物馆科技含量，完善博物馆控制体系，并建立完整的信息数据库。此外，还要加强专业的藏品管理人才培养，让我国的文化事业健康发展。

第三节　互联网时代博物馆文物管理创新

文物保护对博物馆文物管理有重要影响，在文物保存过程中易受到环境、人为等因素的影响，例如人为操作不当、保护环境不适宜等。在科学技术不断发展的背景下，互联网技术在博物馆文物保护中的应用较为广泛，能够有效收集文物信息，建立规范的文物保护制度；能有效整合文化资源，充分展现文物的魅力和美感，为保护我国传统历史文化做出贡献。

一、建立网络指导体系对文物进行保存与修复

一般来说，文物年代较为久远，文物在被破坏之后想要通过人为修复较为困难，这是因为原材料难获取，制作工艺也较为复杂。在文物修复工作开展的过程中，需要仔细查询书籍和资料，尽可能恢复文物的原貌。历史文物在经历腐蚀、风化等影响后流传下来，不管是在修复还是在保存方面，都需要利用到更先进的技术，避免文物遭受进一步的破坏。

（一）使用网络指导机制规范文物修复保护

要利用互联网技术打造信息化交流平台，将博物馆中各个部门都联系起来，针对需要修复的文物资料，组建文物研讨小组，对博物馆中出现破损的文物进行全面核查，在网络

技术的辅助下，对文物破坏程度进行分类，选出其中修复难度较低的文物，在远程指导下完成修复，有效提升工作效率。对于修补难度较大的文物，可以利用直播的形式，同时做好视频记录，将传统工艺更为直观地展现在人们面前，为文物修复工作者提供参考。不管是在文物修复还是保存方面，都具有一定难度，需要丰富的历史知识、修复知识、工艺技巧等，在信息技术的指导下，不同领域的人才能够集中在一起进行交流，也有助于规范文物修复和保护工作的流程。

（二）大力提高对互联网信息技术的应用

在信息技术普遍应用的时代背景下，博物馆文物管理人员不仅需要具备扎实的理论知识基础，同时也要具备一定的信息素养。博物馆需要尽快落实人员培训制度，聘请专业人员对现有员工进行培训，创新培训形式，使培训形式更加多样化。在培训过程中，需要积极转变文物管理工作者的思想意识，让其意识到本职工作的重要性，明确保护文物是其必须履行的职责。不仅如此，还需要加大宣传力度，不管是博物馆工作人员还是政府，都需要充分发挥带头引导作用，广纳贤士，进行推广宣传，吸引和留住更多专业化人才。

除此之外，博物馆需要长期开展专业技能培训，让文物管理者掌握专业技能，严格落实绩效考核制度，将考核和员工薪酬直接挂钩，促进其主动学习，提升自我。在信息技术、互联网时代背景下，文物管理者需要与时俱进，提升信息素养，掌握计算机软件的基本操作技巧，具备信息采集、整理、分析能力，以信息化手段提升文物管理和保护的效率。

二、构建科学的博物馆文物保护体系

在博物馆建设中，要合理使用国家财政下拨的资金，将其利用到合适之处，推动博物馆文物保护的信息化建设。要高度重视博物馆防火、防盗等安全问题，可以在博物馆入口、出口、检票口等处安装 24 小时监控系统以及报警器，将其和计算机进行连接，便于工作人员全天不间断对博物馆珍贵文物进行监督管理，提供安全保障。不仅如此，部分文物在保存过程中对环境、温度、湿度的要求较高，可以配置空调系统，利用计算机进行远程控制，精确控制馆内的温度和湿度，灵活调节，同时可以根据实际情况设置合理的恒湿系统参数，对文物进行全面保护。

三、通过新媒体扩大博物馆影响力

在互联网技术的广泛应用下，博物馆文物保护工作能够打破实体束缚，不会受到时间、空间的约束，在信息共享平台的帮助下，能够将博物馆中的藏品展现在世界各国人民面前，起到宣传和弘扬中华民族优秀传统文化的作用。

就目前我国博物馆发展的实际情况来看，网络互动和营销手段较为落后，无法充分发挥博物馆的影响力，因此需要根据实际情况不断完善信息化管理体系，利用新媒体，扩大博物馆的影响力，具体可以从以下三方面做起：

第一，利用先进技术，建立博物馆官方网站，丰富网页功能，精心设计板块，最大限度吸引人民群众的注意力，要及时更新信息，设置检索系统，为群众提供便利。

第二，可以在网站中设置和群众互动的板块，例如休闲小游戏，或设置人工客服，让公众在与人工客服聊天对话或玩小游戏的过程中，体会到文物的历史价值和意义，同时也能够激发公众的文物保护意识，达到宣传优秀传统文化的目的，号召社会各界人士对物质文化遗产进行保护。

第三，博物馆官方网站要与互联网平台、纸质媒体建立良好合作，强化文物管理和宣传保护力度，扩大社会影响力。

四、积极建立网络共享体系

文物有可移动和不可移动之分，为了能提升文物保护的有效性，博物馆之间很少进行文物交流，这也就决定了大部分博物馆中的藏品都极具地方特色，代表着地方特色文化。在信息技术和互联网时代，人们了解信息的渠道更为多样化，博物馆的角色也需要进行适当转变，在为人们提供当地特色文化的同时，还需要建立网络共享平台，利用共享的方式展现更多重点保护文物，以满足人们的精神文化需求，让人们了解到更多的历史文化信息，提升对重点文物的重视，这也有助于提升人们对该地区、其他地区的文物裙带保护。

以大熊猫为例，在大熊猫的自然生存环境中，也存在着比大熊猫更为濒危的动物。近些年来，人们的生态保护意识逐渐增强，通过政府和其他部门的联合宣传，人们对濒危物种的保护意识不断提升，也为保护大熊猫制定了一系列措施，在保护大熊猫的过程中，其他更为濒危的物种也得到了保护，这就是裙带保护的有效体现。博物馆应学习保护文物的先进经验和手段，建立网络共享体系。

五、实现博物馆文物从经济利益向文化价值的转变

互联网时代，人们不局限于使用电脑来了解社会，手机也成为查找、收集信息的主要手段。近些年来电视上不断推出寻宝类节目，加深了人们对文物的认识，有助于国家收集

各种文物，创新了人们对文物的思考模式，但它更偏向于经济利益，而没有考虑到文物所承载的历史文化价值。这种模式其实并不健康，对文物保护造成了阻碍。在开发博物馆收集软件的过程中，要尽可能避免出现这种思想，要本着公益性原则，在其中加入文物检索、查找功能，增加其科普性质，让人们领略到历史文物的魅力。

总而言之，博物馆是为人们提供科学研究、历史文化教育的重要场所，在现代化技术不断发展的背景下，人们迎来了互联网时代，因此，要加大对文物保护的宣传力度，创新文物保护模式，合理利用信息资源对文物保护工作进行宣传。要利用互联网开展文物修复技术交流工作。每一件文物都蕴含着丰富的历史信息，需要妥善保存。博物馆工作者要充分享受到信息技术所带来的便捷性，并将其合理应用到文物保护中，实现博物馆的可持续发展，保护我国历史文物不受破坏。

参考文献

［1］赫德森．八十年代的博物馆——世界趋势综览［M］．王殿明，等，译．北京：紫禁城出版社，1986．

［2］《博物馆概论》编写组．博物馆学概论［M］．北京：高等教育出版社，2018．

［3］包遵彭．中国博物馆史［M］．台湾："中华丛书"编审委员会，1964：50．

［4］陈端志．博物馆学通论［M］．上海：上海市博物馆，1936．

［5］陈潇．浅谈纸质文物的保护措施［J］．中国民族博览，2022（04）：187-189．

［6］费畊雨，费鸿年．博物馆概论［M］．北京：中华书局，1936．

［7］傅振伦．博物馆学概论［M］．北京：商务印书馆，1957．

［8］高小宏．浅议当今博物馆文物保护与管理的发展趋势［J］．中国民族博览，2022（10）：208-210．

［9］耿超，等．博物馆学理论与实践［M］．北京：科学出版社，2018．

［10］龚钰轩．文物保护概论［M］．合肥：中国科学技术大学出版社，2020．

［11］郭立．论博物馆的数字化建设与文物管理［J］．文物鉴定与鉴赏，2019（17）：136-137．

［12］何美琴．博物馆藏品的数字化管理［J］．文物鉴定与鉴赏，2021（16）：134-136．

［13］胡树人．博物馆文物保护与管理趋势的研究［J］．兰台内外，2022（26）：61-63．

［14］李澜．浅论文物保护工作者的职业道德［J］．中国文物科学研究，2008（04）：6-10．

［15］李艳阳．博物馆文物保护及管理方法探究［J］．文物鉴定与鉴赏，2019（20）：113-115．

［16］林铅海．博物馆的数字化管理技术分析［J］．电子技术，2021，50（11）：64-66．

［17］刘小乐，赵娜．纸质文物保护与修复初探［J］．收藏与投资，2022，13（08）：109-111．

［18］刘小文．浅谈博物馆文物管理中的文物保护措施［J］．中国民族博览，2022（15）：214-216.

［19］卢松柏．博物馆文物的数字化保护与管理［J］．网络安全和信息化，2021（07）：23-24.

［20］毛代芹，韩海军．浅析博物馆数字化保护措施［J］．中国土族，2021（04）：73-74.

［21］潘慧琳．文物修复与养护［M］．沈阳：万卷出版社，2004.

［22］屈佳．陶瓷及石质文物保护效果的评价［J］．商洛学院学报，2015，29（02）：42-46.

［23］沈业成．关于博物馆数字化转型的思考［J］．中国博物馆，2022（02）：19-24.

［24］苏琪．纺织品文物保护修复与研究现状［J］．文化产业，2018（07）：63-64.

［25］陶枢．浅析博物馆的数字化建设与文物管理特点［J］．文物鉴定与鉴赏，2019（08）：100-101.

［26］王贝．互联网时代博物馆文物管理中文物保护的创新性路径［J］．中国地名，2020（06）：33.

［27］王成兴，尹慧道．文物保护技术［M］．合肥：安徽大学出版社，2005.

［28］王丹．琥珀的认识与保护［J］．黑龙江史志，2014（01）：330-331.

［29］王宏钧．中国博物馆学基础［M］．上海：上海古籍出版社，2001.

［30］王惠荣，闫宇骋．基层博物馆的文物保护和人才队伍建设分析［J］．文化产业，2022（27）：115-117.

［31］王军．数字化博物馆及博物馆的信息化建设［J］．科技资讯，2022，20（14）：226-228.

［32］卫国．陶瓷类文物保护与修复工作的研究［J］．中国民族博览，2019（08）：227-228.

［33］文化部文物局．中国博物馆学概论［M］．北京：文物出版社，1985.

［34］肖卫华．博物馆文物保护管理实践研究［J］．文化产业，2021（35）：109-111.

［35］徐玲．博物馆学的思考［M］．郑州：郑州大学出版社，2018.

［36］杨爱伍．浅析文物保护修复档案管理工作的重要性［J］．江汉考古，2019（S1）：57-59.

［37］杨海亮，郑海玲，周旸，刘剑，王淑娟．无损检测技术在纺织品文物保护中的应用［J］．无损检测，2021，43（03）：10-16.

［38］杨勤．浅谈如何做好文物保护工作［J］．大众文艺，2015（13）：274.

［39］张海燕．博物馆金属文物保护与修复探究［J］．文物鉴定与鉴赏，2021（05）：77-79.

［40］张伟明．社会力量参与文物保护的现状、问题与长效机制研究［J］．东南文化，2020（02）：21-26.

［41］赵永刚．对于博物馆数字化建设与文物管理特点的研究［J］．文物鉴定与鉴赏，2018（08）：94-95.

［42］中国大百科全书出版社《简明不列颠百科全书》编辑部，译．简明不列颠百科全书（第2卷）［M］．北京：中国大百科全书出版社，1985.

［43］中国大百科全书总编辑委员会《文物·博物馆》编辑委员会，中国大百科全书出版社编辑部．中国大百科全书·文物·博物馆［M］．北京：中国大百科全书出版社，1993.